AI と資本主義
——マルクス経済学では こう考える

友寄 英隆

本の泉社

はじめに

（１）「１匹の妖怪が世界中を徘徊している。ＡＩ（エーアイ）という妖怪が」

　これは、いうまでもなくマルクスとエンゲルスが執筆した『共産党宣言』冒頭の有名な一句を、21世紀の現代風に言い換えたものです。マルクスとエンゲルスは、「１匹の妖怪がヨーロッパを徘徊している。共産主義という妖怪が」と書いていますが、21世紀のＡＩという妖怪は、ヨーロッパだけでなく地球上のいたるところ、サイバー空間（仮想空間）にまで出没し、まさに妖怪のごとく、我が物顔に徘徊しています。

　日本も例外ではありません。新聞やテレビのニュースでは、毎日のように、ＡＩという用語が氾濫しています。街の本屋やネットのブック・サイトでは、ＡＩについての新刊本が次々と登場しています。マスメディアのなかだけではありません。最近は、職場のなかでも上司の話や社内報などで、「ＡＩによる仕事の効率化」とか「ＡＩによる生産性向上」などという訓話が増えてきています。

　いったいＡＩとはなにか。この21世紀の妖怪、ＡＩの正体をどう見るべきなのか。

（２）「ＡＩ　天使か悪魔か」

　　　── これはＮＨＫが2018年の秋に放映した報道スペシャル番組のタイトルです。ＡＩという妖怪には、たしかに両極端の見方があります。

　一方では、ＡＩは膨大な情報から瞬時に最適解を見つけ出せるので、たとえば数十万件の臨床医療のデータから正確な医療診断ができるようになるとか、ＡＩロボットが３Ｋ労働（きつい、汚い、危険）をすべて肩代わりしてやってくれるようになり、人口減少社会の人手不足は解決できるとか、さらにＡＩによる自動運転車が実現すれば、いつでもだれでも好きなところに車で行けるようになり、しかも交通事故は激減する、などのバラ色の未来社会が約束されているかのようにいわれています。

　他方では、ＡＩを搭載したロボットによる無人戦闘機が殺人兵器として横行するのではないかとか、ＡＩロボットが人間の代わりに仕事をするようになると、雇用が奪われて失業が増えるのではないかという懸念が広がっています。

資本主義的な経営では、利潤追求のために、たえず機械化による人減らし「合理化」、リストラがおこなわれてきましたが、ＡＩの導入は、これまでのような個々の企業、個々の職場での「合理化」にとどまらず、ある職種そのものがそっくりＡＩや人型ロボットに置き換わって、大量失業が発生するのではないかという心配も生まれています。

　ＡＩは、人間の生活や仕事、雇用にどんな影響をもたらすか。働く者の立場からも、この21世紀の妖怪の正体について解明することが焦眉の課題になっています。

（３）　本書は、マルクス経済学の立場から、ＡＩをどう見るか、『資本論』の視点から、ＡＩなる"現代の妖怪"の実体に迫ってみようと試みたものです。

　言うまでもありませんが、マルクスが『資本論』を書いた時代、19世紀の中盤には、ＡＩどころか、コンピュータやインターネットは存在していませんでした。ラジオやテレビ、電報や電話すらまだなかった時代です。だから、『資本論』でＡＩやコンピュータなどの問題が直接論じられているわけではないし、それをマルクスが予想していたわけでもありません。おそらく、今日のように、ＡＩが地球上を徘徊する事態は、さすがのマルクスでも想像さえできなかったはずです。

　しかし、『資本論』を深く読んでみるなら、ＡＩやコンピュータを解明するための理論的な手掛かりは確実に書き込まれています。『資本論』には、21世紀のＩＣＴ革命、デジタル化の原理にまで発展する機械工業の原理、生産力発展のメカニズムが科学的に解明されているからです。その理論的な視点をもとに、ＡＩやＩＣＴ革命の意義とその発展方向を正確に見定めようというのが本書の中心的な課題です。

　いまこそ、ＡＩの正体を科学的に解き明かすことができるマルクス経済学の出番です。それはまた、21世紀のマルクス経済学に課せられた歴史的責務でもあると言えるでしょう。

（４）　本書の構成は、次のようになっています。

　序章「ＡＩとは何か」では、ＡＩについて考えるために必要な基礎的知識に

ついて簡潔にまとめます。

【第Ⅰ部】AIを見る視点

　第Ⅰ部は、AIやICT革命をめぐる問題状況をできるだけ総括的にとりあげて、マルクス経済学が解明すべき論点の所在を検討します。
　[《第1章》『資本論』の視点で、AIをどう見るか——AIの発生史的な探究]では、『資本論』で解明されている「機械工業の原理」を理論的な指針にしてAIやコンピュータをとらえて、その意義を解明します。
　[《第2章》AIをめぐる基礎的な論点——質問に答えて]では、第1章の解明をさらに深めるために、10項目の論点をとりあげて一問一答の形式で答えた第1章の補論的な章です。
　[《第3章》AIの進化、ICT革命の新たな段階]では、最近のAIとICT化革命をめぐる問題状況を概観し、AIについての経済学の立場からの研究すべき論点を検討します。

【第Ⅱ部】AIの進化と「劣化する資本主義」

　第Ⅱ部は、AI、IoT（アイオーティー）、ビッグデータなど、生産力の急激な発展にたいして、生産関係である資本主義的搾取制度が「桎梏」となり、資本主義の劣化が深まっていることを分析します。
　[《第4章》IT「人材不足」と「新自由主義」路線の破綻]では、2020年代の日本の課題について、AIの進化・応用と人口減少とのかかわりに論点を絞って政策的な視点から検討します。
　[《第5章》「AI：未来社会論」批判——安倍内閣と財界のSociety5.0の空疎な中身]では、安倍内閣と財界がかかげはじめたSociety5.0なるものの内容を紹介しつつ、その「未来社会論」としての空疎な中身について批判的に検討します。
　[《第6章》唯物史観とICT革命の新段階——生産力発展の「桎梏」となり、「劣化する資本主義」]では、21世紀の資本主義が、一方ではAIに象徴される発展、他方では「劣化、延命」しつつあるという対極的な特徴の理論的な意味を検討します。
　[《補論1》「仮想通貨」についての視点——『資本論』第Ⅱ巻の「貨幣＝空費」

の規定］では、『資本論』第Ⅱ巻の貨幣論の視点で「仮想通貨」の技術的条件の形成が、逆に投機的条件の拡大に転化している意味を検討します。

【第Ⅲ部】ＡＩと労働過程の研究

第Ⅲ部は、今後予想される急速なＡＩの技術的な進化にともなう労働過程の変化について、その問題状況を検討し、あわせて今後の研究課題を提起します。

［《第7章》コンピュータ、ＡＩの利用による労働過程の構造変化］では、コンピュータとＡＩによる労働過程全体の内的構造の変化を、主として「労働手段」と「労働対象」の面から分析します。

［《第8章》ＩｏＴとＡＩによる「スマート工場」と労働］では、共通の労働形態となってきたコンピュータ労働（コンピュータを操作する労働）製造業の「スマート工場」の労働、オフィスの事務労働、運輸、建設、農業における労働をとりあげます。

［《第9章》ＡＩの進化と対人関係の労働、知的・創造活動］では、医療、介護、教育など対人関係の労働、知的・創造活動、防災・減災の活動について検討します。

［《第10章》ＡＩと労働者、ＡＩと資本主義社会］では、ＡＩによる労働過程の変化を価値増殖過程の視点からとらえ、ＡＩ「合理化」がもたらす労働者への影響、雇用・労働条件などへの影響、さらに、ＡＩ「自動化」によって発生する新たな社会的矛盾を検討します。

［《補論2》「近代経済学」の労働過程の研究──「タスク」分析の方法と限界について］では、労働者の「タスク」単位の職務分析の意義と限界について検討します。

【第Ⅳ部】マルクスと『機械工業の原理』

【第Ⅳ部】は、ＡＩを解明するための前提となるマルクスの「機械工業の原理」について、理論史的視点から、その内容と意義を解明します。

［《第11章》マルクスの「機械工業の原理」研究の軌跡］では、マルクスは、「機械工業の原理」にどのような経過で到達したのか、その理論的な軌跡をたどります。

［《第12章》生産力の発展と『資本論』──経済学において、唯物史観を「導

きの糸」にすることの意味について］では、生産力の発展と経済学との関連、また経済学研究において唯物史観を「導きの糸」にするという、マルクスの指摘の意味を検討します。

［【むすびに】ＡＩとマルクス経済学──探究すべき課題について］では、今後、ＡＩの進化とともに研究すべきＡＩをめぐる経済学的課題について検討します。

最後に、《資料》として、『資本論』における「機械工業の原理」にかかわる主要な命題を論点ごとに整理しておきました。

（5） 本書の文体について

本書では、序章、第Ⅰ部、第Ⅱ部は、「です、ます」調の文体に、第Ⅲ部、第Ⅳ部は「である」調の文体にしてあります。これは、ＡＩやコンピュータの定義などを扱う序章と第Ⅰ部、第Ⅱ部では、情報通信関連の技術的用語になじみのない方をも念頭に置いて、少しでも読みやすい文章にしたいと考えたからです。第Ⅲ部と第Ⅳ部は、第Ⅰ部を読んでいただいたことを前提として、やや踏み込んだマルクス経済学の理論的なテーマを扱うために、簡潔な論文調の文体にしてあります。このような筆者の意図に免じて、本書の文体上の不統一については、ご了解ください。

（6） 本書全体の用語にかかわる注記について

❶ 本書で「ＡＩ研究者」という場合は、大学、官民の研究機関、企業などで、主として自然科学・技術学の立場から、ＡＩの研究開発に携わっている研究者を指しています。「ＡＩ研究者」にたいして、それ以外を「一般人」と呼ぶことにします。この「一般人」のなかには、筆者のような社会科学の研究者も含めています。

❷ 本書では、ＡＩを社会科学的に研究するための方法として、「現在のＡＩ」と「将来のＡＩ」を分けてとらえています。この区別は、いまだ技術的に研究開発の途上にありながら、すでに産業的社会的応用が世界的な展開を見せているＡＩ（「現在のＡＩ」）を経済学的に研究するためには不可欠です。また資本主義を超えた未来社会まで展望しつつＡＩを検討するためには、「現在のＡＩ」だけではなく、「将来のＡＩ」についての考察も必要になります。

❸ 本書では、ＡＩの技術的側面の検討とともに、ＡＩの進化にともなう社会的ルールの問題を重視して、「ＡＩ倫理の原則」という用語を使ってあります。「ＡＩ倫理」とは、個人的な倫理規範のことではなく、ＡＩの研究と利用にかかわる社会的規範（ルール・制度・機構）のことです（この点の詳細は、第Ⅰ部第１章第Ⅵ節〔50ページ〕、第２章第８問〔62ページ〕、第３章第Ⅳ節〔76ページ〕を参照してください）。

❹ 本書で［ＡＩ「合理化」］という場合は、狭義のＡＩだけでなく、コンピュータ、ＩｏＴ、ロボット、ビッグデータなど、近年のＩＣＴ革命の進展を応用したデジタル化による「合理化」全般を指しています。

（７）　本書全体の出典について

❶ 『資本論』からの引用は、とくに断らない限り、新日本出版社の新書判によります。『資本論』からの引用であることが自明な場合は、その巻数（①～⑬）とページ数だけを示します。なお、「原書」は、ディーツ社の全集版によります。

❷ 「資本論草稿」については、大月書店『資本論草稿集』によります。その巻数（①～⑨）とページ数を示します。

❸ マルクスとエンゲルスの文献からの引用は、とくに断らない限り、大月書店『マルクス・エンゲルス全集』によります。その巻数とページ数を示します。

❹ 本書では、ＡＩについての技術学的な規定は、基本的に人工知能学会編集の『人工知能学大事典』（共立出版、2017年７月）によっています。同事典は、基礎理論から応用事例まで、関連分野を含め770項目を約500人のＡＩ研究者が小論文形式で執筆した約1,600ページにわたる大事典です。人工知能をテーマごとに章分けし、各章のはじめの概説を読めば各テーマ全体を概観できるようになっています。

❺ 本書の個々の技術的用語については、基本的に『デジタル・ＩＴ用語辞典』（日経パソコン、2012年）によりつつ、さらに平凡社『世界大百科事典』（第二版）、『マイペディア』などを参照してあります。

（8） 初出論文の掲載誌について

　本書は、筆者がＡＩについて考え、発表してきた論文や記事、講演原稿などをもとに追加・削除・補正しながらまとめたものです。その意味で本書は、最初から終わりまで首尾一貫して書き下ろしたものではありませんが、本書に収録するにあたり、原形をとどめないぐらい書き直した章もあります。

　ただ、どの章も、それぞれ独立したテーマを扱っているので、総論的な序章と第Ⅰ部を読んだあとは、興味のあるところから読んでいただいても良いと思います。

● 本書に収録した既発表論文の初出の表題、掲載紙・誌（本書の章順）。

① 『資本論』の視点で、ＡＩをどう見るか（牧野広義・萩原伸次郎・山田敬男編『21世紀のいま、マルクスをどう学ぶか』所収、2018年11月刊）……………第1章
② 「進化するＡＩ、ＩＣＴ革命の新段階」（『経済』2018年2月号）　……………第3章
③ 「ＡＩ『合理化』と『人口減少社会』」（『経済』2018年4月号）……………第4章
④ 「ＡＩ：『未来社会論』批判」（『前衛』2019年2月号）………………………第5章
⑤ 「進化するＡＩと『劣化する資本主義』」（『季論21』2018年夏号）…………第6章
⑥ 「『仮想通貨』についての視点」
（『全国商工新聞』2018年4月9、16、23日号）　………………《補論1》
⑦ 「ＡＩと労働過程の研究」（『経済』2018年12月号～2月号）………第7，8，9，10章
⑧ 「生産力発展と『資本論』」（『季論21』2017年秋号）………………………第12章

※ 「序章、第2章、補論2、第11章、むすびに」は、本書のために、今回、新たに書き下ろした新稿。

AIと資本主義
――マルクス経済学では こう考える

目次

はじめに ………………………………………………………………………………… 3

《序章》ＡＩとは何か──「現在のＡＩ」と「将来のＡＩ」………………………… 17
 Ⅰ　「現在のＡＩ」── その広範な応用分野と多様な形状 ………………… 17
 Ⅱ　ＡＩの定義の難しさ── ＡＩ研究者は「将来のＡＩ」を視野に入れている ……… 20
 Ⅲ　ディープラーニング──「現在のＡＩ」を進化させた技術とアルゴリズム ……… 27
 Ⅳ　ヒューリステックス──「現在のＡＩ」には、まだ真似できない人間の能力 ……… 30

【第Ⅰ部】ＡＩを見る視点 ……………………………………………………… 33

《第１章》『資本論』の視点で、ＡＩをどう見るか──ＡＩの発生史的な探究 …… 34
 はじめに ── ＡＩとコンピュータの発生史について ………………………… 34
 Ⅰ　概観 ──『資本論』と21世紀資本主義の生産力基盤 …………………… 35
 Ⅱ　前史 ──「機械工業の原理」の確立と展開 ……………………………… 37
 Ⅲ　「デジタル化の原理」── その技術的特徴について ……………………… 43
 Ⅳ　「コンピュータの原理」──「機械工業の原理」と「デジタル化の原理」の結合 …… 44
 Ⅴ　「現在のＡＩ」の進化 ── ＡＩチップの開発は何をもたらすか ………… 45
 Ⅵ　「将来のＡＩ」と「ＡＩ倫理の原則」── マルクスの予見が現実的課題に …… 50

《第２章》ＡＩをめぐる基礎的な論点──質問に答えて ……………………………… 54
 質問１　ＡＩの統一的な定義はないと言うが、それはなぜなのか ………… 54
 質問２　ＡＩの研究のために、なぜ「機械工業の原理」から研究する必要があるのか … 55
 質問３　「機械」と「機械工業の原理」とはどう違うのか ……………………… 56
 質問４　現代オートメーションは、「機械の新たな段階」なのか ……………… 58
 質問５　ＡＩは、「機械の新たな段階」なのか。その特徴はどこにあるのか ……… 59
 質問６　ＡＩやコンピュータは人間の労働にどんな変化をもたらすのか …… 59
 質問７　ＡＩ搭載ロボットは生産過程で価値を生むのか ……………………… 61
 質問８　「ＡＩ倫理」のルール作りが難航しているのはなぜなのか ………… 62
 質問９　「情報」とは何か ……………………………………………………… 63

質問10　「情報資本主義」論をどう考えるか ……………………………… 64

《第3章》AIの進化、ICT革命の新たな段階 ……………………… 66
　Ⅰ　いわゆる「第4次産業革命」論をどう見るか
　　　── 実体は「ICT革命の新たな段階」を意味する ……………………… 66
　Ⅱ　AIは、仕事を奪うのか ── 21世紀の新たな失業問題
　　　〈フレイ＆オズボーン論文の衝撃、その特徴と問題点〉 ……………… 69
　Ⅲ　AIは、人間を超えるのか ── シンギュラリティ理論
　　　〈レイ・カーツワイルの「ポスト・ヒューマン」論について〉 ………… 73
　Ⅳ　AI進化によって求められる「AI倫理」とは何か
　　　── J.H.ムーア論文の提起した課題、その限界 ……………………… 76

【第Ⅱ部】AIの進化と「劣化する資本主義」 ……………………… 83

《第4章》IT「人材不足」と「新自由主義」路線の破綻 ……………… 84
　Ⅰ　AI「合理化」と安倍内閣の「新しい経済政策」
　　　── 2030年には、約79万人のIT人材が不足する ……………………… 84
　Ⅱ　AI［合理化］と雇用問題 ── 経産省のシナリオ
　　　〈労働力の大量移動を前提にする〉 ……………………………………… 86
　Ⅲ　IT「人材不足」は、「人口減少社会」のもと、「新自由主義」路線の破たんの結果 … 89
　むすびに ──「劣化する日本資本主義」 …………………………………… 93

《第5章》「AI：未来社会論」批判
　　　──安倍内閣と財界のSociety5.0の空疎な中身 ……………………… 94
　はじめに …………………………………………………………………………… 94
　Ⅰ　安倍内閣のSociety5.0論の背景 ── 財界が熱心に推進 ……………… 95
　Ⅱ　Society5.0の3つの特徴 ………………………………………………… 96
　Ⅲ　Society4.0（情報社会）とSociety5.0は、どこがどう違うのか ……… 99
　Ⅳ　サイバー空間と現実空間の「高度な融合」とは何を意味するか？ …… 101

Ⅴ　「新自由主義」路線の破綻示す「Society5.0」論 ……………………………… 105
　　むすびにかえて ── 「ＡＩ：未来社会論」の階級的本質 ……………………… 107

《第6章》唯物史観とＩＣＴ革命の新段階
　　　　　── 生産力発展の「桎梏」となり、「**劣化する資本主義**」 ……………… 109
　　Ⅰ　社会革命なしで「資本主義の終焉」を主張する幻想
　　　　── ポール・メイソン『ポスト・キャピタリズム』の場合 ── ……… 109
　　Ⅱ　生産力発展の「桎梏」としての資本主義的生産関係
　　　　── 「社会革命の時期」の到来、その遅れによる「外皮の腐敗」……………… 113
　　Ⅲ　「劣化する資本主義」の諸現象 ── 経済的土台・上部構造・イデオロギー
　　　　〈「資本の生産力」であることによる「生産力利用の歪み」の拡大〉 ………… 115
　　Ⅳ　資本主義の延命（劣化）を許している歴史的諸条件 ……………………… 118
　　むすびにかえて ── ２１世紀資本主義と労働者階級 ………………………… 120

《補論１》「仮想通貨」についての視点
　　　　　── 『資本論』第Ⅱ巻の「貨幣＝空費」の規定 ……………………………… 122

【第Ⅲ部】ＡＩと労働過程の研究 ……………………………………………… 127

《第7章》コンピュータ、ＡＩの利用による労働過程の構造変化 …………… 128
　　Ⅰ　労働過程の基本構造 ── 『資本論』の「労働過程」分析 ………………… 128
　　Ⅱ　労働過程の内的構造の変化 ── 労働手段としてのコンピュータの特徴 … 131
　　Ⅲ　ＡＩの進化による精神的作業の代替可能性 ………………………………… 134
　　Ⅳ　労働対象としての情報
　　　　── IoTにより、労働過程が外部と繋がる技術的条件 ……………………… 134
　　Ⅴ　新しい諸科学、技術学
　　　　── 情報科学、認知科学、ロボティクス、ナノテクノロジーの発展 ……… 136

《第8章》IoTとAIによる「スマート工場」と労働 ……………… 138
- Ⅰ　事例「スマート工場」におけるAI「合理化」 ……………………… 138
- Ⅱ　コンピュータ労働の特徴 ── コンピュータ・インターフェイスの発展 ……… 145
- Ⅲ　コンピュータ制御と工場自動化。熟練労働からコンピュータ労働へ
　　── J・R・ブライトの「オートメーション」研究を手掛かりに ……… 149
- Ⅳ　「スマート工場」における「分業と協業」の新たな形態 ……… 151
- Ⅴ　ロボットと労働者の協働(collaboration) ……………………… 152
- Ⅵ　「スマート工場」と労働政策──ドイツの「Industrie4.0」と「労働白書4.0」 …… 153
- Ⅶ　AIとオフィスの事務労働
　　── RPA(Robotic Process Automation)の発展 ……………… 154
- Ⅷ　AIと運輸、建設、農業 ──「人手不足」への対応 ……… 158

《第9章》AIの進化と対人関係の労働、知的・創造活動 ……… 163
- Ⅰ　AIによる労働過程の拡張 ── その4つの特徴 ……………… 163
- Ⅱ　AIの進化と対人関係の労働 ……………………………………… 164
- Ⅲ　AIと知的・創造活動支援について ……………………………… 169
- Ⅳ　AIと防災、減災の活動 …………………………………………… 172

《第10章》AIと労働者、AIと資本主義社会 ……………………… 175
- Ⅰ　AIと労働者 ── 価値増殖過程の矛盾① ……………………… 175
- Ⅱ　AIと資本主義社会 ── 価値増殖過程の矛盾② ……………… 184
- Ⅲ　問われているのは「資本主義的生産関係」である …………… 191

《補論2》「近代経済学」の労働過程の研究
　　──「タスク」分析の方法と限界について ……………………… 193

【第Ⅳ部】マルクスと「機械工業の原理」 197

《第11章》マルクスの「機械工業の原理」研究の軌跡 198
　はじめに ── マルクスによる「機械工業の原理」探究の3つの源泉 198
　Ⅰ　3つの源泉にそっての「機械工業の原理」探究の系譜 198
　Ⅱ　ユアの「機械論」からマルクスが引き継いだもの
　　　── 機械制工場の「神髄を正確に把握」したユア 204
　Ⅲ　「機械工業の原理」の思想的社会的淵源について
　　　── 対象的自然(または情報)の分割原理の展開 208

《第12章》生産力の発展と『資本論』
　　　　── 経済学において、唯物史観を「導きの糸」にすることの意味について 210
　Ⅰ　唯物史観の視点から21世紀の資本主義を考える 210
　Ⅱ　経済学の研究対象から使用価値を排除してはならない
　　　── マルクスの「ヴァーグナー『経済学教科書』傍注」における使用価値論 213
　Ⅲ　生産力の発展と資本主義的経済法則
　　　── 生産力の発展と『資本論』の論理 216
　Ⅳ　資本主義発達史と自然科学・技術学の発展史について 220

【むすびに】ＡＩとマルクス経済学──探究すべき課題について 223

《資料》『資本論』における「機械工業の原理」に関係する部分の引用 229

あとがき 236

索引 238

《序章》
ＡＩとは何か
──「現在のＡＩ」と「将来のＡＩ」

　ＡＩの問題がなかなかとらえにくいのは、ＡＩの専門研究者にとって、ＡＩはいまだ研究途上にあり、その統一的な定義が定まっていないという背景があるからです。しかし、企業や社会では、すでにさまざまな分野でＡＩが現実に活動しはじめています。そこで、序章では、まず先に「現在のＡＩ」が応用されている分野や形状（具体的な形態）などについて概観してから、ＡＩ研究者によるＡＩの定義を紹介して、「ＡＩとは何か」についての基礎的な知識を整理しておくことにしましょう。

Ｉ　「現在のＡＩ」── その広範な応用分野と多様な形状

（1）　一般人が頭に思い描く「ＡＩのイメージ」と応用分野の広がり

　「ＡＩとは何か」と問われたときに、ＡＩの専門研究者でない一般人の場合、ＡＩとは、その名のとおり「人間の知能の機能を模したコンピュータ」と答える人が多いと思います。

　しかし、もう一歩踏み込んで、ＡＩの具体的なイメージを描こうとすると、なかなか難しいと思うのではないでしょうか。それは、現実に企業や社会で急速に実装（応用）されつつあるＡＩは、たいへんさまざまな分野に広がっており、その具体的な形状（現象形態）も、きわめて多様な姿をとっているからです。

　ＡＩの現実社会での応用は、ＡＩの研究開発が進むとともに、いま急速に各分野に広がっています。（図１）は、ＡＩの活用可能性を示したものですが、まさにあらゆる産業と社会活動の分野でＡＩが導入され、活用されはじめています。

　ＡＩの用語が「流行語大賞」にノミネートされるほど、マスメディアであふれかえっている背景には、さまざまな産業分野で大企業の商品戦略の要素にＡＩが入ってきているからです。産業分野でのＡＩ利用は、新製品や新サービス

図1　AIの活用可能性が広がっている

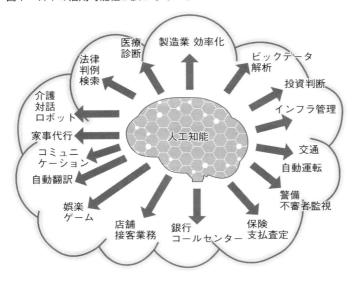

そのもの（プロダクト・イノベーション）、製品やサービスの製造・流通過程（プロセス・イノベーション）、市場開拓（マーケティング・イノベーション）、経営改革（組織イノベーション）などなど、文字通りあらゆる分野に広がってきています。

　ちなみに朝刊を広げて大企業の広告をみると、最近はほとんどの企業がキャッチ・コピーのなかに"ＡＩ"の文字をとり入れていることに気が付きます。最近の企業の商品戦略のなかでは、ともかく多少とも「ＡＩらしい機能を備えたコンピュータ」なら、すべてＡＩと称していますが、それらの多くは、もちろん厳密な意味でのＡＩではなくて、たんに高機能なコンピュータというべきでしょう。

（２）「現在のＡＩ」の形状
　　　── ＡＩロボット、ドローン、ウェアラブル・コンピュータなど

　「現在のＡＩ」の応用範囲が広いということは、"ＡＩなるもの"が世のなかに現われている形状、具体的な形態も、さまざまだということです。ロボットに内蔵されたＡＩ、さまざまな個別目的の機械（自動運転車など）に内蔵されるＡＩ、ＡＩを搭載した巨大なコンピュータシステム、さらにコンピュータに搭載されたソフトウェアだけのＡＩもあるなど、まさに千差万別です。

　ＡＩ搭載ロボットも、人型だけではありません。漫画のドラえもんは猫型ロ

ボットであり、ソニーのアイボは犬型ロボットです。おもちゃ会社のタカラトミーでは、兎型、鼠型など、いろいろなロボットを販売していますが、その多くは、ＡＩとは言えないような低価格のおもちゃロボットです。

　アンドロイドと言えば、グーグル社が開発したコンピュータのオペレーティングシステム（ＯＳ）として知られていますが、もともとは人間そっくりの人型ロボットのことでした。ＡＩの進化とともに、人型ロボットとしてのアンドロイドが、あらためて注目されるようになっています。たとえば、最近、夏目漱石のアンドロイドが登場する演劇も上演されました。※

　※　2018年8月には、二松学舎大学の研究チームと大阪大学の石黒浩教授の研究室が共同で製作した漱石アンドロイドが病床にある正岡子規と交流する様子を描いた創作劇「手紙」（平田オリザ作）が上演されました。

　1997年にチェスの世界チャンピオンを破ったＩＢＭ社の「ディープブルー」（Deep Blue）の形状は、チェス専用**スーパーコンピュータ**でしたが、同じＩＢＭ社が2011年に米国の「ジョパディ！」というクイズ番組で人間のクイズ王と対戦して勝利した「ワトソン」（Watson）の形状は、**ＡＩ搭載のコンピュータシステム**です。「ワトソン」は、出発はゲームに勝つための応答用のＡＩでしたが、開発プロジェクトの当初から質問応答技術の商用化への応用が計画されており、クラウドをとおして「ワトソン」を活用する事業が進められています。

　ドローンは、小型のコンピュータ制御で自律飛行する無人航空機のことです。ドローンは、ここ数年の間に、急速に世界的なブームになり、「空の産業革命」とか「空飛ぶスマホ」などと注目されています。ドローン・ブームが起こったのは、ＡＩ搭載による高機能化が急速に進み、価格の低下も相まって産業的用途が大きく広がってきたからです。商業用の機種では、ＧＰＳ（全地球測位システム）を搭載し、3kg以上、30分程度の自動飛行、自動帰還の機能も備えています。ドローンの用途は、最初は、アクションカメラなどを搭載して空から景色を撮影するＴＶ、映画などの分野でしたが、最近は、高速道路や橋梁などの老朽インフラの点検、宅配などの物流、災害現場の情報把握、過疎地への医薬品などの輸送、農作物や林業の生育状態の調査などに応用範囲が広がっています。しかし同時に、ドローンなど無人航空の技術は、無人戦闘機など殺人兵器へ使われる、きわめて危険なＡＩでもあります。※

　※　ドローンの語源は、雄蜂を意味するdrone。ドローンの飛行音が蜂の羽音に似ているの

も理由の1つといわれています。

ウェアラブル・コンピュータは、近年の急速なコンピュータの進化・ダウンサイジング（小型化）によって商品化され、あらためて注目されるようになっています。ウェアラブル（wearable）とは、文字通り衣服を着けるように、ＡＩ搭載のコンピュータ機器を身体に装着できるようになることです。ウェアラブル・コンピュータには、腕時計型、眼鏡型、帽子型、指輪型、靴型、懐中型、ペンダント型などさまざまなタイプのものがあります。

プラットフォーム・ビジネス。プラットフォーマー
日常語のプラットフォームは、鉄道の駅の乗客が乗り降りする一段高くなった場所ですが、コンピュータ用語として最近使われるようになったプラットフォーム・ビジネスとは、巨額な超高性能のＡＩ搭載のコンピュータシステムを保有し、それをクライアント（顧客）にクラウドを通してサービスを提供するビジネスモデルのことです。プラットフォーム・ビジネスで巨額な利益を獲得するＩＴ企業をプラットフォーマーと呼びます。

このように、広範な応用分野、多様な形状に存在しているＡＩは、厳密に定義すると、どのように規定できるのでしょうか。そこで次に、ＡＩの専門研究者によるＡＩの定義を見ておくことにしましょう。

Ⅱ　ＡＩの定義の難しさ
　　── ＡＩ研究者は「将来のＡＩ」を視野に入れている

（1）　ＡＩ研究者によるＡＩの定義 ── その共通点

日本の人工知能学会が総力を挙げて編集した『人工知能学大事典』では、第１章「人工知能基礎」の冒頭の「人工知能とは」の項の最初に「**人工知能（artificial intelligence; ＡＩ）とは、推論、認識、判断など、人間と同じ知的な処理能力を持つコンピュータシステムである**」と規定しています。しかし、その同じ項の後段では「……しかし、人工知能とは何かについて、専門家の間で共有されている定義はいまだにない」（同事典、２ページ）とも述べています。

また、人工知能学会監修の『人工知能とは』（近代科学社、2016年）では、「は

じめに」で次のように述べています。

> 「実は、人工知能とは何かについては、研究者の中でも明確な定義が定まっておらず、さまざまな考え方があります。……この本では、日本を代表する13名の研究者に、人工知能とは何かを自らの視点で語ってもらいました。問い自体は簡単ですが、その答えが驚くほど異なることを、読み進めるにしたがってご理解いただけるのではないかと思います」（同書、ⅲページ）。

松尾豊東大准教授の『人工知能は人間を超えるか』（角川ＥＰＶＢ選書、2015年）では、この13名の研究者による人工知能の定義を（表1）のように要約しています。

これらの人工知能研究者の定義を見ると、たしかに各人各様の内容になっていますが、専門研究者ではない一般人の目で見ると、必ずしも「その答えが驚くほど異なる」というようにも見えません。むしろ厳密な定義ではないにしても、いくつかの共通点があるように思えます。

第1に、人工知能とは、「人工的につくられた人間のような知能、ないしはそれをつくる技術」（松尾豊）ということです。これは、きわめて明快ではあるが、「人工知能」という言葉をただ言い換えただけで、同語反復のようにも見えます。

第2に、人工知能とは、人工的につくられた知能を模した人工物であると同時に、「それをつくろうとすることによって知能自体を研究すること」（中島秀之）でもあるということです。人工知能の目標である人間の知能（あるいは脳全体）そのものがまだ完全には解明されていないので、知能の研究と、それを模す技術の研究が並行して進んでいるわけです。ですから、ＡＩ研究者の場合は、これからめざしている「将来のＡＩ」を視野に入れたＡＩの定義になっており、それぞれの研究者のめざす「将来のＡＩ」の違いによって、ＡＩの定義も多様になっています。

第3に、13名の研究者の定義には必ずしも明示されてはいませんが、当面は、人工知能に接近する手段としては、コンピュータシステムの進化・発展が前提になっているということです。これは、冒頭に紹介した『人工知能学大事典』では、明確にそう規定しています（ここで筆者が「当面は」と断ったのは、将来的には別な手段もありうるかもしれないと考えるからです）。

表1　AI専門家による人工知能の定義

研究者	定義
中島秀之 公立はこだて未来大学学長	人工的につくられた、知能を持つ実体。あるいはそれをつくろうとすることによって知能自体を研究する分野である
西田豊明 京都大学大学院 情報学研究科教授	「知能を持つメカ」ないしは「心を持つメカ」である
溝口理一郎 北陸先端科学技術 大学院大学教授	人工的につくった知的な振る舞いをするもの（システム）である
長尾　真 京都大学名誉教授 前国立国会図書館長	人間の頭脳活動を極限までシミュレートするシステムである
堀　浩一 東京大学大学院 工学系研究科教授	人工的につくる新しい知能の世界である
浅田　稔 大阪大学大学院 工学研究科教授	知能の定義が明確でないので、人工知能を明確に定義できない
松原　仁 公立はこだて未来大学教授	究極には人間と区別がつかない人工的な知能のこと
武田英明 国立情報学研究所教授	人工的につくられた、知能を持つ実体。あるいはそれをつくろうとすることによって知能自体を研究する分野である（中島氏と同じ）
池上高志 東京大学大学院 総合文化研究科教授	自然にわれわれがペットや人に接触するような、情動と冗談に満ちた相互作用を、物理法則に関係なく、あるいは逆らって、人工的につくり出せるシステムを、人工知能と定義する。分析的にわかりたいのではなく、会話したり付き合うことで談話的にわかりたいと思うようなシステム。それが人工知能だ。
山口高平 慶應義塾大学理工学部教授	人の知的な振る舞いを模倣・支援・超越するための構成的システム
栗原　聡 電気通信大学大学院情報 システム学研究科教授	工学的につくられる知能であるが、その知能のレベルは人を超えているものを想像している
山川　宏 ドワンゴ人工知能研究所 所長	計算機知能のうちで、人間が直接・間接に設計する場合を人工知能と呼んでよいのではないかと思う
松尾　豊 東京大学大学院 工学系研究科准教授	人工的につくられた人間のような知能、ないしはそれをつくる技術

出所：松尾豊『人工知能は人間を超えるか』（2015年）

（2）　AI研究の2つの立場 ── 「弱いAI」と「強いAI」

　AIの研究者ではない一般人が、「AIとは何か」と問われて、AIのイメージを思い描くさいに、AI研究者の間でおこなわれてきた、「強いAI」と「弱いAI」を区別する議論は参考になります。※

「強いＡＩ」とは人間並みの意識や心や自我をもち、人間と同等（あるいは人間を超えた自律的な存在）にまで発展したＡＩのことです。これにたいして、「弱いＡＩ」とは、論理的な情報処理の点では人間をはるかに超える能力を備えてはいても、人間のような意識や心や自我はもたないＡＩのことです。

※　「強いＡＩ」と「弱いＡＩ」の概念は、米国の哲学者ジョン・サール（John Searle（1932〜）が論文 "*Minds, Brains, and Programs*"（1980）のなかで提起して以来、人工知能の研究者の間では、いろいろな論争がかわされてきましたが、ここではとりあえず本文のように理解して、ＡＩ研究者の論争には立ち入らないことにします。

　人間の持つ３つの心的要素のことを「知情意」と言いますが、そのような３つの要素、知性と感情と意志を兼ね備えたＡＩが「強いＡＩ」だと言ってもよいでしょう。わかりやすく言えば、鉄腕アトムのようなロボットに搭載されている人間並みのＡＩ（あるいは人間以上のＡＩ）は、「強いＡＩ」です。

　これにたいし、人間が電源をいれているあいだだけ作動するコンピュータが「弱いＡＩ」です。囲碁の名人を打ち負かしたディープマインド社（現在はグーグル社の子会社）が開発した「アルファ碁」は、今日の段階では、もっとも進化した「弱いＡＩ」ということになるでしょう。「アルファ碁」の能力は、囲碁の勝負という限られた世界でしか通用しません。人間が設定した囲碁の勝負の場で、人間がスイッチを入れることによって作動するコンピュータシステムです。決して自立した意思を持ったＡＩではありません。

　本書で想定しているＡＩは、「高度に進化した情報処理機械」として人間を支援する役割を果たすＡＩであり、人間に代わって自律的に判断し、最終的な決定をおこなう人造人間のようなＡＩを想定しているわけではありません。その意味では、本書で扱う「現在のＡＩ」は、あくまでも「弱いＡＩ」です。

（３）「特化型ＡＩ」と「汎用型ＡＩ」

　「弱いＡＩ」と「強いＡＩ」とよく似ていますが、ＡＩ研究者は「特化型ＡＩ」と「汎用型ＡＩ」とを区別することがあります。「特化型ＡＩ」（Narrow AI）とは、ある特定の分野では人間以上の能力を持っているが、その分野に特化しているために、それ以外の分野では機能しないＡＩです。その分かりやすい事例が先ほどの「アルファ碁」です。囲碁のルールに特化した能力を持つＡＩ＝「特化型ＡＩ」です。ここで、ＡＩ研究者が「特化型ＡＩ」という場合は、ある目

的の用途に特化したＡＩ（たとえば「お掃除ロボット」など）というだけでなく、人間知能のうちのある能力に特化したＡＩという意味を含んでいることに留意する必要があります。

「特化型ＡＩ」は、範疇的には前述した「弱いＡＩ」と同じですが、違う点をあげれば、「特化型ＡＩ」の能力をだんだん強化していくと、次に述べる「汎用型ＡＩ」にしだいに接近していく方向性をもっていることです。

「汎用型ＡＩ」は、ＡＧＩ（Artificial General Intelligence）とも言い、すべての知能の分野で人間並み（あるいは人間以上）の能力を発揮できる汎用性を持ったＡＩのことです。実際にＡＧＩをめざしているＡＩ研究者のなかには、人間の脳全体の構造（全脳アーキテクチュア）を模倣することによって、「人間のような汎用型人工知能を創る」ことができるという人もいます。「汎用型ＡＩ」は、まだ知・情・意を備えた「強いＡＩ」まではいかないが、「汎用型ＡＩ」をさらに発展させれば、将来は人間のような「意識」を人工的に作り出すことも夢ではないというＡＩ研究者もいます。

（4）　ＩＡ（アイエー）── 用語はＡＩに似ているが、ＡＩではない

ＡＩとたいへんよく似た用語にＩＡがあります。ＩＡとは、略語ではＡＩを入れ替えただけですが、その意味は本質的に異なっています。ＩＡとは、Intelligence Amplifier（インテリジェンス・アンプリファイア）の略であり、人間の知能を代替するのではなくて、知能を増幅（増強）する機械です。Amplifier（アンプリファイア）とは、たとえば舞台の音響装置（オーディオ機器）には欠かせない、微細な音響の電気信号を増幅する機器としておなじみの、あの「アンプ」のことです。

ＩＡ（知能増強）は、人工知能をつくるなどという大それたことを目指すのではなく、ある特定の目的に限定して専用の知能増強のための道具（機械）を目指すのです。ＩＡは、あくまでも人間が主体で人間を支援するためのものです。人間の目（視覚）の機能を支援する道具に眼鏡があり、耳（聴覚）の機能を支援する道具に補聴器があるように、人間の知能のうちある特定の機能を支援するのがＩＡ＝「知能アンプ」の基本的なコンセプトです。※

　※　ＩＡの考え方は、ちょうどＡＩという用語が最初に使われたダートマス会議が開かれた同じ1956年に出版されたウィリアム・ロス・アシュビー（W.Ross Ashby：1903〜

1972）の著書 "*Introduction to Cybernetics*"（1956年）のなかで使われていた "amplifying intelligence" という用語だと言われています。

（5）「超人類」を想定するシンギュラリティ

ＩＡとまったく反対の極にあるのがシンギュラリティ（Singularity）です。シンギュラリティとは、もともとは技術学の用語であり、直訳すると「技術的特異点」となりますが、ＡＩ用語で使われる場合は、ＡＩが人間の知能を超えた段階のことをさしています。ＡＩがあらゆる能力で人類を超えた「超人類」となるのがシンギュラリティです。そのために、「ＡＩ＆人類」という対抗図式をえがくときに、シンギュラリティという用語がよく使われます。

シンギュラリティの議論に拍車をかけたのは、米国のＡＩ研究者で、グーグル社のＡＩ研究の総責任者のレイ・カーツワイルが提唱した「シンギュラリティ論」です。カーツワイルは、自著『シンギュラリティは近い──人類が生物を超越するとき』（原題。邦訳は『ポスト・ヒューマン誕生』）のなかで、2045年ごろまでに、人類によるＡＩ研究はシンギュラリティを超えると主張しています。※

　※　カーツワイルの「シンギュラリティ論」については、本書では、第３章で検討します。

（6）　ＡＩのイメージ──「現在のＡＩ」と「将来のＡＩ」

これまで、「ＡＩとは何か」を考えるために、強いＡＩと弱いＡＩ、特化型ＡＩと汎用型ＡＩ、ＩＡ（知能増強）、シンギュラリティ（超人類）などなど、ＡＩ研究者によるＡＩの定義に関連する議論をとりあげてきました。それらのＡＩのイメージをまとめて一覧できるように表してみると、（図２）のようになります。ＡＩのイメージを描くとすれば、この図の最上部の馬蹄形に描いたように、ひじょうに広い範囲の異なったコンセプトのＡＩが混在しています。ＡＩについて議論していて、話がかみ合わないことが起こるのも、念頭にあるＡＩのイメージとそのコンセプトが異なっていることがあるからです。

しかも、「現在のＡＩ」そのものも、ＡＩの研究開発が進化するとともにその能力や応用範囲は広がっていきます。ここで、あらためて本節の（１）項でかかげたＡＩ研究者13名の「ＡＩの定義」を眺めてみると、それぞれの研究者の描くＡＩのイメージの違いによって、それぞれの「ＡＩの定義」も異なっ

図2 「AIの研究」──「現在のAI」──「将来のAI」

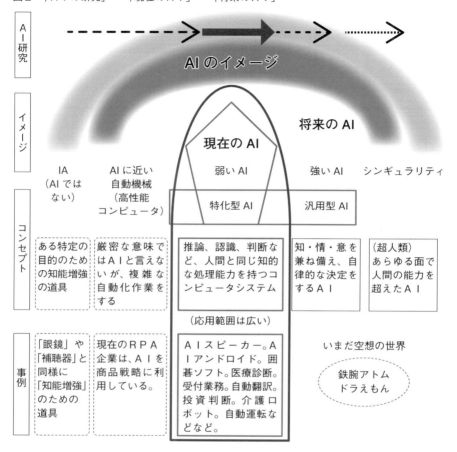

ていることがわかります。

　われわれが生活のなか、職場の労働現場で対面するAIも、いろいろな発展レベルのものが共存しています。そのために、AIの実体がなかなか1つに定められず、的が絞りにくいのだと思います。

　本書でとりあげるAIは、まだ実現していない架空のAIではなくて、現実に開発が進んでいるAI、技術的に産業や社会での実装（応用）が可能となっている「現在のAI」です。（図2）では、AIのイメージと区別して中央に「現在のAI」と描いてあります。本書では、この図の中央に縦の半楕円形で描い

た「現在のＡＩ」をイメージしながら、話を進めていきたいと思います。

Ⅲ　ディープラーニング
　　──「現在のＡＩ」を進化させた技術とアルゴリズム

（１）　ハードウェアとソフトウェアが一体化したコンピュータシステム

　ＡＩの定義について気が付くことは、ＡＩは「コンピュータシステム」であり、コンピュータ用語でよく使うハードウェアとソフトウェアが分かちがたく一体になっていることです。

　コンピュータを使い始めた時には、ハードウェアとソフトウェアの違いを知るのに苦労しますが、その区別がわかると、これほど使い勝手の良い用語はないと思うようになります。ハードウェアとは、コンピュータの物理的な機械体系そのもの（電子回路、装置、筐体(きょうたい)）のことで、ソフトウェアとは、コンピュータを使用するさいに、日常的に利用するプログラムのことです。さまざまな利用目的にそって開発されたアプリケーション・ソフトウェア（応用ソフトウェア、「アプリ」とも呼ばれる）です。

　ところがＡＩの定義で使われている「コンピュータシステム」の特徴は、ハードとソフトが融合したシステムになっていることです。ここで、もう一度、冒頭にかかげたＡＩの定義を読み直してみましょう。ＡＩとは、「推論、認識、判断など、人間と同じ知的な処理能力を持つコンピュータシステム」と規定されています。ここで言う「推論、認識、判断など、人間と同じ知的な処理能力」とはまさしくソフトウェアのことのように見えます。つまり、知的なソフトの能力を持つコンピュータシステムがＡＩなのです。ただし、ここで言うソフトとは、いわゆる個別用途の「アプリ」という意味ではなく、またコンピュータの共通操作のＯＳ（オペレーティングシステム）でもなく、それよりもっと基本的な「知的な処理能力」そのもののことです。

　そこで次にコンピュータのなかにシステムとして一体化した「推論、認識、判断など、人間と同じ知的な処理能力」とは、どういうことなのか。それを考えるには、「**アルゴリズム**」という新しい用語を理解することが必要になります。

（2） アルゴリズムとは何か

ＡＩに関する用語のなかで、なかなか理解しにくいのがアルゴリズム（algorithm）です。『ＩＴ用語辞典』では、アリゴリズムは、次のように解説されています。

> 「問題を解決する手順や計算方法。例えば、100個の数字の合計を求める場合、『1個ずつ順番に足していく』というアルゴリズムのほかに、『最初に10個ずつグループで合計を求め、次にその10グループを合計する』というアルゴリズムも考えられる。アルゴリズムを図形によって視覚的に表現したものがフローチャート（流れ図）、それをプログラミング言語で表現したものがプログラムとなる」。

「問題を解決する手順や計算方法」と言えば、すぐ頭に浮かぶのは表計算ソフトがあります。これらは数値計算のアルゴリズムをプログラムにしたものです。しかし、アルゴリズムは、こうした数学的な手順や計算方法だけでなく、もっと広く一般的な問題すべてについての論理的な解法を指しています。たとえば膨大なデータのなかから目的のものを探し出す（探索アルゴリズム）とか、多数の画像のなかに含まれる人間や動物の顔を検出する（画像認識アルゴリズム）とか、ひじょうに複雑な問題まで包含しています。

コンピュータを操作して、ある目的に達するためのアルゴリズムを「処理手順の集合」として記述したものがプログラムです（表２）。プログラムは、コンピュータに指示できるようにプログラム言語で記述されねばなりません。プログラム言語は、コンピュータ企業や技術者により目的に応じて開発され、さまざまなプログラム言語が、毎年のように生み出されています。

表２　プログラムの事例

```
4780 GOTO 5000
4790 :
4800 REM
4801 REM      --- DARSTELLUNG ---
4802 REM      --- DES MANUALS ---
4803 REM
4810 :
4820 PRINT"■";
4825 W=V+1:IF WK0 THEN W=W+14
4830 FOR X=1 TO 2:PRINT"▶▶▶▶▶▶▶▶▶▶▶▶";
4835 FOR I=0 TO 23
4840 PRINT MD$(I+W);
4850 NEXT:PRINT:NEXT
4860 PRINT"▶▶▶▶▶▶▶▶▶▶▶▶";
4870 FOR I=0 TO 23
4880 IF MD$(I+W)=CHR$(32) THEN PRINT MB$(I+1);:GOTO 4900
4890 PRINT MD$(I+W);
4900 NEXT
4910 PRINT:PRINT"▶▶▶▶▶▶▶▶▶▶▶▶";
4920 FOR I=2 TO 24 STEP 2
4925 PRINT"|";
4930 IF MD$(I+W-1)="■ ■" THEN PRINT"■□";:GOTO 4940
4935 PRINT" ";
4940 NEXT:PRINT"■"
4950 PRINT"▶▶▶▶▶▶▶▶▶▶▶▶";
4960 FOR I=2 TO 24 STEP 2
4965 PRINT"|";
4970 IF MD$(I+W-1)="■ ■" THEN PRINT"■"MB$(I)"□";:GOTO 4980
4975 PRINT MB$(I)
4980 NEXT:PRINT"■"
```

（3） ディープラーニングとは何か

「現在のＡＩ」は、ディープラーニングという最新技術によって可能となっ

たアルゴリズムが開発されたことで、大きく進化しました。

　ディープラーニング（deep learning：**深層学習**）は、近年における脳科学や生命科学の発展や超高速コンピュータや電子顕微鏡など電子工学技術の飛躍的発展によって明らかになってきた脳のニューロン（神経細胞）を模して開発されてきました。従来のＡＩは問題を解くためのルールをコンピュータに教え込み、膨大な計算を機械的に何度も繰り返して答えに達したのでしたが、ディープラーニングでは、人間の脳を模したネットワークの層をいくつも重ねることでコンピュータの学習能力を飛躍的に向上させました。まずＡＩに過去の膨大な情報（ビッグデータ）を記憶させ、それをもとにディープラーニングによる自己学習を繰り返します。本書でたびたびＡＩの事例として登場するＡＩ「アルファ碁」は、過去の棋譜データを10万以上も記憶させ、3,000万回も自己対局（深層学習）させることによって強くなったといいます。

　21世紀の今、ＡＩという"妖怪"が地球上を徘徊している背景には、コンピュータの計算能力の飛躍的上昇という技術的な前進があったこと、またビッグデータという膨大な情報の利用が可能になったこと、脳科学の発展によってそれを模したディープラーニングという技術とアルゴリズムが開発されたことなどがあります。こうした要因のなかでも、とりわけディープラーニングという画期的な技術とアルゴリズムの発展は、「現在のＡＩ」を飛躍的に進化させることになりました。

（4）　ディープラーニングは、「現在のＡＩ」が「眼」を獲得したことを意味する

　ＡＩ研究者の松尾豊東大准教授は、「ディープラーニングの研究は現在、画像を読み込んで特徴量を抽出するところまでは実現している」、いいかえれば「現在のＡＩ」は、ディープラーニングによって、「画像特徴の抽象化ができる」ところまで発展してきたと解説しています。

　これはＡＩの進化にとって、何を意味するのでしょうか。松尾豊准教授は、「画像を見て特徴量を抽出して『見分ける』というのは人間の『視覚』に相当する」、つまり、ＡＩの進化にとって、生物が発展するときの「眼の獲得」にたとえられる、と述べています。生物が5億年以上も昔のカンブリア紀に、突如爆発的な発展を開始した原因が「眼の獲得」にあったことになぞらえて、人類史のう

えで、初めて「眼をもったAI」が誕生したことを意味するというわけです。

さらに松尾豊准教授は、「これから起きると予想される人工知能技術全体の発展から見れば、ほんの入り口にすぎない」とも述べています。

Ⅳ　ヒューリステックス
――「現在のAI」には、まだ真似できない人間の能力

AIの能力向上の事例として、グーグル社の「アルファ碁」が囲碁の世界名人を打ち負かした話を繰り返しとりあげてきました。しかし、この事例で忘れてならないことがあります。人間の名人はたった1人で戦ったのにたいして、「アルファ碁」は、巨大なスーパーコンピュータ（1,200個以上のCPUを使用したともいわれる）が膨大な電力を消費して対抗したということです。その費用は何億ドルもかかったに違いありません。

つまり、人間とAIコンピュータの勝負は、囲碁というきわめて限られたルールにおいても、まだまだ1対1の勝負にはならないということです。世界の最先端のスーパーコンピュータが総がかりで、やっとたった1人の囲碁名人に勝つことができたということにすぎません。

囲碁のルールという限られた枠を外して、あらゆる世界の諸現象に対応する知的能力ということになれば、「現在のAI」は、まだまだ人間と勝負できる段階ではありません。人間の能力は、「現在のAI」とは比較にならないぐらい、はるかに高いのです。知的分野、論理的な処理能力に限ってみても、総合力としては、「現在のAI」は、まだまだ人間の相手にはなりません。

人間は、論理的な知能が備わっているのと同時に、ヒューリステックスという論理的には説明しがたい能力（したがってコンピュータシステムでは簡単には模倣しがたい能力）も持っています。ヒューリステックスは、人間とAIの違いを考えるうえで、重要な意味を持っています。これは「AIとは何か」を知るためにも重要です。

ヒューリステックス（heuristics：発見法） とは、ディープラーニングのように厳密な論理を積み重ねて答えを得るアルゴリズムという方法ではなく、人間の経験にもとづいて、直感によって、素早く解答に到達する方法のことです。ヒューリステックスという用語そのものは、もともと心理学に属するもので、

人類が太古の昔から積み重ねてきた経験的な知恵、暗黙知などと言ってもよいでしょう。人間のヒューリステックスによる判断や意思決定の重要な特徴は、論理的に必ずしも正確な答えが導けるわけではありませんが、回答を得るまでのスピードがひじょうに早いことです。

　ＡＩの研究の進展とともに、前項で述べたディープラーニングにもとづくアルゴリズムが、人間の論理的な判断や認知プロセスをコンピュータシステムという機械によって模倣して代替しようとするのにたいして、ヒューリステックスはあくまでも人間に特有な心理的プロセスです。少なくとも、現在のＡＩ研究の段階では、コンピュータシステムによっては絶対に真似できない人間の"ひらめき"によるプロセスです。

　これまで「ＡＩとは何か」という基本的な問題について、いくつかの角度から検討してきました。最近のＡＩ進化のさまざまな要因については、第１章でさらに具体的に探究します（第１章45ページ参照）。
　「ＡＩとは何か」についての考察の最後に、最初にかかげた『人工知能学大事典』の定義をもう一度かかげて、本書でとりあげるＡＩの経済学的な研究の前提に据えておくことにしましょう。本書を読み進むなかで、必要に応じて、先にかかげた図２（26ページの「ＡＩのイメージ」）を見ながら、あらためて下記の定義を確認していただければと思います。

> **ＡＩ（人工知能）の定義**
> 　「人工知能（artificial intelligence; ＡＩ）とは、推論、認識、判断など、人間と同じ知的な処理能力を持つコンピュータシステムである。人工知能の研究は、人間の知能を人工物として実現することを目的とするが、それだけでなく、それを通じて知能の働きを解明することを目指す研究分野でもある」。（『人工知能学大事典』、２ページ）

【第Ⅰ部】ＡＩを見る視点

《第1章》
『資本論』の視点で、ＡＩをどう見るか
―― ＡＩの発生史的な探究

はじめに ── ＡＩとコンピュータの発生史について

　本章では、『資本論』の視点でＡＩやコンピュータの発生史を探究しつつ、その経済的な意味を考察するのが課題ですが、最初に、ＡＩやコンピュータの発生史を経済学的な立場から研究する意味と方法について簡単に述べておきましょう。

　コンピュータの前史としての「計算機械」の起源をたどると、紀元前100年前の古代ギリシャで天文運行を計算するために製作された歯車式計算機〔アンティキテラ島の機械〕がとりあげられます。そこまでさかのぼらなくても、17世紀のパスカルが作った歯車式の加減算機（1649年）や、19世紀のバベジの階差機関・機械式計算機（1833年）がよく知られています。

　また、現在のコンピュータの起源としては、英国のＡ.Ｍ.チューリング（1912〜54）が1936年に提唱した仮想的なチューリング機械が今日のコンピュータの理論的基礎となっていることや、それをいっそう具体化したフォン・ノイマン（1903〜57）が1945年に発表したプログラム内蔵方式のコンピュータ（演算装置、主記憶装置、入出力装置、制御装置の４つのブロックから構成）が今日のコンピュータの理論的な基本モデルとなったことも、よく知られています。

　しかし、こうした計算機械やコンピュータの起源、その技術的な発展の歴史それ自体は、本章の課題ではありません。ここでの主要な関心は、そうしたコンピュータやＡＩが社会的に果たす経済的な役割（経済的規定性）※であり、そうした視点からのコンピュータやＡＩの発生・発展史です。コンピュータやＡＩが現代の資本主義的生産様式の生産力基盤として重要な役割を果たしていることに注目し、それが社会的経済的諸関係に及ぼしている影響を研究することが経済学的な課題です。そうした社会的生産力と生産関係の視点から、コンピュータやＡＩの発生史を探求することが本章の課題です。

※　「経済的規定性」という用語はマルクスが『資本論』で経済学の研究対象を説明するために使っている用語です。その意味は、本書の第12章（210ページ）で、より詳しく解説します。

I　概観 ——『資本論』と21世紀資本主義の生産力基盤

　『資本論』では、資本主義的搾取制度の発展と生産力の発展との深い結びつきが、歴史的にも理論的にも解明されています。資本主義的搾取制度の生成・確立が生産力の発展に拍車をかけ、逆に生産力の発展が搾取関係を量的にも質的にも強化・発展させていくこと、こうした両者の密接な関係を理論的に解明したのが「相対的剰余価値の生産」の理論です。マルクスは、とりわけ第Ⅰ巻第4篇の第13章「機械設備と大工業」に、『資本論』全3巻98章のなかでも最長の228ページ（新日本新書判による）をあてて、資本主義的生産様式の土台をなす「機械設備と大工業」を徹底的に解明しています。現代のコンピュータやＡＩを研究するためにも、この「機械設備と大工業」が重要な理論的手掛かりとなります。

　そこで、生産力としてのＡＩを発生史的にとらえるために、資本主義のもとでの生産力の歴史的な発展過程と21世紀資本主義の生産力基盤を概観できる図を描いてみました（図3）。

　結論的に言えば、21世紀資本主義の生産力的基盤は、16世紀〜18世紀のマニュファクチュアの時代に発展した「労働の分業と協業」を基礎としながら、18世紀——19世紀の産業革命以来の（Ａ）**機械制大工業の飛躍的発展**と20世紀後半以降の（Ｂ）**ＩＣＴ（情報通信技術）革命の発展**とが結合した段階としてとらえることができます。

　（Ａ）の**機械制大工業**については、その基本的な原理は、18世紀後半から19世紀にかけて、イギリスを先頭に欧米諸国、さらに日本も含めて、いわゆる欧米日の「先進諸国」の産業革命によって確立し、資本主義的生産様式の世界史的確立の生産力基盤となってきました。産業革命によって確立した「機械工業の原理」は、資本主義的生産様式における生産力の発展にとって、いわばコペルニクス的転換ともいいうる真に革命的転換でした。それは、一言で言えば、手工業の原理が「人間の手作業の主観的分割の原理」に依拠していたのにたい

図3　概観──資本主義の生産力基盤の発展

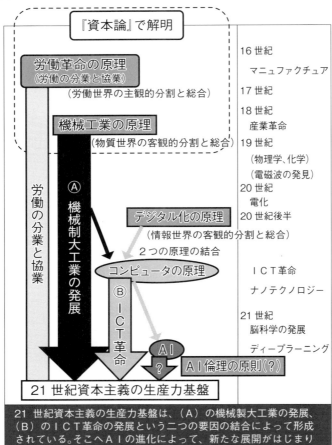

し、機械工業の原理は「自然の客観的分割の原理」という自然科学的法則の利用であり、今風な表現をすれば、物質的生産に関する「アナログの原理からデジタルの原理への転換」と言ってもよいものでした。「機械工業の原理」は、20世紀を通じて後続の新興諸国に拡大するとともに、電気工学（電磁波の原理）を内包して、ナノテクノロジーの段階にまで発展を続けています。

　（B）のICT革命の発展は、コンピュータの発明と発達を基礎にしています。コンピュータの技術的な根源には、情報処理技術におけるアナログからデジタルへの根本的転換があります。「デジタル化の原理」については、のちに詳しく説明しますが、一言で言えば、文字、画像、音声、動画などすべての情報を「0と1」の要素（bit＝ビット、情報量の基本単位）に徹底的に分割して、それを情報処理してから再構成する原理のことです。

図ではＡＩの生産力への応用は、まだはじまったばかりなので【？】としてあります。また、「ＡＩ倫理の原則」についても【？】としてあります。しかし、これからＡＩが21世紀資本主義の生産力基盤を構成してくることは間違いないでしょう。今後、さらにＡＩの技術的発展が進むと思われるからです。

　『資本論』では、マニュファクチュア、産業革命、機械制大工業の分析をつうじて、こうした生産力発展の技術学的な意味が科学的に解明されています。マルクスは、資本主義における生産力の発展が資本主義的搾取制度の確立・発展と表裏の関係にあることを歴史的・理論的に明らかにしました。

　このような『資本論』の理論的視点をつかむことは、機械制大工業を基礎にしたＩＣＴ革命やＡＩなどによる現代の生産力の特質を研究するためにも不可欠だといえるでしょう。

Ⅱ　前史 ──「機械工業の原理」の確立と展開

　前節では、巨視的、歴史的な視点で資本主義のもとでの生産力の発展過程と21世紀資本主義の生産力基盤を概観しました。これからの各節では、先にかかげた図3を見ながら、『資本論』の視点を確認しつつ、いま少し詳しく立ち入って今日のＡＩにいたるまでの発展過程を歴史的に跡づけてみましょう。

（１）　マニュファクチュアと「労働革命の原理」──「労働の分業と協業」

　マニュファクチュア（manufacture）とは、産業革命で普及する機械制大工業の以前の資本主義的生産様式であり、日本語では「工場制手工業」と訳されます。工場に数人（あるいは数十人）の賃金労働者を集めて、分業による協業によって生産がなされるが、まだ機械ではなく道具を使って、もっぱら手工業を技術的基礎としている生産様式でした。

　マニュファクチュア（工場制手工業）の時代には、直接生産者である労働者の労働編成、労働様式の革命的変革、資本主義的生産様式の基礎となる「労働の分業と協業」が発展します。このマニュファクチュアのもとでの「労働の分業と協業」によって、資本主義社会の急激な生産力の発展がはじまります。分業とは、労働を分割して専門化することです。分業は、労働の生産性を高めるための有力な方法であり、今日でも、分業の効果は日常的に経験することです。

（2） マニュファクチュアの技術的限界

　資本主義のもとでの生産力の発達は、産業革命に先立って、まず人間労働の側での大変革が起こったこと、「労働の分業と協業」という「労働革命」の意義をとらえることが重要です。マニュファクチュアの時代に「労働革命」（分業と協業の発展）があったからこそ、その土台のうえで、その次に労働手段の大変革による産業革命が可能になったのでした。

　しかし、マニュファクチュアの段階の「労働の分業と協業」は、労働手段の側からみると、まだ手工業の道具による生産であるという狭い技術的な制約、限界をもっていました。

　　「マニュファクチュアにおける分業を正しく理解するには、次の諸点をしっかりとらえておくことが重要である。まず第一に、生産過程をその特殊な諸局面に分割することが、この場合には、一つの手工業的活動をそのさまざまな部分作業に分解することとまったく一致する。その作業は、組み合わされたものであろうと簡単なものであろうと、依然として手工業的であり、それゆえ、個々の労働者が自分の用具を使用するさいの力、熟練、敏速さ、確実さに依存する。手工業が依然として基盤である。この狭い技術的基盤は、生産過程の真に科学的な分割を排除する」（③、589ページ。原書、358ページ）。

　このマニュファクチュアの技術的限界を突破して、資本主義的生産様式のもとで生産力が急速に発展しはじめるのは、産業革命という労働手段の大変革（手工業の道具から機械への発展）が起こり、機械制大工業が確立してからでした。

（3） 資本主義的搾取制度と資本蓄積・拡大再生産

　世界で最初の産業革命はイギリスで起こりましたが、それは1760年ごろから1830年ごろまでといわれています。産業革命によって、資本主義は機械制大工業の時代に入り、生産力は急激な上昇期を迎えます。

　機械制大工業のもとで生産力が飛躍的に発展するようになった秘密は、**第１**に、資本主義のもとでの搾取制度は、これまでのどの社会制度に比べても量的にも質的にも膨大な剰余労働を直接生産者から搾り取り、それを絶えず再生産に投入して、拡大再生産を継続する仕組みになったということです。

　資本主義的搾取制度のもとでは、資本が労働者を働かすことによって人間と

自然を徹底的に開発（利用）することで生産がなされ、その結果として労働生産物が資本家のものになり、利潤が生みだされます。そのために、資本は、人間労働だけでなく、自然も同時に利用しつくして、もっとも効率的に労働生産物を得ようとします。資本主義のもとでは、個々の資本家は、日常不断に生産技術を革新し、生産性を発展させることによって、利潤を増やすことができます。生産力の発展と資本主義的搾取は一体になっているからです。マルクスは、『資本論』のなかで、次のように述べています。

> 「それゆえ資本主義的生産は、すべての富の源泉すなわち土地および労働者を同時に破壊することによってのみ社会的生産過程の技術および結合を発展させる」（③、868ページ。原書、530ページ）。

こうした生産力の発展、経済規模の急激な膨張、拡大再生産という現象は、いつの時代でもあったことなのか。けっしてそうではありません。それは、人類のこれまでの歴史のなかでは、資本主義の時代だけに起こる、きわめて独特の経済現象でした。マルクスは、「資本論草稿」のなかで、「資本の蓄積」は、「資本主義的生産様式をそれ以前の生産様式から区別する標識」であると述べています。

つまり、資本の蓄積とは、繰り返し、繰り返し「剰余価値（剰余労働）を資本へ転化する」ことであり、そのことによって連続的に生産技術が革新され、生産力が飛躍的に発展していくことになります。いいかえれば、資本家にとって、生産力を絶えず発展させることが資本主義的搾取制度を維持し、発展させるための存在条件（レーゾンデートル）になっているのです。

（4）「機械工業の原理」と機械制大工業の確立

機械制大工業のもとでの生産力の飛躍的発展の秘密は、**第2に**、手工業の原理が人間の分業に頼っていたのにたいして、機械工業の原理は、自然の客観的な分割の原理によってなされるようになり、その結果として、自然科学と技術学の応用によって自然の生産力を無限に引き出せるようになったことでした。『資本論』第Ⅰ巻第4篇「相対的剰余価値の生産」では、このような手工業の原理（主観的分割原理）から機械工業の原理（客観的分割原理）への転換について、繰り返し指摘しています。

> 「マニュファクチュアでは、労働者たちは、個別的に、または群別で、

【第Ⅰ部】ＡＩを見る視点

　　　それぞれの特殊な部分過程を自分の手工業道具で行なわなければならない。労働者はその過程に適合させられるが、しかしあらかじめその過程もまた労働者に適応させられている。この主観的な分割原理は、機械制生産にとってはなくなる。この場合には、総過程は客観的に、それ自体として考察され、それを構成する諸局面に分割され、そして、それぞれの部分過程を遂行し相異なる部分過程を結合する問題は、力学、化学などの技術的応用によって解決される」（③、657～658ページ。原書、401ページ。傍点は引用者）。※

　※　こうした「機械工業の原理」は、マルクスは、アンドリュー・ユアの『工場の哲学』からこれを学び、その意義を明らかにしたのでした。この点については、本書の第11章（198ページ）を参照してください。

　マルクスは、これまでの生産様式の技術的基盤はすべて本質的に保守的であったが、資本主義における技術的基盤は革命的であると、その決定的違いを次のように指摘しています。

　　　「社会的生産過程の多様な、外見上連関のない、骨化した諸姿態は、自然科学の意識的に計画的な、そしてめざす有用効果に従って系統的に特殊化された応用に分解された。……（中略）……それゆえ、近代的工業の技術的基盤は、革命的である──これまでの生産様式の技術的基盤はすべて本質的に保守的であったが。近代的工業は、機械設備、化学的工程、その他の方法によって、生産の技術的基礎とともに、労働者の諸機能および労働過程の社会的諸結合を絶えず変革する」（③、837ページ。原書、510～511ページ）。「大工業が、巨大な自然諸力と自然科学とを生産過程に合体することによって労働の生産性を異常に高めるに違いないことは一見して明らかである……（後略）」（③、669ページ。原書、408ページ）。

　産業革命によって確立した「機械工業の原理」は、21世紀の今日に至るまで、資本主義における技術的基盤を構成してきています。

（5）「機械工業の原理」による「労働の疎外」、肉体労働と精神労働の分離

　「機械工業の原理」は、自然力を引き出して社会的生産力を飛躍的に発展させましたが、それは同時に機械制大工業による労働者にたいする搾取強化を徹

底させることになりました。

> 「資本主義制度の内部では、労働の社会的生産力を高めるいっさいの方法は、個々の労働者の犠牲として行なわれるのであり、生産を発展させるいっさいの手段は、生産者の支配と搾取の手段に転化し、労働者を部分人間へと不具化させ、労働者を機械の付属物へとおとしめ、彼の労働苦で労働内容を破壊し、科学が自立的力能として労働過程に合体される程度に応じて、労働過程の精神的力能を労働者に疎遠〔原語はentfremdung＝疎外──引用者注〕なものにする……」(④、1,108ページ。原書、674ページ)。

「機械制工業の原理」のもとでは、機械は、「彼（労働者──引用者）の労働条件をねじゆがめ、労働過程中ではきわめて卑劣で憎むべき専制支配のもとに彼を服従させ（る）」のです。

また、機械制大工業は、人間労働の肉体労働と精神労働を分離して、精神労働を資本が労働者から奪い取り、それを労働者支配のための権力に変えてしまいます。

> 「生産過程の精神的諸力能が手の労働から分離すること、および、これらの力能が労働にたいする資本の権力に転化することは、すでに以前に示したように、機械を基礎として構築された大工業において完成される。内容を抜き取られた個別的機械労働者の細目的熟練は、機械体系のなかに体化しこの体系とともに『雇い主』の権力を形成している科学や巨大な自然諸力や社会的集団労働の前では、取るに足りない些細事として消えうせる」(③、731ページ。原書、446ページ)。

こうした「機械工業の原理」による「労働の疎外」、肉体労働と精神労働の分離については、本書ではのちに第11章でとりあげることにします（198ページ）。

（6）「機械工業の原理」と自然科学・技術学の進歩

「手工業の原理」も「機械工業の原理」も社会的労働過程の編成に関する原理ですが、重要なことは、社会的労働過程は、3つの要素、①人間の労働、②労働対象、③労働手段から成り立っていることです。「機械工業の原理」が「手工業の原理」と違うのは、人間労働の分割ではなくて、対象的自然を源泉とす

る労働対象と労働手段の分割にかかわる原理であることです。「主観的分割から客観的分割への転換」ということは、そのことを指しています。「機械工業の原理」では、人間労働の主観的分割ではなく、対象的自然にかかわる客観的分割であるために、自然科学・技術学の応用が可能となり、またその応用が必然ともなるのです。

「手工業の原理（主観的分割原理）から機械工業の原理（客観的分割原理）への転換」は、それまでの手工業の狭隘な技術的限界を突破して、自然科学と技術学を生産過程に応用できるようになり、そのことによって生産力の飛躍的発展が連続的におこなわれることを可能にしました。しかも、このことは、次には逆に自然科学の発展に大きな拍車をかけることになりました。

　　「自然の諸動因の応用――いわば、それらの資本への合体――は、生産過程の独立した一要因としての科学の発展と重なっている。生産過程が科学の応用になるのならば、逆に、科学は生産過程の一要因に、いうなればその一機能となる。発見はそのことごとくが新しい発明の、あるいは新しい改良された生産方法の基礎になる。資本主義的生産様式がはじめて、もろもろの自然科学を直接的生産過程に役立てるのであるが、他方では逆に、生産の発展が自然の理論的征服にその手段を提供するのである。科学は富の生産手段となる使命を受け取る、すなわち致富の手段となる。……（中略）……資本は科学を創造しない、しかし資本は科学を徹底的に利用し、科学を生産過程に従属させる」（大月書店『資本論草稿集』⑨、263ページ。傍点はマルクス）。

また「機械工業の原理」によって、自然科学が資本主義的な生産過程に応用されることの必然的結果として、技術学という新しい分野が切り開かれることになりました。

　　「各生産過程を、それ自体として、さしあたりは人間の手をなんら考慮することなく、その構成諸要素に分解するという大工業の原理は、技術学というまったく近代的な科学をつくり出した。」（『資本論』③、837ページ。原書、510ページ）。

こうして、産業革命と機械制大工業の道を切り開いた「機械工業の原理」は、自然科学の応用と技術学の新たな展開によって、19世紀から20世紀へかけて、いっそう生産力の発展に拍車をかけていくことになります。

Ⅲ 「デジタル化の原理」── その技術的特徴について

20世紀の後半から、資本主義の生産力の発展にとって、「機械工業の原理」に、さらに新しい要因が加わってきます。情報通信の世界での「デジタル化の原理」の展開、いいかえればＩＣＴ（(Information and Communication Technology ＝情報通信技術)における革命的発展です。

（1） ＩＣＴ革命、デジタル化の原理

ＩＣＴ革命の起源は、20世紀のなかばにさかのぼります。1950年の世界初の商用コンピュータ（ＵＮＩＶＡＣⅠ）の完成、1957年の世界初の人工衛星の打ち上げ成功を嚆矢とする情報通信技術の進歩は、怒濤のような勢いで資本主義世界の生産力基盤を変革し、革命的な発展をもたらしてきました。

ＩＣＴ革命の技術的な根源には、文字、画像、音声、動画などすべての情報を「０と１」の要素（bit＝ビット、情報量の基本単位）に徹底的に分割し、超高速で処理・電送するデジタル化の原理があります。

たとえば文字情報で言えば、すべての文字に番号をつけて、２進法（0，1）で表すと、16ビットの２進数で表記することができます。画像や音声の場合は、縦横の微細なマス目に区切って、それぞれのマス目の情報を２進法の数字に表すと、「０と１」の要素（bit＝ビット）に変換することができます（図4）。この場合、マス目のことを画素（ピクセル）と言い、画素が多いほど精密な画像、正確な音声に変換できることになります。ちなみに、最近、話題になっている４Ｋテレビ、８ＫテレビのＫはキロ（1,000）という単位を表し、それぞれ４Ｋ＝3,840×2,160＝約830万画素、８Ｋ＝7,680×4,320＝約3,300万画

図4　デジタル化の原理

文字、画像、動画、音声など全ての情報を、二進法（0,1）の数値に分解して表わし、電子信号で送信して、統合する

文字　すべての文字に番号を付して、二進法（0,1）で表わすと、16ビットの２進数で表わすことができる

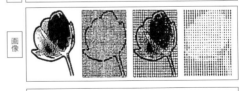

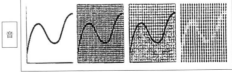

出所：『21世紀のいま、マルクスをどう学ぶか』（学習の友社、2018年）に所収の拙稿より。

素のテレビのことです（3,840を切り上げると４Ｋ、7,680を切り上げると８Ｋになります）。

（２）　デジタル化の原理と電子回路の関係

　デジタル化の原理の技術的な特徴として重要なことは、あらゆる情報の「０と１」の要素（bit=ビット、情報量の基本単位）への変換は、電気の基本的な性質である電荷（＋：正電荷、－：負電荷）に対応していることです。つまり、情報の要素である２進法のbit=ビットを、電荷（＋と－）の流れの切り替え（スイッチング：電気回路における電路の開閉）に対応させることによって、あらゆる情報を電子回路の運動に変換できることになります。コンピュータは、あらゆる情報をデジタル化し、それをさらに多数の半導体による電子回路によって処理する機械です。数字、文字、画像、音声、動画など、それらが２進法の数字として符号化（デジタル化）される限り、すべての情報が電子回路によって処理されることになるわけです。

　さらにまた、情報を電子回路の運動に変換できることは、あらゆる情報を電気通信（テレコミュニケーション）に載せることによって、それを瞬時に世界中に電送する可能性を生みだしました。インターネットは、こうしたデジタル化の原理と電気の原理の融合によって可能となった超高速の情報処理・情報通信という技術的基礎のもとで発展してきたのです。

Ⅳ　「コンピュータの原理」
──「機械工業の原理」と「デジタル化の原理」の結合

　デジタル化の原理の特徴は、機械工業の「客観的分割原理」がもっぱら物質世界を対象としていたのにたいして、デジタル化の「客観的分割原理」は情報世界を対象としていることです。その意味では、両者の意義は基本的に異なっています。しかし、対象の「客観的分割」という原理においては共通しています。マルクスが『資本論』で解明した「手工業の原理（主観的分割原理）から機械工業の原理（客観的分割原理）への転換」は、今風な表現をすれば、情報世界を対象としたアナログの原理からデジタルの原理への転換と言ってもよいでしょう。

機械工業の原理がＩＣＴ革命にとっていかに不可欠な意味を持っているか。その端的な事例としては、現在の半導体製造技術の発展を見ればわかります。最近は、さまざまな機械にコンピュータが部品として使われていますが、それらのコンピュータには、極微小なＩＣチップに膨大な半導体素子を収めたＬＳＩ（1,000素子以上）、ＶＬＳＩ（10万素子以上）、ＵＬＳＩ（1,000万素子以上）などの大規模集積回路が使われています。ＩＣチップの身近な例では、クレジットカードの表面左側に金色の四角いマークがついていますが、これがＩＣチップ搭載の標識です。こうしたＩＣチップには、まさに機械工業の原理によってナノメートル単位の微細加工で製造された半導体が使われています。そして、こうした高性能な半導体製造の機械工学によってＩＣＴ革命は支えられています。

　逆にＩＣＴ革命は、現在の機械制大工業にとって、不可欠な意味を持っています。たとえば、現代の自動車は、エレクトロニクス技術と情報機器の塊だといわれることがあります。自動車のすべての操作に電気的機構やコンピュータが介在しています。最近は、ほとんどのマイカーにカーナビが設置されていますが、これはＧＰＳ（全地球測位システム）衛星からの位置情報の利用を前提にしています。

　このように、機械工業の原理とデジタル化の原理は、相互に支えあいつつ、生産力を飛躍的に発展させつつあります。「情報を処理する機械」としてのコンピュータの発明とそれを操作するプログラムのアルゴリズム（問題を解決する論理的な手順）の飛躍的進化は、これら２つの異なった世界の原理を結合したことによって実現されてきました。その意味では、現代のコンピュータの発達は、機械制大工業の原理とデジタル化の原理の両方を内に含んでいるといってもよいでしょう。

Ⅴ　「現在のＡＩ」の進化 ── ＡＩチップの開発は何をもたらすか

　序章のなかでＡＩの定義について述べたように、ＡＩは「人間と同じ知的な諸理能力を持つコンピュータシステム」であり、現在の時点での「現在のＡＩ」は、超高性能のコンピュータにほかなりません。

(1)　AI研究の起源と歴史

　人類史上最初のコンピュータについては、今日でも、いろいろな説があり、係争点にもなっていますが、一般に最初のコンピュータといわれる米国のＥＮＩＡＣ（1946年）に続いて、最初のノイマン型コンピュータ（演算装置、制御装置、記録装置、入出力装置をそなえ、内蔵したプログラムに従って処理をおこなう）は1948年にイギリスのマンチェスター大学の研究チームが発明したＳＳＥＭ：The Baby（ベイビー）でした（ちなみに、筆者は、2018年6月にマンチェスターを訪問したさいに、同市の産業技術博物館に陳列されていたBabyの実物大レプリカによる操作デモを見学することができました）。

　ＡＩという用語が生まれたのは、ＥＮＩＡＣより10年後の1956年の米国ニューハンプシャー州ダートマス大学で開かれた研究集会でしたが、実際にはこの会議を提案した1955年8月の「提案書」のなかで、すでにＡＩ（artificial intelligence）という用語が使われていたと言います。ダートマス会議には、情報通信理論の創始者であるＣ・Ｅ・シャノンをはじめＭ・ミンスキー、Ｎ・ロチェスター、Ｈ・サイモン、Ａ・ニーウェル、Ｒ・ソロモフなど、その後のＡＩ研究を牽引した研究者11名が出席（会議を通しての参加者）しました。会議では、「人間の知能機能はいかにしてコンピュータによってシミュレートできるか」というテーマが議論されました（以上、ダートマス会議については『人工知能学大事典』による）。

　このようにＡＩの研究は、ＩＣＴ革命の開始とほぼ同時期にはじまったのですが、その後のＡＩ研究は、第1次のブーム（1960年代）、第2次のブーム（1980年代）の時期を経て、21世紀に入ってから現在にいたる第3次のブームを迎えています。現在の第3次のＡＩブームは、とりわけ2010年代以降におけるディープラーニング（深層学習）という画期的なＡＩ技術の開発が契機になりました。

　象徴的な出来事をあげれば、ＩＢＭ社のＡＩ「ワトソン」が2011年2月に、ＴＶのクイズ番組で人間と対戦して勝利し、賞金100万ドルを獲得したこと、また日本でも、国立情報学研究所が中心となって立ち上げた「ロボットは東大に入れるか」（東ロボくん）というプロジェクトが大きな話題になったのも2011年でした（同プロジェクトは2016年に終了）。

（2） ＡＩ進化の５つの要因

　近年のＡＩ進化の背景をより総合的、歴史的にみるなら、そこには５つの要因が重なり合いながら発展してきたことがあるといえるでしょう（表３）。

　第１に、コンピュータの計算能力の飛躍的向上、それを支える半導体の超過密集積（超ＬＳＩ・大規模集積回路）の製造・生産、基礎材料の開発など、電子工学技術が急激に発展してきたことです。コンピュータの処理能力の高速化と記憶容量の巨大化を達成した機械工学の進展は、ナノテクノロジーの段階にまですすみ、精巧な人型ＡＩロボットの製造を可能にしています。

　第２に、コンピュータを繋ぐ通信技術が急速に発展するとともに、それを実効性あるものにする通信インフラも着実に建設・整備されてきたことです。2020年から予定されている５Ｇ（第５世代通信）は、現在の４Ｇの100倍の通信速度になると言われています（５Ｇについては、135ページ参照）。

　第３に、インターネットの急速な普及を基盤として、ビッグデータといわれる膨大な情報量の処理が可能になってきたことです。スマートホンやＩｏＴの普及によって、個人情報を含むビッグデータの規模は、日々刻々と膨張を続け

表３　ＡＩ（人工知能）進化の要因

	進化の要因		指標（事例）	参考（料理のたとえ）
1	コンピュータ	計算高速化 半導体集積、ナノテク	スパコン「京」 1秒間に1京回計算 10000000000000000回	キッチン設備、料理道具（燃料）
2	通信インフラ	インターネット、クラウド ＩｏＴ	１Ｇから５Ｇへ 通信速度100倍	輸送条件 冷凍技術
3	ビッグデータ	大量、多種、膨張	2020年のデータ総量 4000億兆バイト 新書16京冊	食材（大型冷蔵後）
4	アルゴリズム	ディープラーニング（深層学習）	ＡＩ：アルファ碁 3000万回の深層学習	レシピ（調理法）
5	自然科学・技術学	脳科学、情報科学 人工知能学	脳の発生・発達の原理 脳の神経回線網（ニューラルネットワーク）の数理解明	栄養・食物学 健康科学・農学

注：ここにあげたのはＡＩ進化の工学技術的な要因である。さらにＡＩ進化の背景には、ＡＩ研究への投資、商品化戦略など社会的産業的な要因もある。

ており、それらの多種・多様な膨大なビッグデータがクラウドというサイバー空間に集積されつつあります。

第4に、ディープラーニングという技術によるアルゴリズムの開発によって、画像などの特徴量の抽出ができるようになったことです。アルゴリズム（algorithm）については序章でも取り上げましたが、「料理」にたとえると、調理法を言語で示した「レシピ」のようなものにあたるといえるでしょう。

第5に、ＡＩが目標とする人間の脳の研究、生命の研究が発展しつつあることです。脳のメカニズムの研究は、ＡＩが単に認識や推論などの知的活動だけではなく、人間の「心」にかかわる活動（感情や意志などの精神的活動）や人間の「常識的判断」などにまで視野を広げることにもなります。しかし、同時にそれは、人間とＡＩとの違いを確認することでもあり、「現在のＡＩ」の限界を見極める意味をももっています。

ＡＩの進化の５つの要因は、それぞれ独自に発展してくるとともに、互いに因となり果となりながら、相互に深く連関しつつ展開してきました。

（3） ＡＩ用の半導体（ＡＩチップ）の研究開発
── 精神労働（頭脳労働）の機械化の試み

このような５つの要因によって支えられ進化したＡＩは、21世紀に入るころから、ＡＩ研究者の研究室のなかから大きく羽ばたいて、文字通り「世界中を徘徊」するようになりました。

これまでのＡＩのディープラーニングは、膨大なビッグデータや画像を処理するために、高性能のコンピュータを何百台、何千台もシステム化する技術が必要でした。そのために、個々の端末のコンピュータではディープラーニングの処理をおこなうには、データをクラウドを通じてプラットフォーマーのコンピュータシステムに送信してＡＩ解析をおこなってもらうことが必要です。これは、たいへん膨大な電力を消費し、また一定の時間や通信ロス、さらにコストもかかります。

そこで、ＡＩ研究の最先端の現場では、ＡＩ操作の処理能力に特化した半導体（集積回路）を製造する研究開発が進められています。このようなＡＩ専用に開発された半導体部品は、ＡＩチップと呼ばれています。すでに高速画像処理に特化したＡＩチップ（ＧＰＵ）は、米国のＮＶＩＤＩＡ（エヌビディア）

社が2009年に開発に成功し、またグーグル社はＴＰＵ（Tensor Processing Unit）というＡＩチップを開発し、それを「アルファ碁」の学習処理で用いています。日本でも、東芝が2016年11月にＡＩチップ「ＴＤＮＮ」を開発したと発表しています（図5を参照）。最近では、2018年12月にプリファード・ネットワーク（ＰＥＮ）社がＡＩチップ「MN-Core」の開発に成功し、2020年にはそのＡＩチップを搭載したスーパーコンピュータの運用をはじめると発表しています。

図5　東芝のＡＩチップの事例
（1.9mm×1.9mmの半導体に「深層学習」用の約3万2千個の電子回路を集積する）

出所：『日経新聞』2016年11月7日付

もちろん「現在のＡＩ」として研究開発が進んでいるＡＩチップは、パソコンに装填されている極小型のＣＰＵのように単発で機能するものではありません。多数のＡＩチップをコンピュータ（サーバー）に集積し、さらにクラスター（コンピュータ群）にシステム化して機能するものです。

将来、量子コンピュータが実用化してＡＩ専用の半導体（ＡＩチップ）の研究開発がさらに進むならば、ＡＩの応用をいっきょに大きく広げる可能性があります。かつてコンピュータの心臓部であるＣＰＵ（中央演算装置）が極微小な半導体に装置化されることによってパソコンが急激に世界各国に普及し、さらにスマホが10年足らずの短い期間にアフリカの奥地の最貧国に至るまで地球上のどこにでも拡散したように、ＡＩチップ搭載の端末機器が開発されれば、いっそうさまざまな分野でＡＩが使われるようになる可能性があります。

ＡＩチップの開発が量子コンピューターの研究と結びつくならば、これまでは、コンピュータによっても、なかなか機械化することができなかった人間の精神労働（頭脳労働）の分野でも、ＡＩコンピュータによって代替される技術的な道を開くことになるでしょう。

「現在のＡＩ」の実体は、急膨張するビッグデータをディープラーニングという人間の脳を模したアルゴリズムで解析し、「推論、認識、判断など、人間と同じ知的な処理」をおこなう超高性能のコンピュータシステムです。それは、すでに、さまざまな産業分野での活用可能性の道を広げています（前掲の図1参照）。こうした産業や社会の各分野にＡＩが導入されて、労働過程で労働手

段として使用されるならば、一方では、社会全体の労働時間を大幅に短縮する可能性、その物質的条件を作り出します。しかし、他方では、資本制企業においては、人減らし「合理化」の手段となり、大幅な失業者を排出する懸念も拡大します。

こうした「現在のＡＩ」の進化による労働過程の変化の具体的な特徴については、本書第Ⅲ部で詳しく検討します。

Ⅵ 「将来のＡＩ」と「ＡＩ倫理の原則」
―― マルクスの予見が現実的課題に

『資本論』の視点で、ＡＩを発生史的に探究してきた最後に、「将来のＡＩ」について考えておきましょう。本章の冒頭にかかげた図３（「概観　資本主義の生産力基盤の発展」：36ページ）をあらためて見てください。この図の最下段の「21世紀資本主義の生産力基盤」では、「ＡＩ倫理の原則」の項は《？》としてあります。「将来のＡＩ」の発展とともに、そのあり方にかかわる「ＡＩ倫理」も発展していく可能性があるからです。

ここで「ＡＩ倫理」という意味は、狭い意味での個々の人間の道徳的な規範のことではなく、より広く社会的規範、ルール、制度、機構のことです。なぜそれを「ＡＩ倫理」と表現するのかということについては、こうした探究が「情報倫理」という倫理学的、哲学的な議論からはじまったからです

「ＡＩ倫理」の問題は、「現在のＡＩ」の応用分野が広がり、産業や社会の現場でＡＩの社会実装が進むにつれて、ＡＩ研究者や学界の議論のなかだけでなく、世界各国の政府や国際的機構において、「ＡＩ倫理綱領」とか「ＡＩ社会原則」など、さまざまな名称のもとで検討され始めています。しかし、「ＡＩ倫理」のルール作りは、さまざまな意見が錯綜して、その具体化は遅れています（「ＡＩ倫理」についての詳細は、第３章第Ⅳ節〔76ページ〕を参照してください）。

「将来のＡＩ」と「ＡＩ倫理の原則」については、世界的な議論の動向をしっかり見守っていくことが大事ですが、ここでは、マルクスが「機械工業の原理」の探究とのかかわりで、機械制大工業の将来像に言及し、未来社会の展望を述べていたことについて考えておきましょう。

マルクスは、『資本論』や『資本論草稿』のなかで、人類史を展望し、機械

制大工業が発展した将来の物質的生産においては直接的労働の役割が小さくなり、「科学の生産への応用」「自然にたいする理解」こそが「富の偉大な源泉」になる時代がくることをも予想していました。少し長くなりますが、「将来のＡＩ」について考察するための理論的手掛かりとして、4つの文章を引用しておきます。

（1）「大工業が発展するのにつれて、現実的富の創造は、労働時間と充用された労働の量とに依存することがますます少なくなり、むしろ労働時間のあいだに運動させられる諸作用因の力〔Macht〕に依存するようになる。そして、これらの作用因——それらの強力な効果〔Powerful effectiveness〕——それ自体がこれまた、それらの生産に要する直接的労働時間には比例定せず、むしろ科学の一般的状態と技術学の進歩とに、あるいはこの科学の生産への応用に依存している」（『資本論草稿集』②、489ページ）。

（2）「労働者は、生産過程の主作用因であることをやめ、生産過程と並んで現われる。この変換のなかで、生産と富との大黒柱として現われるのは、人間自身が行なう直接的労働でも、彼が労働する時間でもなくて、彼自身の一般的生産力の取得、自然にたいする彼の理解、そして社会体としての彼の定在を通じての自然の支配、一言で言えば社会的個人の発展である」（同、②、489〜490ページ）。

（3）「直接的形態における労働が富の偉大な源泉であることをやめてしまえば、労働時間は富の尺度であることを、だからまた交換価値は使用価値の［尺度］であることを、やめるし、またやめざるをえない。……それとともに交換価値を土台とする生産は崩壊し、直接的な物質的生産過程それ自体から、窮迫性と対抗性という形態がはぎとられる。諸個人の自由な発展、だからまた、剰余労働を生み出すために必要労働時間を縮減することではなくて、そもそも社会の必要労働の最小限への縮減。その場合、この縮減には、すべての個人のために自由になった時間と創造された手段とによる、諸個人の芸術的、科学的、等々の発達開花〔Ausbildung〕が対応する。」（同、②、490ページ）。

（4）「社会の現実的富と、社会の再生産過程の恒常的な拡大の可能性と

は、剰余労働の長さに依存するのではなく、剰余労働の生産性、および剰余労働が行なわれる生産諸条件の多産性の大小に依存する。自由の王国は、事実、窮迫と外的な目的への適合性によって規定される労働が存在しなくなるところで、はじめて始まる。したがってそれは、当然に、本来の物質的生産の領域の彼岸にある。……彼〔人〕の発達とともに、諸欲求が拡大するため、自然的必然性のこの王国が拡大する。しかし同時に、この諸欲求を満たす生産諸力も拡大する。この領域における自由は、ただ、社会化された人間、結合された生産者たちが、自分たちと自然との物質代謝によって──盲目的な支配力としてのそれによって──支配されるのではなく、この自然との物質代謝を合理的に規制し、自分たちの共同の管理のもとにおくこと、すなわち、最小の力の支出で、みずからの人間性にもっともふさわしい、もっとも適合した諸条件のもとでこの物質代謝を行なうこと、この点にだけありうる。しかしそれでも、これはまだ依然として必然性の王国である。この王国の彼岸において、それ自体が目的であるとされる人間の力の発達が、真の自由の王国が──といっても、それはただ、自己の基礎としての右の必然性の王国の上にのみ開花しうるのではあるが──始まる。労働日の短縮が根本条件である」(『資本論』、⑬、1,434〜1,435ページ。原書、828ページ)。

　マルクスが将来の機械制大工業の発展によって起こると予見したことは、21世紀の機械制大工業の発展、ＩＣＴ革命、「将来のＡＩ」の進化によって、確実に準備されつつあると言えるでしょう。

　かなり先までの「将来のＡＩ」の技術的進化を前提して、未来社会の展望をすると、これまでの「機械工業の原理」を超えた新しい人間労働の4つの条件、かつてマルクスが『資本論』や『資本論草稿』のなかで予見した人間労働の将来像が、あらためて現実的な課題として浮上してきます。

① 人間の精神労働のほとんどが機械(「将来のＡＩ」)によって代替可能になること
② 機械制大工業による「労働の疎外」の物質的な基礎が消失すること
③ 直接的生産のための労働時間が大幅に短縮されて「価値規定」の条件が

消失すること
④　「窮迫と外的な目的への適合性とによって規定される労働」（必然性の王国）から「真の自由の王国」における人間活動への発展の可能性が生まれること

　これらの諸条件の実現は、機械制大工業のもとで資本主義的な搾取制度が確立することによって失われた人間と自然の物質代謝の関係の攪乱（＝否定）が、再び回復すること（＝否定の否定）を意味します。マルクスの言う「自然の理解」「自然の支配」とはそのことを指していると言えるでしょう。
　「ＡＩ倫理の原則」は、「将来のＡＩ」に象徴されるような社会的生産力の飛躍的な発展を「社会的個人の発展」の条件とするための社会的原則であり、人類が「真の自由の王国」を築くための社会的原則でなければならないでしょう。
　マルクスの「未来社会論」は、『資本論』の「機械制大工業論」の土台の上に築かれたものであること、それは「将来のＡＩ」や「ＡＩ倫理の原則」についての研究が前提となることを忘れてはなりません。

　ＡＩの発生史的な探究は、ＡＩそれ自体がいまだ発生・発展の途上にあるために、なかなか完結するまでにいたりません。しかし最後にとりあげた「ＡＩ倫理の原則」は、今後のＡＩの発展過程、「将来のＡＩ」を展望しながら、社会科学的な研究をおこない、解明することが必要です。それは、とりわけマルクス経済学の課題であると言わなければならないでしょう。これらの諸問題は、たんに「将来のＡＩ」の技術的進歩の問題であるだけではなく、むしろ経済社会のあり方、社会的生産諸関係に属する問題であり、したがって経済学的な深い検討が求められるからです。そこで、本書の最後に［【むすびに】ＡＩとマルクス経済学］で、もう一度とりあげることにします。

【第Ⅰ部】ＡＩを見る視点

《第２章》
ＡＩをめぐる基礎的な論点
―― 質問に答えて

　本章では、ＡＩを理解するための若干の基礎的な論点について、研究会・学習会などでよく出される質問をとりあげて、一問一答形式に整理して答えてみます。ここで、「基礎的な論点」と限定したのは、ＡＩに関する論点そのものは多種多様にありますが、ここでとりあげる論点は、そのなかでも最も基礎的な論点に絞ってあるという意味です。結果的に、第１章でかかげた（図３）（36ページ）をさまざまな角度から解説するということにもなるので、この（図３）を見ながら読んでいただきたいと思います。

質問１　ＡＩの統一的な定義はないと言うが、それはなぜなのか

> ＡＩの研究が急速に進んでいるのに、ＡＩの統一的な定義はまだないと言われています。これだけＡＩへの関心が高まっているのに、まだＡＩの定義がないのはなぜですか。

　最初にはっきりさせておかねばなりませんが、ＡＩにまったく定義がないわけではありません。「現在のＡＩ」については、序章の末尾にかかげた『人工知能学大事典』の規定のような簡潔な定義があります。

　「ＡＩには統一的な定義がない」と言われる場合、ＡＩの専門研究者が考えるＡＩは、一般人が企業や社会の現場で遭遇する「現在のＡＩ」も前提にしていますが、それだけではなくて、ＡＩ研究者が研究所や研究室のなかで考える「将来のＡＩ」をも含めています。しかし、その場合、かなり実現性が確実な比較的に近い「将来のＡＩ」を考える場合と、50年〜100年先のまだ実現の見通しが明らかでない「将来のＡＩ」を考える場合とでは、ＡＩの定義の内容にも、かなりの違いが出てきます。ＡＩの研究は、急速に進みつつあるので、いつごろ、いつまでに、どのようなＡＩが実現するか、その見通しがなかなか定かでないからです。

　一般に社会科学の場合は、経験科学なので、現実に存在している「現在のＡＩ」

を念頭に置きながら議論を進めます。定義が定かでない「将来のＡＩ」までＡＩの範囲を広げて議論をすると、「ＡＩに人類は滅ぼされるのか」などという、地に足のつかない話になってしまうからです。つまり、現在の「資本主義社会」で起こりつつある「現在のＡＩ」の問題と、将来の「未来社会」の問題とがごちゃごちゃになってしまうからです。

筆者は、本書では経済学の立場からＡＩをとりあげるので、主たる研究対象は「現在のＡＩ」（技術的にほぼ実現しているレベルのＡＩ）ですが、将来に実現する見通しの「将来のＡＩ」も念頭に置きながら考えていきたいと思います。未来社会の「ＡＩ倫理の原則」を考えるためには、「将来のＡＩ」が不可欠の前提条件になるからです。

質問2　ＡＩの研究のために、なぜ「機械工業の原理」から研究する必要があるのか

「機械工業の原理」の研究は、産業革命を切り開いた機械の研究にとっては重要だと思いますが、それが現代のＡＩの研究にとって、どのような意味があるのでしょうか。ＡＩ研究と「機械工業の原理」の関係について、どう考えますか。

マルクスが『資本論』のなかで「機械工業の原理」を解明したのは19世紀半ばのことですから、それが直接的に現代のＡＩの研究を意味するわけではありません。しかし、「機械工業の原理」は、次の３つの意味で、ＡＩの研究にとっても重要な前提になります。

第１に、ＡＩの定義からも明らかなように、「現在のＡＩ」は最高度に発展したコンピュータシステムであり、コンピュータは「機械工業の原理」と「デジタル化の原理」の結合した情報処理のための機械です。コンピュータを支えているナノメートル単位の半導体の製造技術は、まさに「機械工業の原理」の最新の展開によるものです。ですから、ＡＩというコンピュータシステムの技術的基礎には「機械工業の原理」が貫かれており、それをしっかり理解することが必要です。

第２に、コンピュータのもうひとつの原理である「デジタル化の原理」も、あらゆる情報をビット（bit = 0，1）という最小単位に分割するという技術的基礎にもとづいています。これは、物質的生産過程の分割ではありませんが、「情報」という客観的対象物を徹底的に分割して再構成するという方法においては

共通しています。ですから「デジタル化の原理」の理解にとっても「機械工業の原理」の研究は役に立ちます。

第3に、「機械工業の原理」は、ただ「機械」成立史にとって意味があるだけではなく、「機械工業の原理」の確立は同時に、人類が初めて自然科学によって解明された自然の法則的認識を社会的生産過程に意識的に適用して生産力を発展させる道を切り開きました。それはまた技術学という新しい科学をも生み出しました。もちろん自然科学そのものは、長い人類史の早い時期から生成・発展してきたのですが、「機械工業の原理」の確立によって、自然科学が生産力の発展と直接結びつくようになり、科学的認識の発展に社会的な拍車がかかるようになったのです。ＡＩの研究は、情報科学、認知科学、脳科学などによって支えられていますが、こうしたさまざまな新しい諸科学の発展も、「機械工業の原理」の確立が起点になっています。

このようにマルクスが『資本論』で解明した「機械工業の原理」は、現代資本主義の生産力の発展、最新のＩＣＴ革命やＡＩの進化の技術的基礎を研究するためにも、あらためて深く掘り下げて研究されるべき理論的命題だと言えるでしょう（本書では、第11章で「機械工業の原理」そのものの理論史的な意義とその背景について詳しく解明します）。

質問3　「機械」と「機械工業の原理」とはどう違うのか

マルクスの機械論の研究ということはよく聞いたことがありますが、「機械工業の原理」ということはあまり耳にしません。「機械」論と「機械工業の原理」論とはどう違うのですか。

「機械」とは、労働手段としての物質的な存在そのものです。これにたいして、「機械工業の原理」とは、労働手段としての機械そのものではなくて、機械が労働手段としての機能を果たすための機械の基本的な特徴、機械が機械であるための根本原理（存在条件）のことです。言い換えるならば、「機械工業の原理」とは、道具と機械を根本的に区別する「種差」をとりだして定式化したものです。

マルクスは、『資本論』のなかの第Ⅰ巻第13章「機械設備と大工業」の冒頭で、機械の研究を始めるにあたり、「まず研究しなければならないことは、なにによって労働手段は道具から機械に転化されるのか、または、なにによって機械は手工業用具と区別されるのか、である」（『資本論』③、643ページ、傍

点は引用者）と問いかけています。この「なにによって」という問いかけにたいする解答が「機械工業の原理」だったと言っても良いでしょう。

では、その「機械工業の原理」の具体的な内容は、どういうことなのか。

それは、一言で言えば、「総生産工程を客観的に分割する」という原理です。マニュファクチュア時代には手工業による「生産工程の主観的な分割の原理」だったものから、機械制工業時代に入り「生産工程の客観的な分割の原理」へ転換したということです。ここで「主観的な」と言うのは、「人間的な」という意味であり、人間の手工業の分割、いいかえれば「人間労働の分割」つまり「労働の分業」のことです。これにたいして、「客観的な分割」という意味は、「各生産過程を、それ自体として、さしあたりは人間の手をなんら考慮することなく、その構成諸要素に分解する」（『資本論』③、837ページ、傍点は引用者）ということ、生産工程が「客観的に、それ自体として考察され、それを構成する諸局面に分割」（同、③、658ページ）されることです。

「機械工業の原理」が「生産工程の客観的な分割の原理」であることから、産業革命の出発点となった機械がなぜ「作業機」であったのかということも理解できます。作業機こそが、手工業の作業道具の「主観的分割」から、作業工程の「客観的分割」による作業機の発明・改良を発展させたからです。つまり、作業機こそが、最初にマニュファクチュア時代の手工業による「主観的な分割の原理」から、機械制工業時代の「客観的な分割の原理」への転換を実現したのです。もちろん、これは作業機が「機械工業の原理」の突破口になったということであり、一度この原理が確立すると、そのあとは、「あらゆる生産工程の客観的分割」が自然科学や技術学の法則にもとづいておこなわれるようになり、さまざまな機械が発明・改良されて、機械制大工業が飛躍的に発展するようになります。その発展は、今日まで続いており、21世紀の現代も「機械工業の原理」にもとづく機械制大工の時代であることは変わっていません。

「機械工業の原理」の確立は、資本主義的生産様式にとって２つの重要な結果をもたらしました。

その１つは、生産力の飛躍的な上昇です。その意義は、いわばコペルニクスによる天動説から地動説への転換になぞらえることができると思います。それぐらい画期的な生産力発展の原理の転換であったということです。21世紀のＡＩの進化を研究するさいにも、その理論的な手掛かりとして「機械工業の原

理」の意味を理解しておくことが重要です。

いまひとつの意義は、資本主義のもとでの「労働の疎外」が「機械工業の原理」の確立によって完成したということです。機械制大工業は、人間労働の肉体労働と精神労働を分離して、精神労働を資本が労働者から奪い取り、それを労働者支配のための権力に変えてしまい、「資本のもとへの労働の実質的包摂」の体制を固めます。資本主義的搾取・収奪の生産関係は「機械工業の原理」によって完成します。

このような意味で、「機械工業の原理」は、生産力の発展と生産関係の確立という両面から決定的な結果をもたらしたのです。

質問4 現代オートメーションは、「機械の新たな段階」なのか

> 戦後の経済学や技術論の研究史のなかで、現代のオートメーションは、マルクスの時代の機械自動化にくらべて、よりいっそう発展した「機械の新たな段階」としてとらえるべきだという議論がありました。こうした見方をどう考えますか。

結論から言えば、私は、現代のオートメーションがマルクスの時代の機械自動化を超えた「新たな段階の機械自動化」であるとは思いません。「機械工業の原理」の確立は、同時に機械による生産過程の「自動化」の開始でもあり、現代のオートメーションも、機械それ自体としてみるならば、「機械工業の原理」による「自動化」の延長線上（いいかえれば、射程内）にあるからです。現代のオートメーションが「自動化」の段階を画するような原理的な新たな発展をもたらしたとは考えられないからです。

コンピュータシステムを内蔵した制御機構は、たしかに機械の「自動化」の水準をいちだんと発展させました。しかし、それはコンピュータという新しい「情報処理機械」が発明され、それが制御機構に実装されたことによるものであり、現代のオートメーションという機構全体の「自動化の原理」そのものが新たな発展段階を迎えたというわけではありません。

しかし、「将来のＡＩ」のもとで、自律的なＡＩロボットによる「機械の自動化」が実現した場合には、「機械の新たな段階」としてとらえられるかもしれません。それは、マルクスが想定していたような「機械の自動化」をはるかに超えた次元のオートメーションの新しい段階になるかもしれないからです。

《第2章》AIをめぐる基礎的な論点

質問5　AIは、「機械の新たな段階」なのか。その特徴はどこにあるのか

質問4に関連しますが、現代のオートメーションは「自動化の原理」の新たな段階としてとらえるべきではない、むしろコンピュータこそが新しい機械の発明なのだとすれば、コンピュータとその発展であるAIは「機械の新たな段階」といえるのでしょうか。

　質問4の延長線上で言えば、コンピュータやAIは、「機械の新たな段階」というより、「新たな性格の機械」と規定するほうが良いと思います。「新たな段階」と規定すると、機械そのものの原理が歴史的に変化・発展したことになりますが、そうではなくて、これまでの機械にはなかった新しい原理、すなわち「デジタル化の原理」が「機械工業の原理」に新たに付け加わることによって成り立っているのがコンピュータやAIだからです。つまり、第1章のなかで繰り返し強調してきたように、コンピュータの原理は、「機械工業の原理」＋「デジタル化の原理」としてとらえる必要があるからです。

　コンピュータは、2つの原理から構成されていると言っても、その基本は「機械工業の原理」ですから、コンピュータも機械の一種であり、従来の機械を超えたある別なものに段階的に発展したというわけではありません。しかし、従来の機械にはなかった「デジタル化の原理」が付け加わっているという意味で、「新たな性格の機械」と見ることができるということです。

　コンピュータには、すでに19世紀に確立した「機械工業の原理」に加えて「デジタル化の原理」が加わったために、労働手段としてのコンピュータにも、これまでの機械にはない新しい特徴がみられるようになっています。たとえば、①論理機械としての汎用性、②情報の高速処理、高速通信、③情報処理過程の不可視性、④集積性と分散・モバイル性、⑤ネットワーク化、インターネット、などなど、新しい特徴です（これらの労働手段としてのコンピュータの特徴については、本書の第Ⅲ部第7章（128ページ）で詳しく解明します）。

質問6　AIやコンピュータは人間の労働にどんな変化をもたらすのか

コンピュータが「新しい性格の機械」だとすれば、AIやコンピュータが企業・産業に応用されると労働や雇用にどんな影響があるのでしょうか。AIによって雇用が代替されて大量失業が発生するなどと言われていますが、どう考えますか。

　「AIによって雇用が奪われ、失業が増大するのではないか」という懸念は、

いま世界的に議論になっています。この背景には、21世紀に入り、ディープラーニング（深層学習）という新たなＡＩ技術の開発によって、ある定められた分野に限るならば、その性能が人間の能力をはるかに超える段階に入り、従来はコンピュータによっても代替できなかった人間の精神的作業の一部までもが代替可能になって来ていることがあります。

たしかに、ＡＩの進化によって、人間の精神的作業の一部までもが代替可能になったことは、従来の雇用や労働のあり方、産業や社会の各分野に大きな変化をもたらす可能性があります。しかし、ＡＩと雇用・労働の問題は、簡単に一言で白か黒かの答えがでるものではありません。具体的な各産業、各社会分野の雇用や労働条件のあり方によって、その影響はさまざまだからです。

ＡＩと労働の変化について検討するためには、次の４点について考えておく必要があります。

第１に、ＡＩやコンピュータと労働の関係は、〈労働――労働手段――労働対象〉という３つの基本的な要素からなる「労働過程論」として研究することが大事だということです。労働の変化だけでなく、労働過程全体の構造や特質がどう変わるのか、という視点が必要です。

第２に、労働過程の構造や特質は、労働手段によって規定されるということです。ＡＩやコンピュータによる労働の変化を研究するさいには、労働手段としてのＡＩやコンピュータの特徴をしっかりとらえることが前提になります。

第３に、ＡＩやコンピュータによる労働・雇用の変化を実際に調査・分析する方法としては、労働者の職業や職種のスキル（技能）単位の分析だけでなく、それぞれの業務のなかに含まれている個々のタスク（仕事）単位の分析が必要になるということです。こうした「タスク分析」の方法は、「近代経済学」の労働経済学で開発されて、近年の雇用問題の研究に応用されています。マルクス経済学でも「タスク分析」の方法について批判的に研究することが求められます。

第４に、ＡＩの研究は、いまだ発展途上にあり、これから21世紀にはＡＩの技術的な進化はさらに続き、それにともなって労働過程の変化・発展が進むだろうということです。また、生産力発展や人間労働にとっての「ＡＩ倫理の原則」などの解明も必要です。

本書では、以上の４点を念頭に置きながら、第Ⅲ部「ＡＩの進化と労働過程

の研究」の各章で、ＡＩやコンピュータの応用による労働・雇用の変化について検討します。より具体的には、これらの諸章を参照してください。

質問7　ＡＩ搭載ロボットは生産過程で価値を生むのか

> ＡＩを搭載したロボットが工場に導入されて、ほとんど労働者のいない無人工場で生産活動をするようになると、ロボットが価値生産をするということになるのでしょうか。

　本書の序章では、ＡＩの定義として「ＡＩとは、推論、認識、判断など、人間と同じ知的な諸理能力を持つコンピュータシステムである」と述べました。つまり、「現在のＡＩ」はコンピュータシステムですから、ＡＩを搭載したロボットも他の機械と同じように、生産過程で新たな価値を生むことはできません。経済学的な意味の「価値」とは、人間的労働力が支出された社会的実体（抽象的人間的労働）のことです。つまり、価値を生産するのは、あくまでも人間的労働の社会的特性です。たとえば番犬が警備の仕事をしても、「番犬が警備という労働をして価値を生産する」などとは言わないのと同じように、ＡＩロボットが人間に代わって仕事をしても、人間的労働力を支出して価値を生産するわけではありません。

　しかし、ＡＩロボットも、他の機械と同じように人間労働によってつくられた労働生産物なので、そのなかには価値が含まれています。生産過程では、ＡＩロボットに含まれている価値が、新しい生産物に移転されます。その価値移転の仕方は、マルクスが『資本論』のなかで詳細に解明しています（『資本論』第１巻第13章第２節「生産物への機械設備の価値移転」）。※

　またＡＩ搭載ロボットなどには、膨大な科学的な過去労働が蓄積されており「人間の頭脳の器官」、「対象化された知力」ともいえる技術的価値をもっているので、巨大な特別剰余価値を獲得する手段となります。ＡＩ関連のベンチャー企業やスタートアップ企業は、新しい技術開発の特許を取得することによって、企業価値を高め、株式を上場すれば巨額の創業者利得を得ることができます。

　※　なお後述する［【むすびに】（５）「固定資本としてのＡＩ」による価値形成、剰余価値獲得、価値移転の特徴］（225ページ）も参照してください。

【第Ⅰ部】ＡＩを見る視点

質問8 「ＡＩ倫理」のルール作りが難航しているのはなぜなのか

世界各国で、「ＡＩ倫理綱領」とか「ＡＩ社会原則」など、ＡＩのルール作りがおこなわれていますが、なかなかまとまらないのはなぜですか。どこに困難があるのでしょうか。

　ＡＩの利用やＡＩの研究開発のルール（「ＡＩ倫理綱領」など、さまざまな名称で呼ばれている）の策定が難しいのは、次のような要因があるからだと思われます。

　第1に、本書の序章で述べたように、ＡＩそのものの明確な定義づけがＡＩ研究者のなかでもまだ定まっていないために、ＡＩの研究開発のルールも策定しにくいということです。ＡＩの研究開発そのものがまだ発展途上にあり、ＡＩのルールを拙速に決めると研究開発を規制することになりかねないと、強く反対する意見もあります。いいかえれば、すでに実現して応用段階の「現在のＡＩ」と、研究がこれから進む「将来のＡＩ」の区分けが難しいともいえるでしょう。

　第2に、「現在のＡＩ」の応用範囲がきわめて広範な分野、産業・企業、社会活動に及ぶために、その影響が大きく、とりわけ利害関係者が多いことがあげられます。資本主義企業がＡＩルール作りを警戒するのは、ＡＩを利用した「特別剰余価値」を追求する技術革新競争を阻害するということです。いいかえれば、ＡＩ利用のルール策定は、21世紀の資本主義的生産関係の規制になるということです。

　第3に、ＡＩの応用は、とりわけ軍事的な利用と深くかかわっており、米国やロシアをはじめ軍事大国がＡＩの軍事利用規制に強く反対していることです。国連では、ＡＩ利用兵器を規制する条約作りの専門家会議が始まっていますが、実現の見通しは立っていません。

　第4に、ＡＩの研究がもっぱら自然科学・技術学の問題が中心となり、社会科学の視点からのＡＩの研究が立ち遅れていることです。ＡＩ倫理は、人間と社会の本来的あり方、あるべき未来社会を構想する問題であり、社会科学的な研究、哲学・人文科学的な研究が不可欠です。

　こうした「ＡＩ倫理」をルール化するには厳しい壁がありますが、その必要性を求める声は国際的に高まっています。「ＡＩ倫理」のルールを実現するには、

《第2章》AIをめぐる基礎的な論点

世界的に連帯した市民・労働者・国民の運動が必要です。

質問9　「情報」とは何か

「デジタル化の原理」は、「情報」の「客観的分割の原理」であり、コンピュータは「情報処理」のための機械であるとすると、そもそも「情報」とは何でしょうか。

「情報（infomation）」という用語は、日常的にもよく使っていますが、いざ厳密にその意味を規定するとなると、なかなか一筋縄ではいかない難しさがあります。『広辞苑』（第7版、岩波書店、2017年）では、3つの意味があげてあります。

　　①ある事柄についてのしらせ。「極秘──」
　　②判断を下したり行動を起こしたりするために必要な、種々の媒体を介しての知識。「─が不足している」
　　③システムが働くための指令や信号。「遺伝情報」

ちなみに、10年前の第6版の『広辞苑』（2007年）では、前の2項目だけで、第7版で新たに③の語義が追加されています。①、②の2つの語義は、いずれも「ある意味をもった情報」（あるいは価値情報）です。③の「情報」は、「意味」を捨象した形式的な符号や記号などの集まりを表しています。

このような抽象的で一般的な符号や記号の集合としての「情報」の概念は、昔からあったのではなくて、19世紀から20世紀にかけてのことです。たとえば生物の体内の遺伝子が子孫に継承されるさいに、遺伝暗号が転写・翻訳されることを「遺伝情報」と言うようになりました。

『社会科学総合辞典』（新日本出版社、1992年）では、「情報」の項目は、次のようになっています。

　　　「一般に、ある事柄について伝達される知らせ、その内容をいう。通信システムの効率化のために発展した情報理論の概念であるが、生命ある自然、人間社会、工学的制御機能にもひろく適用される概念となった。唯物論の立場では、情報の概念は反映論の基礎の上に考察されている。情報と雑音とは対概念をなし、雑音が混沌とした反映であるのにたいし、情報は秩序のある反映とされ、数学的理論としてその秩序性の程度がはかられる。その秩序のうちに、対象のある事態が、信号のことばに翻訳

され、情報として保持された仕方で伝達されるのである。その秩序がまったくこわれ、なにも保持されなくなれば、雑音となる。反映のあらゆる場合に（したがって、生命のない自然をもふくめて）情報をみとめるのか、あるいは、情報を制御とわかちがたいとして、制御システムに固有のものとみるのか、に説がわかれている。ウィーナーは、サイバネティクスの創始者であるが、無機的な自然についても情報をみとめている」（同書、306ページ）。

本書では、「情報」という概念の意味については、この『社会科学総合辞典』で言う「反映論」を前提にして考えていきます。「情報」の本質をめぐる哲学的な論争には、本書ではあえて立ち入りません。

質問10 「情報資本主義」論をどう考えるか

マルクス経済学の研究者のなかには、「情報資本主義」というとらえ方も提起されています。本書では、ＩＣＴ革命の意義は強調されていますが、「情報資本主義」という用語は使われていません。それはなぜでしょうか。

現代の資本主義を「情報資本主義」と表現することについては、「情報」という一面的な特徴だけで現代資本主義をとらえてしまう懸念があります。もう少しはっきり言えば、「情報資本主義」論には、私は次の３つの点で同意できません。

第１に、現代の資本主義は、いまなお機械制大工業の発展した段階にあるという特徴が「情報資本主義」という用語の陰に隠れて見えにくくなってしまうことです。いいかえれば、現代の資本主義は、依然として機械制大工業の時代であり、その土台の上でＩＣＴ革命も発展しているということが「情報資本主義」という用語によって隠されてしまう懸念があります。

第２に、情報の世界で発展している「デジタル化の原理」そのものが「機械工業の原理」の延長線上で起こっているのであり、その意味では資本主義の生産力発展の原理が変わったわけではないからです。つまり、現在の情報化の発展した資本主義の特徴も、「機械工業の原理」の延長線上で解明できるし、そのように理解すべきだからです。

第３に、いわゆる「情報資本主義」を推進しているコンピュータは、「情報処理」という精神的作業を代替する機械であるという意味では、これまでの機械にな

い新しい機能を持っています。そのために、先に質問4で述べたように、コンピュータは「新しい性格の機械」と見ることができます。しかし、コンピュータそのものは、「機械工業の原理」にもとづく「情報処理機械」であり、機械の1つの形態であることに変わりはありません。

このように、現代資本主義の本質を「情報資本主義」と規定することは、一面的な見方になる懸念があると思われます。しかし、このことは、現代資本主義の1つの特徴として、限定的な意味で「情報資本主義」と表現することまでも否定するわけではありません。

「情報」や「情報資本主義」の評価をめぐっては、これまでさまざまな理論的探究がなされ、研究者の間での活発な討論や論争もおこなわれてきました。それらの理論的達成には多くの学ぶべき点がありますが、ここで筆者の率直な感想を述べるなら、従来の情報論、情報資本主義論には、①「機械工業の原理」と「デジタル化の原理」のそれぞれの原理の独自の意義、②2つの原理の区別と連関、③それぞれの原理と資本主義的生産関係との関係、などの点で必ずしも明確でないという理論的弱点があったのではないかと思われます。

いずれにせよ、ＡＩの進化は、情報論、情報資本主義論についても、新たな理論的な研究の発展を求めています。

《第3章》
ＡＩの進化、ＩＣＴ革命の新たな段階

　本章では、ＡＩ、ＩＣＴ革命の新たな段階をめぐって主として欧米で議論されている４つのテーマについて検討し、それらをめぐる論点の所在を考えてみます。それらの検討を通じて、ＩＣＴ革命の新しい段階の特徴を概観してみるためです。

Ｉ　いわゆる「第４次産業革命」論をどう見るか
　　── 実体は「ＩＣＴ革命の新たな段階」を意味する

（１）　「第４次産業革命」の国際的潮流 ── その「定義」について
　「第４次産業革命」という用語は、2010年にドイツ政府が「Industrie4.0」というＩＣＴ（情報通信技術）を中心とする国家プロジェクトを推進し始め、そのなかで、現代は「第４次」の「産業革命」が進行中と述べ、それを「Industrie4.0」と呼んでから、しだいに世界的に普及するようになりました。
　ドイツに続き、米国、英国、イタリア、フランス、中国など、次々とＩＣＴ関連の国家的プロジェクトを立ち上げました。こうした国際的な流れを受けて、2016年１月にスイス・ダボスで開催された第46回世界経済フォーラム（ＷＥＦ：World Economic Forum）の年次総会（通称「ダボス会議」）の主要テーマとして「第４次産業革命」が取り上げられ、翌年2017年１月のダボス会議でも、ＡＩやロボット技術などの「第４次産業革命」が議論になりました。
　（以下、『情報通信白書』〔2017年版〕の要約による）。
　ＷＥＦでは、「第４次産業革命」を次のように定義しています。
　　──第１次産業革命では、家畜に頼っていた労力を蒸気機関など機械で実現した。
　　──第２次産業革命では、内燃機関や電力で大量生産が可能となった。
　　──第３次産業革命では、コンピュータの登場でデジタルな世界が開き、ＩＴ・コンピュータ・産業用ロボットによる生産の自動化・効率化が進展

した。
——第4次産業革命は、まだ現在進行中であるが、あらゆるモノがIoTによって繋がり、ビッグデータをAIで解析することによって、デジタルな世界と物理的な世界とが融合する時代である。

（2）「第4次産業革命」という規定は、不正確である

20世紀後半から始まり、現在もまだ進行中のICT革命（情報通信技術革命）は、あらゆる情報を「デジタル化の原理」で変換し、電子回路で処理する画期的な技術にもとづいています。それは、かつての産業革命の時の「機械工業の原理（物質世界の客観的分割と総合）」にはなかった新しい産業変革の原理（情報の「デジタル化の原理」）によって推進されています。その意味では、まさに革命的な産業の変革をもたらしつつあり、一見すると、新たな「産業革命」と呼んでもよいようにも思われます。

しかし、もともと産業革命という用語が使われたのは、英国の1760年ごろから1830年ごろまでの歴史的な過程、英国ではじめて「機械制工業の原理」が確立した過程を指す用語として使われ、もともとは歴史的な概念でした。「フランス革命」に対応する英国に特有の経済革命として「産業革命」という用語が生まれたのでした。

ところが、英国の産業資本主義を確立させた産業革命に続いて、他の諸国でも、共通する産業の変革がおこなわれ、そこには産業資本主義の生成期に「機械工業の原理」が確立するための法則的な過程が明確でした。その意味で、産業革命という用語は、より一般的な意味を持った範疇として使われるようになり、「英国の産業革命」、「フランスの産業革命」、「日本の産業革命」というように、産業革命という用語が使われるようになったのです。

とはいえ、産業革命の用語の意味を、さらに一般化して、電化による産業の変革を「第2次産業革命」、情報化による産業の変革を「第3次産業革命」などというようにどんどん拡張して使っていくならば、「機械工業の原理」を確立した本来の産業革命の意義を失わせてしまうことになり、また今日のICT革命の技術的意義も不明瞭・不正確なものになりかねません。

あえて「産業革命」という用語にこだわるとするならば、「機械工業の原理」が確立した「産業革命」にたいして、それに新たに情報の「デジタル化の原理」

が付け加わった20世紀後半以降のＩＣＴ革命のことを比ゆ的な意味で「第2次産業革命」と呼ぶことできるかもしれません。しかし、わざわざ「第2次産業革命」などと言うより、ＩＣＴ革命と呼んだほうが、その実体をよく表しているので、用語としてははるかにわかりやすいと思われます。

　ただし、すでに「第4次産業革命」という用語が国際的にかなり流布しているために、本書では「第4次産業革命」という用語を使う場合は肯定的な意味としてではなく、すべてカギ付きで、いわゆる「第4次産業革命」という留保付きの意味で使うことにします。

（3）　いわゆる「第4次産業革命」の実体
──ＩＣＴ革命の新段階（ＡＩ、ＩｏＴ、ビッグデータ）

　現在の技術発展の状況を「第4次産業革命」と呼ぶのは、ＩＣＴ革命の新しい段階の性格を表現する用語としては、ふさわしくないと考えますが、そのことは、今日の目覚ましい技術発展の歴史的意義を否定するからではありません。むしろ、その逆です。

　ＡＩの進化過程から言えば、ＡＩもコンピュータの発展した形態であり、情報処理機械ですが、ディープラーニング（深層学習）という新たなＡＩ技術の開発によって、ある定められた分野に限るならば、その性能が人間の能力をはるかに超える段階に入り、従来はコンピュータによっては代替できなかった人間の精神的作業の一部までもが代替可能になった論理機械に進化しつつあります。

　しかし、まだ現在の段階の「現在のＡＩ」は、あくまでも「高度に進化した情報処理機械」として人間を支援する役割を果たすＡＩであり、人間に代わって自律的に判断し、最終的な決定をおこなうＡＩではありません。その意味では、現在のＡＩは、あくまでも「弱いＡＩ」、「特化型ＡＩ」です。とはいえ、ＡＩの進化によって、人間の精神労働の一部までもが代替可能になったことは、従来の労働過程、雇用や労働のあり方、産業や社会の各分野に大きな変化をもたらしつつあります。その意味で、ＡＩの進化、ＩｏＴやビッグデータの利用によって、ＩＣＴ革命は新段階に入りつつあるとみてもよいでしょう。

　では、「第4次産業革命」という用語のもとで想定されている、革新的な技術発展の実体はなんでしょうか。これは、20世紀の後半から始まった情報通

信技術の発展が、21世紀に入るころから、ＡＩ、ＩｏＴ、ビッグデータなどで象徴されるような新しい段階を迎えるようになったことです。この技術革新の流れは、まだはじまったばかりであり、21世紀中盤に向かって現在進行中の動きです。国際的に言われている「第４次産業革命」の実体は、こうした情報通信技術の新しい潮流を指していると思われます。それは20世紀中盤から始まったＩＣＴ革命の「新たな段階」と見ることができます。それが（つまり「ＩＣＴ革命の新たな段階」が）、いわゆる「第４次産業革命」なるものの実体です。

ただし、「第４次産業革命」論を展開する論調のなかには、さまざまな幻想的な「未来社会論」が随伴しており、それらの議論には同意できません。たとえば最近、日本の安倍内閣や財界が盛んに主張している「Society5.0」などは、そのひとつです。それはＡＩ、ＩｏＴ、ビッグデータによって、「サイバー空間と現実空間を高度に融合させる」などと主張してますが、こうした意味の「第４次産業革命」論については、その理論的な内容を批判的に検討することが必要です（この点については、本書の第Ⅱ部第５章「ＡＩ：未来社会論」批判〔94ページ〕を参照してください）。

Ⅱ　ＡＩは、仕事を奪うのか ── 21世紀の新たな失業問題
〈フレイ＆オズボーン論文の衝撃、その特徴と問題点〉

（１）　コンピュータリゼーションによる「雇用の未来」

英国・オクスフォード大学のフレイ博士（Carl Benedikt Frey）とオズボーン准教授（Michael A.Osborne）が連名で発表した論文「雇用の未来──コンピュータリゼーションは仕事にどう影響するか？」（2013）が世界各国で大きな反響を呼んでいます（以下、オズボーン論文と略す）。ＡＩなどのコンピュータ技術が急速に発展して人間労働に置き換わることによって、今後、大量の失業問題が発生する、たとえば米国の場合は47％の雇用が危険にさらされる可能性がある、などという予測を精緻な確率統計的な分析によって示したからです。

これまでも、「コンピュータ化が人間の仕事を奪う」という指摘そのものは、かなり早くからなされてきましたが、オズボーン論文では、まさに最新のＡＩ

技術を駆使した方法によって、コンピュータリゼーションによる大量失業の可能性を数値的に実証してみせたのです。※

> ※ Carl Benedikt Frey and Michael A.Osborne, The Future of Employment：How Susceptible are Jobs to Computerisation？, *Technological Forecasting and Social Change*。
>
> なお、オズボーン論文は、日本の雇用問題の研究にも大きな影響を与えています。たとえば、野村総合研究所がオズボーン准教授らと共同研究した日本の雇用問題の試算、経産省産業構造審議会の「新産業構造ビジョン」の2030年度の就業構造試算、総務省『情報通信白書』（2016年版）の第4章「ＩＣＴの進化と未来の仕事」における分析など。

(2) オズボーン論文の特徴

オズボーン論文は、前半では技術発展と雇用の関係を歴史的に概観した後で、21世紀の技術革命の特徴と労働の変化を分析しています。そこでの労働分析の特徴は、次の3点に要約できます。

(一) すでに20世紀後半からルーティン・タスク（きまりきった、規則的な仕事）の大部分の労働分野ではコンピュータリゼーションが進んできた。

(二) さらに21世紀には、ＡＩなどの開発によって非規則的な知覚的仕事、創造的な知的仕事、介護など社会的な仕事の分野もコンピュータリゼーションが進みはじめている。

(三) しかし、コンピュータリゼーションの浸透は、さまざまな工学的な阻害要因(the engineering bottlenecks)によって妨げられる。論文では、この阻害要因を仕事の性格ごとに分類して詳しく検討している。

オズボーン論文の後半では、前半で検討した仕事ごとの阻害要因を、さらに具体的に米国の実際の702の職種ごとに析出して自動化される可能性のランクづけをおこなう作業をしています。英国の研究者が米国の資料で分析しているのは、職種と仕事ごとの詳細な統計が米国の「Ｏ＊ＮＥＴ（職業に関する総合的なデータベース）」をオンラインで利用できるからです。Ｏ＊ＮＥＴは、米国の約1,000種の職業の内容（46のスキル、42の仕事内容、など詳細なデータ）を収録しています。

オズボーン論文では、702の職種すべてについて、コンピューターに取って

代わられる確率を詳細に試算し、10～20年程度のうちに自動化される可能性が高い（確立70％以上の）職種は、米国の雇用全体の47％にあたるとしています。なお論文の末尾には、付録として702の職種ごとのコンピュータリゼーションの可能性の確率表（0～1）が収録されています。

（3）　問題点①——コンピュータリゼーションの経済的条件、時期の不確定

　オズボーン論文の第1の問題点は、702の職種別の労働過程の技術的な特質だけにもとづいて、コンピュータリゼーションの可能性をランクづけして、それぞれの雇用の未来を予測していることです。

　オズボーン論文が702の職種別の技術的特質の分類をするさいには、その基礎として「近代経済学」のコブ・ダグラス型生産関数が用いられ、数式上はC（コンピュータ資本）とL（労働力投入）の代替関係が前提になっています。しかし、オズボーン論文では、その代替条件を規定するのは、現実の競争市場における資本の特別剰余価値獲得の複雑な経済関係ではなく、もっぱらL（労働力投入）の職種別の技術的特質だけによるものとなっています。つまり、あくまでも技術的可能性による雇用予測です。

　よく知られているように、マルクスは『資本論』第Ⅰ巻の第13章「機械設備と大工業」の冒頭で、ジョン・ステユアート・ミルの『経済学原理』の機械論を批判して、資本による機械導入の目的は利潤を増やすためにほかならないと指摘しています。オズボーン論文には、こうした資本の機械採用の経済的条件は、ほとんど考慮されていません。同論文では、末尾に近いところで、同論文の雇用予測の「限定事項」を4点あげており、その第1点で、「賃金水準、資本価格、労働力不足」などの条件は分析にさいし考慮していないと述べています。そこでは「賃金水準は長期的に上昇するので、コンピュータリゼーションによって資本はますます利益をあげるだろう」と指摘するだけです。

　また雇用がコンピュータ化される時期についても、「10年ないし20年」という大まかな時間表（rough timeline）が示されていますが、その時間的予測に確定的な根拠があるわけではありません。

（4）　問題点②——労働時間短縮の可能性

　オズボーン論文の第2の問題点は、同論文では、コンピュータリゼーション

と賃金水準の変動や賃金格差などの問題についてはとりあげていますが、労働時間短縮の可能性の問題は、ほとんどとりあげていないことです。

　労働者・国民の立場に立って考えるなら、ＡＩやロボットなどのＩＣＴ技術が発展して、さまざまな産業、職種で広範に採用されていくことは、社会全体で労働時間を短縮するなど、労働条件を大幅に改善する条件が生まれてくることを意味します。労働時間を週40時間、週35時間、さらに週30時間へと短縮していけば、社会全体の雇用を確保することができます。ＡＩの導入によって、新しい技術関連の仕事と職種も必要になります。ＡＩによる生産性向上は、新たな賃金引上げの条件も生みだすでしょう。

　しかし、労働時間の短縮のためには、利潤追求最優先の企業に任せておくだけではうまくいきません。社会的な対応、国家的な政策がどうしても必要になります。新しい産業や新しい職種への移動やそのための技術・技能の習得のためには、より一貫した国家的社会的な政策と対応、国民の立場からの「真の働き方改革」のルールが必要になるでしょう。

　オズボーン論文では、前述した「限定事項」の第４点で、コンピュータリゼーションの結果生まれる「労働時間の解放（free-up time for human labour）」や「職種内の移動」の可能性にも言及していますが、「（労働条件改善などの）生産性向上の効果については検討しない」としています。

（5）　労働者階級の立場からのコンピュータリゼーションの研究の重要性

　オズボーン論文の問題点を２点あげましたが、ＡＩ、ＩｏＴ、ビッグデータなどの急速な発展によるコンピュータリゼーションにともなう労働過程の変化の研究そのものは、きわめて重要な意味をもっています。技術革新による資本の蓄積活動の展開は、労働編成や労働強度、雇用や労働条件に決定的な影響をもたらすからです。それは、遠い先の話ではありません。21世紀の今、現実に進行しつつある問題です。

　オズボーン論文は、理論的には「近代経済学」の労働経済学における労働過程分析の到達点を前提としながら、コンピュータリゼーションにかかわる702の職種の統計的確率分析については、「ガウス過程分類（Gaussian process classifier）」という方法を使うために、最新のＡＩ技術（機械学習における教師あり学習の回帰分析）を利用しています。マルクス経済学においても、技術

変化と労働過程の分析は独自に研究すべき課題です（本書では第Ⅲ部で、ＡＩによる労働過程の問題をとりあげます）。

Ⅲ　ＡＩは、人間を超えるのか ── シンギュラリティ理論
〈レイ・カーツワイルの「ポスト・ヒューマン」論について〉

（１）　「ＡＩ＆人間（人類）」という対抗図式

ＡＩブームの広がりのなかで、「ＡＩは、人間を超えるかどうか」とか、「ＡＩの衝撃、人工知能は人類の敵か」などという表題の書物、新聞や雑誌の特集記事がめだつようになっています。たとえば科学雑誌『ニュートン』は、「人工知能が人類を超える日」（2015年４月号）というタイトルで特集を組み、書店に行けば、「ＡＩと人類は共存できるか？」、「人工知能を超える人間の強みとは？」、「人工知能が人類を超える」などのタイトルの本が並んでいます。

「ＡＩ対人間」、あるいは「ＡＩ＆人類」という対抗図式を描くことによって、ＡＩの今後の進化の展望を人間（人類）との関係でとらえようという課題設定です。こうした「ＡＩ対人間」という対抗図式の設定には、どれだけ生産的な意義があるのでしょうか。

（２）　カーツワイル『シンギュラリティは近い』

こうした「人工知能が人類を超える」などと対抗図式をえがく傾向に拍車をかけたのは、米国のＡＩ研究者で、現在グーグル社のＡＩ研究の総責任者をしているレイ・カーツワイルが提唱している「シンギュラリティ論」です。カーツワイルの言う「シンギュラリティ」とは、「2029年ごろには人工知能が意識を持つように進化して、さらに2045年ごろまでには人類の知性を超え、シンギュラリティに到達する。人類はＡＩと融合することによって、ほぼ無機的な存在であるポスト・ヒューマンに進化していく」という未来予想です。カーツワイルは、著書『シンギュラリティは近い──人類が生物を超越するとき』（原題。邦訳は『ポスト・ヒューマン誕生』ＮＨＫ出版、2007年）のなかで、次のように述べています。

　　　「21世紀では、100年分のテクノロジーの進歩を経験するのではなく、およそ２万年分の進歩を遂げるのだ……。もしくは、20世紀で達成さ

れた分の 1,000 倍の発展をとげるとも言える」(22ページ)。「これから数十年のうちに、情報テクノロジーが、人間の知識や技量を全て包含し、ついには、人間の脳に備わった、パターン認識力や、問題解決能力や、感情や道徳に関わる知能すらも取り込むようになる……」(同邦訳書、18ページ)。

さらに、カーツワイルは、2045年のシンギュラリティを超えると、人間は生物としての限界を超えて、まさに「ポスト・ヒューマン」という新たな存在に進化すると主張しています。

> 「特異点に到達すれば、われわれの生物的な身体と脳が抱える限界を超えることが可能になり、運命を超えた力を手にするようになる。死という宿命も思うままにでき、好きなだけ長く生きることができるだろう(永遠に生きるというのとは、微妙に意味合いが違う)」(19ページ)。

ここまでくると、カーツワイル流の「シンギュラリティ論」は、もはや科学的なＡＩ研究の次元からはかけ離れたＳＦ的な世界の話になってしまいかねません。

(3)「シンギュラリティ論」への批判 ── ＡＩ研究の現段階の過大評価

カーツワイルのＳＦ的「シンギュラリティ論」の技術的根拠は、"情報テクノロジーは指数関数的に発展する"という命題です。カーツワイルは、先に引用したように、21世紀のテクノロジーは「２万年分の進歩を遂げる」という根拠として、次のように述べています。

> 「あらゆる情報関連のテクノロジーにはっきりと見られる加速度的な成長についての経験的なデータを収集し、観察された現象の根底にある数学的なモデルの精度を高めようと努力した。ひとつの理論を組み立て、それを収穫加速の法則と名づけた。この法則は、なぜテクノロジーと進化の過程が、概して指数関数的に進歩するのかを説明するものだ」(同書、8ページ)。

カーツワイルは、同書の第２章で「テクノロジー進化の理論──収穫加速の法則」を論じていますが、この章を繰り返し読んでも、"情報テクノロジーが指数関数的に発展する"という法則が説得的に証明されているとは思えません。カーツワイルの"論証"は、最近の経験則、"半導体の集積度は２年ごとに指

数関数的に加速する"という、よく知られてるムーアの法則をあげるだけです。
　本書は、ＡＩ研究の技術的到達的や将来展望をおこなうのが目的ではないし、また筆者には、もともとそうした自然科学的能力はありません。しかし、カーツワイルの「テクノロジー進化の理論」には確たる科学的根拠がない、少なくとも一般人の筆者を説得することはできません。

（４）「シンギュラリティ」問題の「哲学的な検討」
　ところで、将来、ＡＩが発展して人間の知能により近づくときに起こりうる問題については、日本人工知能学会が編集した『人工知能学大事典』でも、「シンギュラリティ」の項目でとりあげています。そこでは、「シンギュラリティのシナリオが非現実的で単純すぎる」（同事典、110ページ）と批判したうえで、ＡＩが人間を超えることができるかどうかという技術学的可能性の問題ではなく、もっぱら哲学的な問題（人間は、進化するＡＩにどう対応すべきかという、考え方の問題）としては、検討すべきであるとして、次のように論じています。
　　「（ＡＩが人間を超えるはるか以前の段階で）人間より知的ではないがそれまでのどの機械よりも知的な機械、あるいは包括的には知的ではないが特定の領域では人間以上に知的に振る舞う機械が多数生まれ、……われわれは、こうした『中途半端に知的な』機械たちを道具として、知覚し思考し意思決定する」（同事典、110ページ）。
　つまり、「人工知能が人間を超える」という意味での「ＡＩ対人間」という単純な対抗図式ではなく、今後さらに進化を続けていくだろうＡＩを人間はどのように扱えばよいかという意味で、あくまでも「人間にとってのＡＩ」というとらえ方が必要だというわけです。ＡＩに対峙する人間自身が現在の人間ではなく、ＡＩを使いこなすことによって今よりもはるかに賢くなっている人間なのです。21世紀に、今後どのように急速にＡＩが進化するとしても、人間を中心にしたＡＩ研究を進めること、その立場を貫くことこそ求められているのです。
　しかし、「シンギュラリティ」問題にたいする「哲学的な検討」は、ＡＩと人間を対立的にとらえてはならないという点では重要な意味を持っていますが、「進化するＡＩ」を「資本主義社会がどのように受け入れるか」という意味での「社会科学的な検討」は残されています。たとえば、進化したＡＩが無

人戦闘機や殺人ロボットなどの戦争兵器に利用される危険など、すでに人類社会を脅かす新たな深刻な問題が生まれています。これは、文字通り「人間社会のあり方」それ自体の問題です。

こうした意味での「AIと社会」という課題設定は、情報倫理の問題として、コンピュータの発展とともに、かなり早い時期からなされてきました。そこで、次節では、さまざまな角度から論じられてきた情報倫理、とくに「AI倫理」について、その意義と限界をめぐる諸問題をとりあげておきましょう。

Ⅳ　AI進化によって求められる「AI倫理」とは何か
―― J.H.ムーア論文の提起した課題、その限界

（1）「個人的な倫理問題」から「社会的な倫理問題」へ

もともと「倫理学」とは「人として行動すべき道、人のあるべき姿」を探求する学問ですが、20世紀に入り、爆発的に発展したテクノロジーが人間社会に突きつけた新しい課題として、さまざまな応用倫理問題（たとえば生命倫理、政治倫理、企業倫理、環境倫理、報道倫理、教育倫理、スポーツ倫理などなど）が生まれてきました。情報倫理もそうした応用倫理学の一環として論じられるようになったのでしたが、とりわけ20世紀後半にコンピュータやインターネットの普及とともにさまざまな社会問題が発生するようになり、米国や欧州で本格的に議論されるようになりました。

情報化社会のもとで必要とされるモラルや基本的マナーを扱う情報倫理の課題は、インターネット利用上のモラル（いわゆるネチケット問題）、表現の自由と個人情報保護（いわゆるプライバシー問題）、情報の入手・真偽にかかわるメディア・リテラシー問題、デジタル・コンテンツと著作権・知的財産権保護の問題、サイバー犯罪とセキュリティ問題、殺人ロボットなど兵器に利用される問題などなど、多様化しつつあります。こうして情報倫理の名のもとで扱うテーマは、狭い意味の「個人の倫理」を超えて、しだいに「情報化時代における社会のあるべき姿」に拡張されるようになってきました。

ところが、情報倫理を論じようとすれば、順序としては「社会のあるべき姿」が明確となって初めて「個人のあるべき姿」も定まることになります。しかし、「情報化社会のあるべき姿」、すなわち情報化社会の社会的規範や法制のあり方

は、情報化の技術的発展に社会が立ち遅れているために、まだ必ずしも十分には確立していません。情報倫理を探求すればするほど、哲学的な応用倫理の範囲を超えて、むしろ社会科学的な領域、法学や経済学の問題に発展していくのです。※

> ※ なんらかの意味で情報倫理に関連する学会は、それぞれの立場から情報通信技術に携わる研究者や技術者にたいし高い職業倫理と具体的な行為規範を示す「倫理綱領」を制定し、それぞれのウェブサイトで公開しています。たとえば、情報処理学会倫理綱領、電子情報通信学会倫理綱領、電気学会倫理綱領、機械工業学会倫理規定、経営情報学会倫理綱領、人工知能学会倫理綱領(案)など。また人工知能学会は、2014年に倫理委員会を設置しましたが、その設立の趣旨は、「人工知能技術と社会との関わりを広く捉え、それを議論し考察し、社会に適切に発信していくこと」(松尾豊委員長)としています。

(2) J.H.ムーア論文「コンピュータ倫理とは何か?」が提起した問題

世界に先駆けてコンピュータの発展が社会に大きな影響をおよぼしてきた米国において、情報倫理の研究は積極的に展開されてきました。米国の情報倫理の研究でパイオニア的役割を果たしてきたJ.H.ムーア(ダートマス大学教授)の論文「コンピュータ倫理とは何か?」(1985年) は、その後の情報倫理の論議のなかで大きな影響をもたらしてきたといわれます。※

> ※ J.H.Moor,What is computer ethics ?,*Metaphilosophy*,Vol.16,No. 4 ,October 1985: 266-275.

ムーアは、この英文で10ページの短い論文のなかで、コンピュータ倫理の具体的な諸テーマを列挙するのではなく、コンピュータ技術の持つ特殊な性格が社会へ与える影響の本質的な意味をとらえることが重要だと論じています。ちなみに、ムーアが「コンピュータ技術」という場合、それは単にハードとしてのそれだけでなく、ソフトやインターネットの技術も含む広い意味です。

ムーアは、コンピュータ技術の革命的意義は2つあり、1つは、その機能の論理的柔軟性 (*logical malleability*) にあり、そのために人間活動のあらゆる部面に浸透して社会のあり方を変革していく可能性を持っていること、もうひとつは、その操作の不可視性 (*invisibility*) にあり、そのためにさまざまな悪用の可能性を持っていること、にあると論じています。ムーアは、情報倫理として探求すべき諸課題も、こうしたコンピュータ革命の本質から生じてくるのであり、倫理的問題の諸現象の根源を明確にすることこそ重要であると論じたので

す。

　さらにムーアは、こうした理論的立場から、情報倫理を探求していくと、「仕事（労働）とは何か？」とか、「貨幣とは何か？」とか、「財産とは何か？」などの問題にまでかかわらざるをえなくなると指摘しています。ムーアは、情報倫理の問題は、資本主義のもとでの生産諸関係の根幹にかかわる領域に及ばざるをえなくなると論じているのです。

　こうしたムーアの問題提起の意義は、日本においても次のように受け止められています。

> 「ムーアは当該論文において、コンピュータ・プログラムに代表される無形の知的財産の扱い、コンピュータの導入によって変容を遂げる『仕事』（work）の意味や『貨幣』の存在意義、コンピュータによる"教育"と伝統的『教育』との関係、ゴンピュータ内部処理の『不可視性』（invisibility）が引き起こす、財産やプライヴァシーの侵害、そして監視（surveillance）のリスク、といった現在のホットイシューの大半をこの段階ですでに先取り的に指摘しており、この論文が『情報倫理』分野の『参照枠組み』（frame of reference）として高く評価され、範として仰がれるのも尤もなこと（である）」（大黒岳彦『情報社会の〈哲学〉──グーグル、ビッグデータ、人工知能』（勁草書房、2016年）。

（3）　ムーアの「情報倫理」論の限界 ── ムーアのシュンペーター批判

　J.H.ムーアは、1985年論文のあとも、さまざまな情報倫理に関する論文、著作を発表していますが、筆者が知りうる限りでは、同論文の問題提起を超えるような注目すべき理論的展開はなされていないように思えます。むしろ、筆者が注目したのは、ムーアが1985年論文の論旨をより詳細に展開したと思われる2005年に発表した論文「われわれは、未来技術のために、なぜよりよい倫理を必要とするのか？」のなかで、J.シュンペーターのイノベーション論や資本主義観と対比して、ムーアのコンピュータ革命論は、あくまでもオープンな資本主義的自由市場を前提としていると強調していることです。※

　　※　Why we need better ethics for emerging technologies, *Ethics and Information Technology* (2005) 7：111-119.

　ムーアは、「（シュンペーターは）遺憾ながら、資本主義を可能にした自由と

私有財産を攻撃することによって資本主義は自滅しそうだと主張している」が、そういうシュンペーターの主張には自分は同意しないとして、次のように述べています。※

> 「本論文で示すモデルは、資本主義の性質と運命を説明することは目的としていない。ここでのモデルは、自由市場によって効果的に実現されるオープンな技術的革命の性質に焦点を当てている」。

ムーアは、先の1985年論文では、情報倫理の探求は社会の基礎的範疇である「貨幣」、「財産」、「所有」などにまで抵触せざるを得ないと指摘していましたが、その20年後の2005年論文では、情報倫理の探求は資本主義社会を守るために必要であると強調しているのです。ここには、資本主義のもとでの「情報倫理」論の限界が示されていると思われます。

とはいえ、筆者は資本主義社会のもとでの情報倫理の探求と、その社会的な展開の意義を否定するわけではありません。むしろ、それは今後ますます重要になるでしょう。コンピュータリゼーションが浸透していくにつれて、「情報化社会の社会的規範や法制のあり方」を確立するために、情報倫理の探求は不可欠の課題となるからです。

※ ここでムーアから「同意できない」と批判されているシュンペーターは、『資本主義・社会主義・民主主義』(1942)のなかで、資本主義社会では、資本家のイノベーションによって急速に生産力が発展し、人類文明の繁栄をもたらすが、その成功の結果として、将来的には、必然的に資本主義は社会主義へ発展せざるをえないという独特の「社会主義への移行」論を展開しています。

(4) 最近の「ＡＩ倫理」（ＡＩルール）をめぐる動き

ムーアが1985年論文で提起した情報倫理の問題、「情報化社会の社会的規範や法制のあり方」「ＡＩ倫理の原則」の問題は、21世紀に入り、ＡＩの技術が進化し、ＩｏＴ、ビッグデータの活用が急速に進みはじめるとともに、世界各国で焦眉の課題としてとりあげられるようになりつつあります。ここでは、マスメディアのニュースとして報道された最新の動きを簡潔に整理しておきましょう。

１．米国のグーグル社の「ＡＩ倫理規定」

米国では、ＡＩに関する倫理ルールは、基本的に国家は関与せずに企業の自

主規制に委ねられています。グーグルは、同社のＡＩ技術が軍に使用されることに反対して多数の社員が退職したことを受けて、同社の技術の軍用化には倫理規定を発表しています。グーグルのサンダー・ピチャイ最高経営責任者（ＣＥＯ）は、2018年6月7日のブログ記事で新たな新規定を発表し、グーグル社のＡＩ使用の手引きとなる7つの原則を提示しました。社会に利益をもたらすこと、偏見的アルゴリズムを避けること、プライバシーを尊重すること、安全性をテストすること、一般市民に対する説明責任を果たすこと、科学的な厳密さを維持すること、これらの原則に従って利用できるようにすること、などです。また、グーグルは「ＡＩの実装が人に傷害を与えたり、直接的に助長したりすることを主な目的とする兵器やその他のテクノロジー」の開発のためにＡＩ技術を使うことを認めないとしています。しかし、軍需産業全体にわたって数多くのＡＩが日常用途に使われており、グーグルもＡＩ技術にとっての巨大な潜在市場を否定したくはないともいわれています（『日本経済新聞』（以下、『日経新聞』と略）2018年6月11日付による）。

２．ＥＵの「ＡＩ倫理指針」

ＥＵでは、いち早く2018年5月には、ビッグデータの所有と管理についてＩＴ巨大企業のデータ独占を厳しく規制して個人情報を保護する「一般データ保護規則（ＧＤＰＲ）」を施行しました。それに続いて、ＥＵでは、ＡＩ倫理指針の策定を進めています。同指針は、欧州議会が委託した有識者会議「ＡＩフォー・ピープル」が原案を作成し、それをもとに欧州委員会が最終案を決定する予定です。2018年11月時点の原案によると、（１）ＡＩの判断過程をわかりやすく説明する責任を企業に課す、（２）ＡＩの判断にどんなデータを使ったかなどの情報開示制度を整える、（３）ＡＩの仕組みや運用が倫理的かどうか監査する機関を設ける、（４）倫理的なＡＩの認証制度を設ける──などの内容だと伝えられています（『日経新聞』2018年11月6日付による）。

３．中国はＡＩ国家戦略のもとで、国家管理を強化

中国政府は、2016年8月には、今後3年間でＡＩ開発に1,000億人民元（約1兆6,800億円）程度を投じることを決定しました。さらに2017年7月には中国国務院が初の国家戦略としてのＡＩ開発促進計画＝「次世代ＡＩ発展計画」

を打ち出し、2030年までに中国のＡＩ技術を世界最先端のレベルに引き上げ、ＡＩ中核産業規模は１兆元（約16兆円）、関連産業規模は10兆元（約160兆円）に拡大する目標をかかげました。中国では官民挙げてＡＩ関連の研究開発に邁進しており、ＢＡＴと呼ばれる３大ネット企業を経由して、国家が厳格に管理しています。※

> ※　ＢＡＴとは、中国ネット業界に君臨する３社。Ｂ（Baidu：バイドウ：百度）、Ａ（Alibaba：アリババ：阿里巴巴）、Ｔ（Tencent：テンセント：騰訊）を指しています。

　ちなみに、中国共産党大会（2017年10月）を前にして、テンセント社がＳＮＳの「ＱＱ」上で利用者と交流するＡＩキャラクター「ベビーＱ」のチャット（対話プログラム）を開設したところ、ＡＩが対話のなかで勝手に中国共産党批判を展開したため、急遽テンセントがＡＩチャットのサービスをすべて停止するという事件が、2017年８月に香港メディアを通じて報じられたことがあります。

4．日本のＡＩ社会に関する７つの原則

　日本では、総合科学技術・イノベーション会議のもとに設置された「人間中心のＡＩ社会原則検討会議」（議長・須藤修東大教授）が2019年３月までに基本原則を作成して、６月に大阪で開く20ヵ国・地域（G20）首脳会議で参加国に提案する予定です。2018年12月に発表された原則（案）によると、「基本理念」の冒頭で「ＡＩは、Society5.0の実現に大きく貢献することが期待される」と強調し、「ＡＩ社会原則」と「ＡＩ開発利用原則」に分けているのが特徴です。

　このうち「ＡＩ社会原則」（案）では７つの原則をかかげていますが、全体として具体的な内容に乏しいのが特徴です。それはＥＵが検討している「ＡＩ倫理指針」と比べてみると歴然としています。たとえば、ＥＵの「指針」は、企業にたいする監視機関、情報開示制度や賠償保険機関の新設など、きわめて具体的なのにたいし、日本の「原則」は、きわめて抽象的なものにすぎません（表４）。

　また「ＡＩ開発利用原則」（案）では、「早急にオープンな議論を通じて国際的なコンセンサスを醸成し、非規制的で非拘束的な枠組みとして国際的に共有されることが重要である」と指摘するだけで、具体的な内容は何もありません。

表4　日本とEUのAI倫理（案）の比較

日本の「人間中心のAI社会原則」（案）

人間中心の原則
教育・リテラシーの原則
プライバシー確保の原則
セキュリティー確保の原則
公正競争確保の原則
公平性、説明責任及び透明性の原則
イノベーションの原則

出所：2018年12月26日の「検討会議」の発表文書より。

EUのAI倫理指針原案の骨子

AIの判断過程などについて企業に説明責任
AIが判断に使ったデータなどの情報開示制度を創設
AIの透明性などを監査する期間を設置
企業の倫理性を認証する制度を創設
AIの欠陥による事故への賠償保険加入を企業に義務付け
AIを利用する企業の利益の一部をAIの透明化促進に還元

出所：『日経新聞』（2018年11月6日付）。

　本書の第2章（質問8、62ページ）で述べたように、資本主義社会のもとで「AI倫理」を確立するには、さまざまな抵抗があります。しかし、「AI倫理」の問題は、AIの進化にともなう人間と社会の本来的あり方、あるべき未来社会の構想と深くかかわっており、たんに自然科学・技術学的な視点だけでなく、社会科学的な研究、哲学・人文科学的な視点が不可欠です。「AI倫理」をルール化するには厳しい壁がありますが、その必要性は避けて通れない課題となっています。「AI倫理」のルールを実現するためには、世界的に連帯した市民・労働者・国民の積極的な運動が必要です。

第Ⅱ部では、コンピュータやAIの急速な進化による生産力の発展にたいして、資本主義的生産関係が桎梏(しっこく)となり、ICTやAIを有効に利用できない矛盾、日本と世界の「劣化する資本主義」について、いくつかの具体的な事例をとりあげながら分析してみます。現代の資本主義の「劣化現象」については、さまざまな角度からの分析が必要ですが、この第Ⅱ部では、もっぱらAIやICTなどの生産力の発展とのかかわりに絞って、その視点から「劣化する資本主義」の特徴について考えてみたいと思います。

《第4章》
ＩＴ「人材不足」と「新自由主義」路線の破綻

　世界的にＡＩ、ＩｏＴ、ビッグデータなどのＩＣＴ革命、いわゆる「第4次産業革命」をめぐる国際競争が激しくなっているもとで、日本では、最近盛んにＩＴ「人材不足」やＩＴ「投資不足」が言われるようになっています。これは、いったい何を意味するのか、なぜそうしたことになってきたのか、日本のＩＣＴ革命の国際的な流れからの立ち遅れの現状とその背景を見てみましょう。

Ⅰ　ＡＩ「合理化」と安倍内閣の「新しい経済政策」
　── 2030年には、約79万人のＩＴ人材が不足する

　安倍晋三首相は2019年の通常国会の施政方針演説（1月28日）のなかで、「人工知能、ビッグデータ、ＩｏＴ、ロボットといったイノベーションが、経済社会の有り様を一変させようとしています」と述べ、ＡＩを中心とする「新しいイノベーション」を「我が国の未来を拓く成長戦略」の中心に据えるなどと強調しました。
　これに先立ち、安倍内閣は2017年12月8日に、「生産性革命」と「人づくり革命」を車の両輪とする「新しい経済政策パッケージ」を決定しています。この「新しい経済政策」なるものには、36ページの短い文書のなかで、「革命的」、「劇的」、「破壊的」などなどの、大仰な言葉がちりばめられています。
　　　──「生産性革命を実現し、人工知能、ロボット、ＩｏＴなど、生産性を劇的に押し上げるイノベーションを実現していく」。「世界に胎動する『生産性革命』を牽引し、これを世界に先駆けて実現する」。「『人づくり革命』は長期的な課題であるが、2020年度までの間に、これまでの制度や慣行にとらわれない新しい仕組みづくりに向けた基礎を築く」。「人手不足に悩む中小・小規模事業者も含め、企業による設備や人材への投資を力強く促進する」。
　安倍内閣の「新しい経済政策」は、政策内容からいえば破綻したアベノミク

スの「成長戦略」の延長にすぎませんが、日本経済の現状認識にかかわる重要な指摘もしています。

　たとえば、「第4次産業革命により、世界的に破壊的イノベーションが進行する一方、我が国のイノベーション力の地位の低下が顕在化している」ことを認めて、とりわけICT関連の「深刻な人材不足」に懸念を示しています。AI、IoTなどによる破壊的イノベーションを劇的におこない、「生産性革命」を世界に先駆けて実現する、などと言葉の上では勇ましく宣言していますが、現実には、日本のICT革命は、その中心的な担い手になるべき人材の面から行き詰まるかもしれないという危機感が垣間見えてきます。

　IT関連のデータサイエンティストやサイバーセキュリティなどの技術者は、AI、IoT、ビッグデータなどを活用した生産性の革新にとって絶対的に不可欠な人材です。ところが、AIなどの技術進化が急激に発展するのにたいして、日本では、それを使いこなせる人材が大幅に不足してきているのです。経済産業省が2016年におこなった委託調査では、（表5）のように、すでに現在でも17.1万人の人材不足となっていますが、2020年には36.9万人が不足すると言います（不足率は40％）。さらに深刻なことは、2030年になると、78.9万人が不足し、不足率は実に92％にもなると予測されています。こうした深刻な人材不足が予測されるもとで、いったいどうやって「世界に胎動する『生産性革命』を牽引し、これを世界に先駆けて実現する」などと言えるのか。まさに大言壮語の類と言わざるを得ません。

　「新しい経済政策」では、現に進行しつつあるIT関連をはじめとする成長産業の人材不足を念頭において、さまざまな施策が列挙されています。これらの項目は、いずれもそのほとんどは安倍内閣がこれまで相次いで発表してきた「未来投資戦略」、「新産業構造ビジョン」、「働き方改革実現計画」、「骨太方針」などのなかで、すでに繰り返し宣伝してきたものです。とくに「骨太方針

表5　IT関連の人材不足数の推計（万人、％）

	現在			2020年			2030年		
	人材数	不足数	不足率	人材数	不足数	不足率	人材数	不足数	不足率
IT企業	66.7	13.2	20.0	66.9	29.6	44.2			
ユーザー企業	25.2	3.9	15.5	25.4	7.3	28.7			
合計	91.9	17.1	18.6	92.3	36.9	40.0	85.7	78.9	92.1

出所：経産省「新産業構造ビジョン」（2017年5月）。

2017」では、副題をわざわざ「人材への投資を通じた生産性向上」とつけて、人材（不足）対策に力点を置いています。これらの人材対策には、たとえば「人生100年時代を見据え、その鍵であるリカレント教育を抜本的に拡充する」、「第４次産業革命スキル習得講座認定制度（仮称）を2017年度中に創設する」など、はたして当面すぐに効果があるのかわからないものが大半です。

　これらの「人づくり革命」と称する「人材対策」に通底する政策理念は、「これまでの制度や慣行にとらわれない新しい仕組みづくり」などと強調しています。要するに、その実態は旧来の「新自由主義」的な労働政策・教育政策の延長線上の規制緩和路線にほかなりません。たとえば、「規制のサンドボックスの創設」を提案していますが、サンドボックス（規制の砂場）とは、革新的な新事業を育成するという名目で、現行法の規制を一時的に停止する新たな規制緩和策のことです。

Ⅱ　ＡＩ［合理化］と雇用問題 ── 経産省のシナリオ
〈労働力の大量移動を前提にする〉

　第Ⅰ節でみたように、経済産業省の2016年の委託調査では、2020年に約37万人、2030年には約79万人のＩＴ関連の人材が不足するという予測をしていますが、その同じ経産省（産業構造審議会）が決めた「新産業構造ビジョン」（2017年５月）では、今後の就業構造全体の予測をおこなっています。同ビジョンでは、ＩＣＴ革命、とりわけＡＩやＩｏＴの発展による産業構造と就業構造の変化について、次のように述べています。

　　「ＡＩやロボット等の出現により、定型労働に加えて非定型労働においても省人化が進展。人手不足の解消につながる反面、バックオフィス業務等、我が国の雇用のボリュームゾーンである従来型のミドルスキルのホワイトカラーの仕事は、大きく減少していく可能性が高い」（説明資料、9ページ）。

　同ビジョンでは、こうした就業構造の変化について、「現状放置」の場合と産業構造の「変革」をおこなった場合との２つのシナリオに分けて、（表６）のように、2030年度の就業構造の変化による各産業ごとの従業員数を試算しています。それによると、「現状放置」なら従業者数は735万人の減少となるが、

表6　2030年度の従業員数の推計（2015年度からの増減数）（万人）

		2015年度 従業員数	2030年度（従業員数と増減数）			
			現状放置の場合		変革の場合	
①粗原料部門	農林水産、鉱業 等	278	197	▲81	207	▲71
②プロセス型製造部門中間財等	石油製品、銑鉄、粗鋼、化学繊維 等	152	94	▲58	109	▲43
③顧客対応型製造部門	自動車、通信機器、産業機械 等	775	561	▲214	658	▲117
④役務・技術提供型サービス部門	建築、卸売、小売、金融 等	2026	1743	▲283	1978	▲48
⑤情報サービス部門	情報サービス、対事業所サービス	641	624	▲17	713	72
⑥おもてなし型サービス部門	旅館、飲食、娯楽 等	654	574	▲80	678	24
⑦インフラネットワーク部門	電気、道路運送、電信・電話 等	388	335	▲53	381	▲7
⑧その他	医療・介護、政府、教育 等	1421	1472	51	1449	28
合計		6334	5600	▲735	6173	▲161

注：2030年度の従業員数は、生産年齢人口の減少の影響を含めた試算。「現状放置」ケースは、成長率も低く、「変革」ケースは成長率を高く予測する。そのために、「変革」ケースでは従業員数も増大し、従業員数の減り方も少なくなる。さらに、労働力の流動化によって、成長部門の雇用が増えることになっている。
資料：経産省「新産業構造ビジョン」の試算表をもとに筆者が要約。

ＩＣＴ革命を利用した「変革」をおこなえば、161万人の減少にとどめることができるとしています。

　この就業構造予測の２つのシナリオには、いくつかの前提（表７）があります。

（１）　前提の１つは、政府（労働政策研究・研修機構）の「労働力需給の

表7　就業構造試算の前提
年率・％（2015年から2030年度）

	現状放置シナリオ	変革シナリオ
実質経済成長率	0.8	2.0
各目経済成長率	1.4	3.5
賃金上昇率	2.2	3.7

推計」(2014年5月) です。それによると、2030年の労働力人口は、2012年と比べて872万人減少すると予測しています。

(2) 前提の2つは、マクロ経済モデルによって、かなり高めの経済成長率を見込んでいることです。「現状放置」の場合でも、15年間の平均年率で実質0.8％、名目1.4％を想定し、「変革」の場合は、実質2.0％、名目3.5％を想定しています。

(3) 前提の3つは、とくに「変革」シナリオでは、ＩＣＴ革命の進展にともなって、労働力の過剰部門から不足部門への大量移動を想定していることです。すなわち「低付加価値の製造ラインの工具、営業販売・バックオフィスなどはＡＩやロボットなどで代替」され、「機械・ソフトウェアと共存し、人にしかできない職業に労働力が集中する」と想定しています。

(4) 前提の4つは、就業構造の「変革」シナリオの場合は、「人々が広く高所得を享受する」ことができるとして、15年間の賃金上昇率は年率3.7％になると予測していることです。それによって新規産業のための消費需要が拡大し、結果的に、新規産業の生産増⇒雇用吸収⇒産業構造転換という好循環が実現するというわけです。

これらの前提条件のうちで、多少とも蓋然性があると思われるのは(1)だけでしょう。続く(2)(3)(4)は、いずれも、ほとんど実現性があるとは考えられません。たとえば(4)でいう賃金上昇率3.7％が15年間も続くなどという想定には、どのような根拠があるのでしょうか。

経産省のシナリオでは、産業のＩＣＴ化による大量の失業者の発生を「人材不足」の業種へ回すことができれば、ＩＣＴ化のための「人材不足の解消」に役立つという考え方です。ＡＩやＩｏＴなどのＩＣＴ革命によって必要となるＩＴ関連の人材を、労働力の流動化によって供給すれば574万人（735万人－161万人）は補うことができるというわけです。

しかし、こうした経産省の思惑は、机上の空論と言わざるをえません。経産省のシナリオは、むしろ逆の読み方をする必要があるでしょう。労働力供給が872万人減少するもとでも、失業者が735万人にも達する可能性があり、しかもそれにもかかわらず、「人材不足」が574万人も生まれる可能性があるというシナリオです。

2020年代の日本では、ＡＩ「合理化」による失業・不安定雇用の増大と深刻なＩＴ「人材不足」が同時進行する時代になる可能性があります。経産省の試算のとおり、産業構造・就業構造の「変革」（労働力の大移動）が進む保証はまったくないからです。

Ⅲ　ＩＴ「人材不足」は、「人口減少社会」のもと、「新自由主義」路線の破たんの結果

　なぜ、日本で深刻なＩＴ「人材不足」が叫ばれるような事態が起こったのか。ここでは、ＩＴ「人材不足」が懸念される背景として、次の４つの要因をあげておきましょう。

　第１に、歴代の自民党政治のもとで40年以上にわたって出生率が人口置換水準（人口が増えも減りもしない出生率の水準）を下回る「少子化」時代が続き、新しい技術革新に応えられる若い労働力が急速に減少しつつあること、しかもこの減少は、本格的な「人口減少社会」がはじまるこれからは、さらに急速に進むことが予測されていることです。

　第２に、これまで数十年にわたって大企業をはじめ日本企業が非正規雇用を増大させ、労働力の使い捨て政策を続け、とりわけ若年労働者を劣悪な労働条件のもとに置いてきたことです。政府も財界・大企業の要求に応えて労働法制の規制緩和・改悪を推進し、長期的な視点に立った労働力政策を怠ってきました。

　第３に、ＩＣＴ革命の発展が進むのにたいして、大企業は短期的な利潤追求に専念して、その利益を内部留保としてため込み、長期的な視点からの経営戦略が後回しになり、とりわけＩＴ人材を育成する「投資不足」が進行してきたことです。

　第４に、国家戦略としても、長期的な産業政策、科学技術政策が立ち遅れ、それは二十数年にわたる「新自由主義」路線がもたらした結果だということです。現在のＩＴ「人材不足」は、「新自由主義」路線による「成長戦略」の破たんを示しています。

　以上の４つの要因のそれぞれについて、いま少し説明しておきましょう。

(1) 本格的な「人口減少社会」の始まり

深刻になりつつあるIT［人材不足］の根底には、日本社会がすでに本格的な「人口減少社会」に入ってきていることがあります。

国立社会保障・人口問題研究所が2017年4月に発表した「将来人口推計」では、日本の人口動向は2010年をピークにして、かなり急速な人口減少時代に突入しています。それによると、50年後の2065年の日本の総人口は8,808万人になり、さらに、100年後までの長期参考推計では、2115年には、最も厳しい仮定をすると3,787万人にまで減少するとなっています（図6）。

とりわけ若い労働力の供給源となる生産年齢人口は、2015年の7,728万人から2065年には4,529万人へと、急な坂道を滑り落ちるように減少していくと推計されています。また厚生労働省の「労働力需給の推計」（2016年4月）によると、労働力人口は2014年の6,587万人から、2030年には5,800万人に縮小し、787万人も減少すると予測（ゼロ成長・参加現状シナリオの場合）されています。相対的に若い労働力が急減していくことは、ICTなど新しい技術変化に対応できる人材の不足という結果をもたらすことになります。

現代日本の「人口減少」を乗り越えるには、「少子化」と「人口減少」をもたらしている今日の政治的、経済的、社会的な矛盾にメスを入れて、その歪んだ現実を根本的に変革することが求められます。

図6 日本は「人口減少時代」に入った

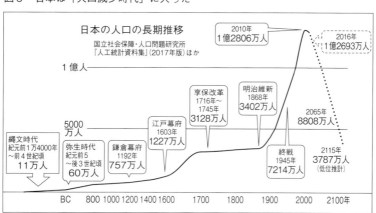

出所：拙稿「人口減少時代が来る」（『赤旗』日曜版2018年1月14日号）。

（2） 目先の利益追求のための「労働力」使い捨て政策

深刻なIT関連の「人材不足」は、これまで自公政権が30年近くにわたって推進してきた「新自由主義」路線による労働政策、教育政策、家族政策の帰結にほかなりません。

とりわけ大企業は、「新時代の『日本型経営』」などと称して、ITを利用した職場の大「合理化」＝大リストラをおこなってきました。財界の報告書自体が、次のように述べています。

表8　G7諸国の中で、日本だけ賃金低下 2000年〜2016年の実質賃金の伸び率（ドル）

	2000	2016	伸び率（％）
カナダ	38941	48403	124.3
フランス	35991	42992	119.5
米国	51877	60154	116.0
英国	37356	42835	114.7
ドイツ	41388	46389	112.1
イタリア	34390	35397	102.9
日本	39623	39117	98.7

注：購買力平価でドル換算。
資料：OECDの統計をもとに筆者試算。

> 「IT化は、仕事の標準化などをもたらし、それまで正規従業員が担当していた業務がパートタイマーやアルバイトでも十分賄えるようになったため、非正規従業員の増加をもたらしている」（日経連『多様化する雇用・就労形態における人材活性化と人事・賃金管理』、2004年5月）。

その結果、日本では、ICT革命が急速に進み始めた2000年以降の20年近くの間に、低賃金で不安定な労働条件の非正規雇用の労働者が急増してきました。日本銀行が発表したOECDの資料によると、自公政権の「新自由主義」路線のもとで、2000年を基準とする実質賃金の水準は、サミット参加の主要7ヵ国のうち、日本だけがマイナスになっています（表8）。こうした結果をもたらしてきた「新自由主義」路線からきっぱり決別しない限り、IT「人材不足」は、2020年代にはますます深刻になっていくでしょう。

（3）　IT「投資不足」、とりわけ教育「投資不足」

日本企業のIT投資の現実はどうか。総務省の調査によると、「米国はコンピューターや通信機器、ソフトウエアなど『ICT分野』への投資額が15年に5,600億ドルと、日本のおよそ4倍もある。米国は1994年の2.8倍になっており、11％増の日本は水をあけられた」（『日経新聞』2018年10月14日付）と言われています（図7）。

アベノミクスの第3の矢は、「民間投資を喚起する成長戦略」などと喧伝し

図7　深刻なIT「投資不足」

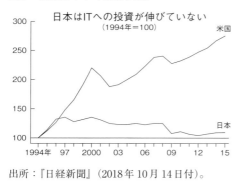

出所：『日経新聞』（2018年10月14日付）。

ていました。そして、「民間投資を喚起する」ための戦略的課題に位置づけられているのがイノベーション戦略でした。安倍内閣は、アベノミクスによる最初の「成長戦略」（2013年）を決定する一週間前に「科学技術イノベーション総合戦略」（2013年6月7日）なるものを閣議決定し、「（イノベーション戦略を）強力に推進することは、成長戦略の実現にとって鍵となる」などと述べました。

しかし、IT「投資不足」は、安倍内閣の「成長戦略」のもとで、いっそう深刻な状態になっています。新聞報道によると、「経済産業省は2025年には6割の日本企業で基幹システムが老朽化すると推計した。ビッグデータや人工知能（AI）を使うビジネスに、多くの日本企業が乗り遅れる恐れがある」（『日経新聞』2018年10月14日付）などと言われています。

（4）　長期的な国家戦略の不在

第2次大戦後の日本では、政府が長期的な社会経済計画を策定し、その目標にもとづいて長期的産業発展計画を立てていました。「産業の高度化」をめざす明確な国家戦略がありました。

ところが、1990年代後半以降、「新自由主義」路線が本格的に推進されるようになると、市場原理主義が経済政策の中心理念となり、長期的な社会経済計画や産業政策は不必要なもの、排除されるべきものとされるようになりました。その結果、この20年間には、自公政権は、一度も長期経済計画を策定せず、また産業政策らしい産業政策も作成したことがありません。1999年に制定された中央省庁改革関連法にもとづいて、経済計画の策定官庁だった経済企画庁は完全に解体されて内閣府や総務省などに吸収されました。官僚機構の人事なども、すべて内閣府が牛耳って、長期的な視野で経済計画や産業政策を担当する部署の影が薄くなっています。

日本では、イノベーション政策のもとで強行されつつある「国際競争力のある大学づくり」が、いま大学に深刻な問題をもたらしつつあります。これは、大学という知の拠点が崩壊するおそれがあるという意味で、日本という国家、日本社会の21世紀の未来にかかわる、まさに国民全体の問題としてとらえる必要があります。

むすびに ──「劣化する日本資本主義」

　日本でいまIT「人材不足」が深刻化している4つの要因をつきつめると、結局、その根底には「新自由主義」路線のもとで、日本資本主義の劣化が急激に進行しているという現実があります。

　ICT革命とのかかわりで言えば、市場原理主義にもとづく「新自由主義」路線は、さまざまな国家的な規制を撤廃して『イノベーション競争』を活性化させること、国家の経済介入を極力排除することが「成長戦略」の課題だとしてきました。ICT革命の初期の段階では、そのような「新自由主義」的な規制緩和によって、ベンチャー企業の叢生をうながし、『イノベーション競争』に拍車をかけたことも事実でした。

　しかし、21世紀に入ころから、AI、IoT、ビッグデータなどによって、いわゆる「第4次産業革命」が叫ばれる時期に入ってくると、ドイツのIndustrie4.0をはじめとして、世界各国がICT関連の国家戦略を競い合うようになってきました。これは、AI、IoT、ビッグデータなどのICT革命の新段階の生産力的な特徴が「生産と労働の社会化」に拍車をかけて、資本主義国家の新たな経済的な役割が生まれてきたことを示しています。

　現代の日本資本主義は、こうした世界的なICT革命の潮流がもたらしつつある変化とは、まったく逆の方向を走り続けており、その矛盾の現われの1つとしてIT「人材不足」が深刻化しつつあると言えるでしょう。

　結論から言えば、ICT革命の新たな段階とは相いれなくなっている「新自由主義」路線による「成長戦略」から根本的に転換して、国民経済の発展のための長期的な「社会経済計画」を策定し、国家戦略として産業と技術の長期的な発展方向の実現をめざさないかぎり、日本資本主義の劣化は、2020年代以降、ますます進むことになるでしょう。

【第Ⅱ部】ＡＩの進化と「劣化する資本主義」

《第5章》
「ＡＩ：未来社会論」批判
—— 安倍内閣と財界のSociety5.0の空疎な中身

はじめに

　安倍内閣は、2016年ごろから「Society5.0」などという耳慣れない戦略構想を盛んに提唱しはじめています。安倍晋三首相は2019年国会の施政方針演説のなかで、「新しいイノベーションは、さまざまな社会課題を解決し、私たちの暮らしを、より安心で、より豊かなものとする、大きな可能性に満ちている。こうしたSociety5.0を、世界に先駆けて実現する」などと強調しました。

　政府（内閣府）の広報資料の解説によれば、Society5.0とは、「必要なもの・サービスが、必要な人に、必要な時に、必要なだけ提供」され、「あらゆる人が快適に暮らすことができる社会」、「人間中心の社会」のことだと言います。まさに夢のような未来社会構想です。「5.0」というのは、「狩猟社会（Society 1.0）、農耕社会（Society 2.0）、工業社会（Society 3.0）、情報社会（Society 4.0）の後に続く第5の社会という意味です。一言でいえば、Society5.0とは、「ＡＩ（人工知能）による未来社会論」なのですが、日本語でなく、わざわざ外国語で表記すること自体がわかりにくく、なにやら胡散臭い感じさえします。

　このSociety5.0論には、急速に進化しつつあるＡＩやＩＣＴ（情報通信技術）革命の到達点が反映されているとともに、安倍政権と財界・大企業経営者たちの、ＡＩがあればすべて解決できるという「ＡＩ：未来社会論」の理論的な貧弱さ、イデオロギー的な行き詰まりが如実に表れているので、その特徴と本質を検討してみることにも今日的な意義があると思われます。そこで、安倍内閣と財界がかかげはじめたSociety5.0なるものの内容を紹介しつつ、その実態——その「未来社会論」としての空疎な中身について検討してみましょう。

《第5章》「AI：未来社会論」批判

I 安倍内閣のSociety5.0論の背景 ── 財界が熱心に推進

　Society5.0の内容の検討に入る前に、最初に、政府・財界のSociety5.0という「AI：未来社会論」の背景を簡単にみておきましょう。

表9　政府・財界の「Society5.0」に関する主要文献

年	月	日	発表機関	文献の表題（内容）
2016	1	22	閣議決定：総合科学技術・イノベーション会議	科学技術基本計画（第5期）：最初に公式に提起
	4	19	経団連提言	新たな経済社会の実現に向けて〜「Society5.0」の深化による経済社会の革新〜
	4	27	経産省：産構審	新産業構造ビジョン（中間まとめ）
	5	23	文科省：科学技術白書（2016年度）	超スマート社会／Society5.0
	7	29	総務省：情報通信白書（2016年度）	ＩｏＴ、ＡＩ、ビッグデータ
	9	12	内閣府：未来投資会議発足	成長政略の司令塔／第4次産業革命の実装を検討
	9	15	総合科学技術・イノベーション会議	日立製作所「Society5.0：プレゼンテーション」
2017	2	14	経団連提言	Society5.0実現による日本再興
	5	30	経産省：産構審	新産業構造ビジョン
	6	9	内閣府：未来投資会議	未来投資戦略2017 ── Society5.0実現に向けた改革
	7	18	経団連提言	Society5.0時代の海洋政策
	7	28	総務省：情報通信白書（2017年度）	データ主導経済／第4次産業革命
	12	12	経団連提言	Society5.0を実現するデータ活用推進戦略
	12	12	経団連提言	Society5.0実現に向けたサイバーセキュリティの教科を求める
2018	2	20	経団連提言	Society5.0実現に向けたイノベーション・エコシステムの構築
	3	20	経団連提言	Society5.0時代のヘルスケア
	5	15	経団連提言	Society5.0実現ビジネス3原則
	6	15	閣議決定	統合イノベーション戦略：（Society5.0の実現に向けて「全体最適な経済社会構造」などを盛り込む）
	6	15	内閣府：未来投資会議	未来投資戦略2018「Society5.0」「データ駆動型社会」への変革
	8	3	内閣府：経済財政白書（2018年度）	第3章：Society5.0実現のための行動
	9	18	経団連提言	Society5.0の実現に向けた施策──農業　成長、成長産業化
	10	16	経団連提言	Society5.0時代の物流
	11	13	経団連提言	Society5.0──ともに創造する未来──

資料：内閣府ホームページ、経団連ホームページ、各章の「白書」などより筆者作成。

Society5.0という「ＡＩ：未来社会論」が初めて政府の公式な文献に現われたのは、2016年１月に閣議決定した「第５期：科学技術基本計画」です。それから２年余の間に、Society5.0に関する主要な文献を整理したものが（表９）です。この表を一瞥するだけでも、政府・財界が急にSociety5.0をかかげるようになってきた背景をうかがうことができます。

「第５期：科学技術基本計画」の答申案を最終決定した総合科学技術・イノベーション会議（第14回本会議：15年12月18日）の討論のなかで、同会議の中西宏明議員（日立製作所会長）は、今回の（基本計画の）ポイントはSociety5.0であると強調しました。中西氏は、その後2018年５月には日本経団連会長に選出され、その就任あいさつでは、日本経済再生のための３つの柱をかかげ、「第１の柱は、Society5.0を中核とする成長戦略の強化」、「第２の柱は、……Society5.0にふさわしい経済・社会基盤の整備が必要」などと、Society5.0に異常な熱意を示しています（「就任あいさつ」日本経団連ＨＰより）。

表９を見るとわかるように、日本経団連は、Society5.0の提起を歓迎し、それを具体化する提言を次々と発表してきています。最近の日本経団連の政策提言をみると、必ずSociety5.0という枕言葉をつけており、財界がSociety5.0というキーワードにいかに執着しているか、そのなみなみならない熱意がうかがえます。Society5.0は、政府が提起している「未来社会構想」ではあるが、それを実質的に推進しているのは日本財界だといっても過言ではないのです。

Ⅱ　Society5.0の３つの特徴

安倍内閣と財界がかかげるSociety5.0には、３つの特徴があります。

（１）　海外との「第４次産業革命」競争に立ち遅れ、急がれた日本独自の戦略構想

第１の特徴は、ＡＩ、ＩｏＴ、ビッグデータなど最近の急激なＩＣＴ（情報通信技術）革命の進展によって、世界的にいわゆる「第４次産業革命」と称する技術発展が進むもとで、欧米諸国や中国などと比べて、国家的な戦略プロジェクトの推進が立ち遅れたという焦りから、日本独自の技術革新（イノベーション）戦略構想を急いで策定することに迫られたということです。

AI、IoT、ビッグデータなどの技術革新が急速に進み始めたのは20世紀末からで

図8　いわゆる「第4次産業革命」に関する主要国の取り組み

資料：『情報通信白書』（2017年版）、108ページの図に、筆者が日本のSociety5.0を追加して作成。

すが、とりわけ21世紀に入り2010年代にAIのディープラーニング（深層学習）の技術が開発されるころから、ICT関連のイノベーション競争が激しくなりました。ドイツ政府は、いち早く2010年にICTを中心とする戦略的国家プロジェクトを立ち上げて、「Industrie4.0」の名称のもとで大々的に取り組み始めました。その後、英国、米国、イタリア、中国などが、次々とICT関連、AI関連の国家プロジェクト構想を打ち上げてきました（図8）。

こうした国家的なイノベーション競争が激化した時期に、日本では安倍内閣が「アベノミクス」と称して、もっぱら「異次元の金融緩和」に狂奔し、いわゆる第3の矢の「成長戦略」でも、労働法制の岩盤規制の改廃などの目先の財界要求に迎合することに終始してきました。官庁エコノミストなどからも、安倍内閣の「成長戦略」は効果をあげていないなどと、たえず不満が漏らされるようになりました。

ドイツ政府の「Industrie4.0」の提起から比べると6年以上の遅れです。急激な進展しつつあるICT関連の技術変化の時代に、政府・財界の焦りは、想像に難くありません。

（2）　産業革命論としてではなく、社会変革論としての構想

第2の特徴は、「Society5.0」の「5.0」という意味は、狩猟社会、農耕社会、工業社会、情報社会に続く人類史上5番目の新たな経済社会のことだという点です。つまり、Society5.0という日本の戦略構想は、製造業や産業の変革であるだけではなく、社会全体を変革する構想だということです。

政府や財界のSociety5.0を論じた文書のなかで、たえず強調されているのは、Society5.0は、ドイツの提唱している「Industrie4.0」ではなく、それを含むもっ

とスケールの大きな日本独自の戦略構想だということです。

　　　「より具体的な構想としては、①狩猟社会、②農耕社会、③工業社会、④情報社会に続く、人類史上5番目の新しい社会、いわば『Society5.0』（超スマート社会）を、世界に先駆けて実現していくこと目指している。……。『Society5.0』は、『課題解決』から『未来創造』までを幅広く視野に入れた上で、革新技術の開発と多様なデータの利活用によって政府、産業、社会のデジタル化を進めるものであり、ドイツが進める『インダストリー4.0』の概念も包含しているものといえる」（『情報通信白書』2017年版、109ページ）。

　ドイツの「Industrie4.0」や中国の「中国製造2025（Made in China 2025）」などから立ち遅れたために、その「後塵を拝す」のではない"日本独自の構想"を提起したいという願望は、それなりに理解できます。しかし新聞記者は、スクープ競争で「他社に抜かれたら抜き返す」といいますが、技術革新や社会変革の構想においては、そう簡単に抜き返せるものではありません。

（3）　現実社会の変革方針なしの空想的な「未来社会」構想

　第3の特徴は、Society5.0で実現されるという人類の第5番目の社会である「未来社会」の完全な空想性です。Society5.0を最初に提起した「第5期科学技術基本計画」によると、Society5.0では、次のような「超スマート社会」が実現されると述べています。

　　　「必要なもの・サービスを、必要な人に、必要な時に、必要なだけ提供し、社会の様々なニーズにきめ細かに対応でき、あらゆる人が質の高いサービスを受けられ、年齢、性別、地域、言語といった様々な違いを乗り越え、活き活きと快適に暮らすことのできる社会」（同計画、11ページ）。

　まさに、社会主義・共産主義社会のような「未来社会論」です。

　さらに、最新の『経済財政白書』（2018年度版）では、副題に「今、Society5.0の経済へ」をかかげて、「Society5.0」の意義について、次のように説明しています。

　　　「ＡＩ、ロボット、ビッグデータなど近年急速に進展している第4次産業革命のイノベーションを、あらゆる産業や社会生活に取り入れる

ことにより、様々な社会課題を解決するのが『Society5.0』」(同書、217ページ)

「新技術の社会実装により、人口減少・高齢化、エネルギー・環境制約などの様々な社会問題を解決できる『Society5.0』の実現を進めていくことが重要である」(同書、292ページ)。

この「白書」の説明では、「Society5.0」は、人口減少・高齢化、エネルギー・環境制約など、なんでも解決できる"打ち出の小槌"のようなものになっています。

では、どうやってこうした夢のような「未来社会」＝Society5.0は実現できるのか。いいかえれば、Society4.0からSociety5.0への移行、社会の発展はどのようなものなのか、それが問題ですが、その点を検討するまえに、今日すでに到達しているというSociety4.0（情報社会）と、これから目標とする。Society5.0とはどこがどう違うのか、それを政府や財界はどのように説明しているのか、それをみておきましょう。

Ⅲ Society4.0（情報社会）とSociety5.0は、どこがどう違うのか

政府（内閣府）の広報資料の説明によれば、Society4.0（情報社会）とSociety5.0の違いは次のようになっています（図9）。

「これまでの情報社会（Society 4.0）では知識や情報が共有されず、分野横断的な連携が不十分であ

図9　政府・財界のSociety5.0のイメージ

出所：内閣府の広報資料（ホームページ）より。

るという問題がありました。人が行う能力に限界があるため、あふれる情報から必要な情報を見つけて分析する作業が負担であったり、年齢や障害などによる労働や行動範囲に制約がありました。また、少子高齢化や地方の過疎化などの課題に対して様々な制約があり、十分に対応することが困難でした。

　Society5.0で実現する社会は、ＩoＴ（Internet of Things）で全ての人とモノがつながり、様々な知識や情報が共有され、今までにない新たな価値を生み出すことで、これらの課題や困難を克服します。また、人工知能（ＡＩ）により、必要な情報が必要な時に提供されるようになり、ロボットや自動走行車などの技術で、少子高齢化、地方の過疎化、貧富の格差などの課題が克服されます。社会の変革（イノベーション）を通じて、これまでの閉塞感を打破し、希望の持てる社会、世代を超えて互いに尊重し合あえる社会、一人一人が快適で活躍できる社会となります」（内閣府広報「Society5.0とは？」）。

日本経団連の政策提言「Society5.0実現による日本再興～未来社会創造に向けた行動計画～」（2017年２月）でも、Society4.0（情報社会）とSociety5.0の違いについて、政府広報とほぼ同じように説明しています。

　「Society5.0は、ＩＣＴの活用による局所的な効率化を模索していた情報社会の延長線上には無い。現実空間の大量のデータを用い、サイバー空間上に現実空間の様々なものをつなげた精緻なモデルを構築し、高精度の実証と予測を行うことで、社会全体の最適化が実現する。ＡＩやバイオテクノロジー等の革新技術とも相まって生み出される価値は計り知れない。現下の超高齢化、災害やテロ、環境・エネルギー問題などの人類が直面する複雑かつ構造的な社会課題の解決、人々の多様なニーズを踏まえた新たな価値の創出や文化の創造、これまで人類が『制約』と考えていたものからの解放、などを通じた豊かで活力ある未来の創造を実現する」（経団連提言　2017年２月）

つまり、Society4.0（情報社会）とSociety5.0との違いは、これまでのSociety4.0には欠けていたＡＩとＩoＴとビッグデータという、いわばＩＣＴ革命の新段階を象徴する"３種の神器"がSociety4.0に新たに付け加わること、それがSociety5.0なのです。この"３種の神器"によって、現在のSociety4.0（情

報社会)はどのように変革されるのか。それは、結局のところ、「サイバー空間(仮想空間)とフィジカル空間(現実空間)を高度に融合」するということです。

Society5.0の最深の秘密は、「サイバー空間(仮想空間)とフィジカル空間(現実空間)の高度な融合」ということに行き着きます。これが、Society5.0を解き明かす重要なカギになります。

Ⅳ サイバー空間と現実空間の「高度な融合」とは何を意味するか？

安倍内閣・財界がかかげる「Society5.0」論の理論的な内容は、結局、突き詰めてみると、ＡＩ、ＩｏＴ、ビッグデータを活用して、「サイバー空間とフィジカル空間を高度に融合させる」ということにつきます。

これを示すのが政府の広報資料「Society5.0とは？」に掲げられた（図10）です。この図に添えて、次のような解説がなされています。

「Society5.0は、サイバー空間（仮想空間）とフィジカル空間

図10

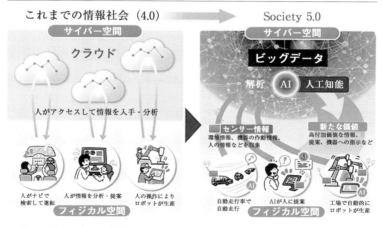

出所：内閣府の広報資料(ホームページ)より。

（現実空間）を高度に融合させたシステムにより実現します。これまでの情報社会（Society 4.0）では、人がサイバー空間に存在するクラウドサービス（データベース）にインターネットを経由してアクセスして、情報やデータを入手し、分析を行ってきました。Society5.0では、フィジカル空間のセンサーからの膨大な情報がサイバー空間に集積されます。サイバー空間では、このビッグデータを人工知能（AI）が解析し、その解析結果がフィジカル空間の人間に様々な形でフィードバックされます。今までの情報社会では、人間が情報を解析することで価値が生まれてきました。Society5.0では、膨大なビッグデータを人間の能力を超えたAIが解析し、その結果がロボットなどを通して人間にフィードバックされることで、これまでには出来なかった新たな価値が産業や社会にもたらされることになります」（政府の広報資料「Society5.0とは？」）。

　まず、ここで前提となっている「サイバー空間（Cyber-space）」とは、一言で言えば、「コンピューターやコンピューター・ネットワーク上において電子的に作られた仮想的な空間のこと」（『広辞苑』第7版）です。ＩＴ用語解説でも、ほぼ同じように、「コンピュータやコンピュータ・ネットワークのなかに広がるデータ領域」、「多数の人が利用できる情報を蓄積した仮想的データ空間のこと」と説明されています。※

　　※　英語のサイバースペースは、cybernetics（サイバネティックス、人工頭脳学）と space（空間）の合成語です。

　結局、「サイバー空間とフィジカル空間を高度に融合させる」ということは、現実空間から情報としてサイバー空間に集積されたビッグデータをAIが解析した結果として得られた解決策（ソリューション）を現実空間にフィードバックすることで、フィジカル空間（現実社会）のあらゆる諸課題（政治的経済的社会的な困難）が解決できるということのようです。

　しかし、結論を言えば、それは不可能でしょう。サイバー空間と現実空間の関係は、もともとそういう意味での「高度な融合」がおこなわれる関係ではないからです。その理由を、少し詳しく順を追ってみておきましょう。（以下、簡潔に箇条書きにする）

（1） サイバー空間は、現実空間のアナログ情報をデジタル情報に変換して反映する

　現実のフィジカル空間は、本来的にはアナログで連続的な性格をもっている。これにたいして、サイバー空間を構成する情報のほとんどは、現実空間のアナログ情報を不連続な性格のデジタル情報に変換して有限個のセンサーによってビッグデータとして集積した空間である。

　Society5.0は、「サイバー空間（仮想空間）とフィジカル空間（現実空間）を高度に融合させたシステム」というが、両者には、けっして「融合」できない質的な違いがある。「高度に融合」などというのは、言葉の上での単なるレトリック（修辞）にすぎない。

（2） サイバー空間は、限定的にしか現実世界を反映しない

　サイバー空間は、現実空間の情報をさまざまなセンサーを通してビッグデータとして集積することによって仮想空間を形成する。これは現実空間の「反映」ではあるが、現実空間のすべての情報を「反映」するものではない。あくまでも、有限個のセンサーがつかみ取った限定された量の情報が描き出す仮想データ空間である。これは、鏡に映った世界が現実世界を忠実に映し出すものではあるが、物質によって成り立つ現実世界のすべてをそのまま映し出すことはできないことと同じである。

（3） サイバー空間に集積する情報は、特定の発信者、受信者の支配するデータ空間である

　上述の「限られた数のセンサー」による情報であるということは、社会問題、すなわち政治的・経済的・社会的矛盾にかかわるデータについてサイバー空間を利用する場合には、とりわけ重要な意味を持ってくる。サイバー空間に映しだされる情報世界が特定のセンサー発信者の社会的特質（発信者が人ならその階級的立場）を反映することになるからである。しかも、将来はともかく、現在のサイバー空間は、けっして公共的な空間にはなっていない。巨大ＩＴ企業が支配するデータ空間になっている。

(4) サイバー空間から得られるソリューション（解決策）では現実社会の課題は解決しない

　Society5.0では、現実社会で発生する困難な問題をサイバー空間でＡＩが解析し、その回答を現実空間にフィードバックすることにより、「少子高齢化、地方の過疎化、貧富の格差などの課題が克服される」、また「超高齢化、災害やテロ、環境・エネルギー問題などの人類が直面する複雑かつ構造的な社会課題の解決」も図れるなどと言う。しかし、こうした想定は、まったくの幻想であり、空約束に過ぎない。仮に、サイバー空間のＡＩによる解析結果で得られた有効なソリューション（解決策）を現実社会にフィードバックしたとしても、実際にその解決策を実行するには、現実社会での政治的、経済的、社会的な活動が必要である。現実世界の課題の決着は、やはり現実空間で生身の人間がおこなわねばならない。ＡＩが人間に代わって社会を変革してくれるわけではない。

(5) 社会変革の契機を含まない「Society5.0論」では、現実社会は変えられない

　安倍内閣と財界の「Society5.0論」の致命的な欠陥は、現実世界の社会変革の契機を含んでいないことである。Society5.0の実体は、いわば、資本主義社会の基本的構造は何も変えないまま、それを前提として構想された「未来社会論」である。現実社会の政治的、経済的、社会的な課題を解決する政策、矛盾に満ちた現代の資本主義社会を変革し、新しい社会へ発展させる具体的な方策はいっさい示せないまま、ＡＩ、ＩｏＴ、ビッグデータによってサイバー空間にまかせておけば、「必要なもの・サービスを、必要な人に、必要な時に、必要なだけ提供」できる社会（Society5.0）になるといっても、肝心の日本社会そのものは、なにも変わらないであろう。社会変革の契機を含まない「Society5.0論」では、けっして現実社会は変えられない。現実社会の変革は、現実社会でないと実現できないのである。まさに、"ここがロドス島だ、ここで跳べ"である。※

　　※　ロドス島で大跳躍をしたという大ぼら吹きにたいして、それではここで跳んでみろと、人々が言ったというイソップ寓話。マルクスが『資本論』のなかで、搾取の秘密を解き明かすのに比喩として使った寓話として、よく知られている（『資本論』②、284ページ）。

（6） サイバー空間を活用する技術は、いまだ発展途上の課題である

　政府、財界の描く「サイバー空間と現実空間の高度な融合」論から離れて、サイバー空間を人間がどのように利用できるか、サイバー空間それ自体の活用について言えば、さまざまな可能性が考えられる。たとえば仮想現実感（VR＝ヴァーチャル・リアリティ）は、サイバー空間にあたかも現実世界のような環境を人工的につくる技術であり、「e－スポーツ」などもその応用だと言えるだろう。また拡張現実感（AR＝オーグメンテイッド・リアリテイ）は、VRよりさらに進んで、現実空間に仮想空間を重ね合わせて現実世界を拡張・増強する技術である。VRやARは、たとえば医療において微細な操作が必要な手術ロボットの操作などに活用されうる技術と考えられる。こうしたサイバー空間を活用する技術は、急速に発展途上にあり、新しい可能性を広げていくものと思われる。

　しかし、現在のサイバー空間には、危険な落とし穴もある。サイバー攻撃やサイバー犯罪など、情報セキュリティの点から見ると、きわめて脆弱な原理的な欠陥をもっている。このように、いまだ技術的に必ずしも完全なものにはなっていないサイバー空間に現実社会の課題を「丸投げ」して、AIによる「解決策」に、まるごとゆだねるわけにはいかないのである。

Ⅴ 「新自由主義」路線の破綻示す「Society5.0」論

　安倍内閣と財界は、いったいなぜ、Society5.0などという「未来社会論」を急にかかげるようになったのか。この点については、すでに本稿の第Ⅱ章第１項で、海外とりわけドイツや中国のAI、IoT、ビッグデータなどICT革命にかかわる国家戦略に立ち遅れたことからくる焦りについてふれておきました。

　しかし、それにしても、こうした国家戦略構想をめぐる国際的な潮流からの日本の立ち遅れは、いったいなぜ生まれたのでしょうか。その背景には、ちょうど21世紀に入るころから日本では国家戦略や国家の産業計画などを極力排する「新自由主義」イデオロギーの影響が強まったことがあります。

　安倍内閣の「成長戦略」は、日本経済の衰退を、「ヒト・モノ・カネの構造的な『澱み』」ととらえて、その「澱み」の原因は、国家が市場や企業に過剰

に介入するからだと主張し、国の「過剰規制」「岩盤規制」を撤廃し、国家的な産業戦略や長期経済計画などを廃止することが必要だと主張してきました。すでに、それ以前から自公政権は、「新自由主義」路線に沿って、21世紀初めの省庁再編では、国家的な経済計画の策定官庁であった経済企画庁を解体しました。しかし、こうした安倍内閣の「新自由主義」路線のレールの上での「成長戦略」は、海外諸国がＡＩ、ＩｏＴ、ビッグデータによるＩＣＴ革命の新たな段階のための国家的戦略を策定しはじめた時代の流れからみると完全に逆行していました。

いまいちど、冒頭にかかげた「政府・財界のSociety5.0に関する主要な文献」の表を一瞥してみましょう。政府の場合、かつての高度成長期のような国家的な社会経済計画のないまま、内閣府が主導して、文科省、総務省、経産省、財務省というように、各省庁がそれぞれの視点から、バラバラにSociety5.0構想を論じていることがわかります。

こうした政府の対応にたいして、日本経団連が2016年4月に発表した最初の提言「新たな経済社会の実現に向けて～『Society5.0』の深化による経済社会の革新～」が厳しい要求をしています。つまり、「Society5.0という新たな経済社会の実現」のためには、なによりもまず「5つの壁の突破」が必要だとし、その冒頭で、「第1に、『省庁の壁』の突破――国家戦略の策定と推進体制の一体化――」をあげているのです。

これまで一貫して「新自由主義」の立場から「市場に任せろ」「国は経済に介入するな」などと言い続けてきた財界の豹変ぶり、その手前勝手な要求にはあきれるばかりです。しかし、いずれにせよ、今の財界は、Society5.0の提言の中心課題として、強力な国家戦略の推進を求めています。

こうして、安倍内閣と財界のSociety5.0論は、安倍内閣の「成長戦略」の破綻、自公政権と財界が一体になって二十数年も推進してきた「市場万能主義」の破綻、「新自由主義」路線の行き詰まりを示しています。

しかし、安倍内閣と財界は、「成長戦略」の破綻や「新自由主義」路線の破綻を認めていないし、これからもけっして認めようとはしないでしょう。これまでの政策路線の真剣な総括、反省をするのではなく、なし崩しで、Society5.0などというＡＩ、ＩｏＴ、ビッグデータ頼みの、いかにも中途半端な「国家戦略」をかかげはじめているのです。

《第5章》「ＡＩ：未来社会論」批判

むすびにかえて ──「ＡＩ：未来社会論」の階級的本質

　Society5.0という名の「未来社会論」は、本章の第Ⅲ節で述べたように、結局、ＡＩとＩｏＴとビッグデータという"3種の神器"による社会変革論ということに帰着します。それは、さらにつきつめればＡＩを利用すれば社会を変えることができるという「ＡＩによる未来社会論」と言ってもよいでしょう。
　こうした思考方法に色濃く表れているのは、ＡＩがあれば何でもできるというＡＩにたいする異常なまでの過大な期待です。いわば一種の「ＡＩ物神崇拝」と言ってよいかもしれません。
　マルクスは、「宗教的世界の夢幻境」においては「人間の頭脳の産物が、それ自身の生命を与えられて、相互のあいだでも人間とのあいだでも関係を結ぶ自律的姿態のように見える」と述べています。そして、こうした「現実世界の宗教的反射」は、「物質的生産過程」が「自由に社会化された人間の産物として彼らの意識的計画的管理のもとにおかれるとき、はじめてその神秘のヴェールを脱ぎ捨てる」と述べています（『資本論』①、124、135ページ）。
　現代の「サイバー空間」は、人間の頭脳の産物である宗教的世界のような単なる観念的な空間ではありません。「サイバー空間」は、現実世界を反映する情報（データ）によって構成された空間であり、客観的に実在する「情報空間」です。その意味では、「情報空間」としての「サイバー空間」を有効に活用する試みは必要です。むしろ、「サイバー空間」やＡＩを積極的に利用すること、その方向を探究することは、21世紀の科学技術の新しい課題になっていると言ってもよいでしょう。
　しかし「経団連提言」が言うように、「サイバー空間上に現実空間のさまざまなものをつなげた精緻なモデルを構築し、高精度の実証と予測を行うことで、社会全体の最適化が実現する」などということには、決してならないでしょう。サイバー空間でＡＩが構築する「精緻なモデル」に、「社会全体の最適化の実現」を期待することはできないのです。
　Society5.0の実体は、いわば、資本主義社会の土台の上で構想された「未来社会論」です。つまり、現実社会においては生産手段を社会化せずに、資本主義的私的所有制度を永続させたまま、Society5.0なる「未来社会」を建設しようというものです。しかし、資本主義的搾取制度という生産関係、社会関係の

土台の上で、「必要なもの・サービスを、必要な人に、必要な時に、必要なだけ提供（する）」などという、夢のような社会が実現できるはずがありません。

　実際のフィジカル空間（現実空間）において未来社会をつくることができるのは、人間をおいてほかにありません。「ＡＩによる未来社会論」は、この現実世界の社会変革のたたかいにおいて人間の果たすべき役割を覆い隠し、未来社会をめざすために資本主義社会を変革する階級闘争を「仮想空間の夢幻境」のかなたに追いやるものでしかないのです。そこに、Society5.0という名の「未来社会論」の真の階級的本質があります。

《第6章》
唯物史観とICT革命の新段階
──生産力発展の「桎梏」となり、「劣化する資本主義」

　本章の課題は、AIの進化、ICT革命による生産力の発展(「生産と労働の社会化」)の桎梏となり、「劣化しつつある21世紀資本主義」をどのようにとらえるか、その理論的な意味を唯物史観とのかかわりで検討することです。

I　社会革命なしで「資本主義の終焉」を主張する幻想
　　── ポール・メイソン『ポスト・キャピタリズム』の場合 ──

　ちょうどAI、IoT、ビッグデータの世界的なブームが起こりはじめたころから、つまり21世紀を迎えて2010年代に入るころから、現代資本主義の「危機」や「終焉」や「限界」を論ずる著作が相次いで出版されるようになりました。こうした現代資本主義をめぐる議論に火をつけたのは、2013年にフランスで出版されたトマ・ピケティ氏の『21世紀の資本』でした。それ以後、邦訳された欧米の著作で、筆者が目にした現代資本主義論にかかわるものだけでも10指を超えます。これらの最近の欧米の出版界の「現代資本主義論」には、次のような共通した背景と特徴があります。

　第1に、2008～09年の世界的な金融危機以後の世界資本主義の長期的停滞、こうした資本主義の状態をつくりだしてきた「新自由主義」路線にたいする批判的傾向です。資本主義の「危機」、「終焉」、「限界」を論ずるさいに、「新自由主義」イデオロギー批判と連動させる論者が多いことが特徴的です。最近の現代資本主義論ブームのきっかけとなったピケティ『21世紀の資本』そのものが「新自由主義」政策によって資本主義の格差が拡大したことを厳しく批判した労作であったことは、よく知られています。

　第2に、最近の現代資本主義論では、21世紀に入って急速に進展しつつあるAIなどのデジタル技術の発展をとりあげ、それが資本主義のあり方に大きな変化をもたらしていると強調していることです。最近の現代資本主義論は、

ＩＣＴ革命、デジタル革命、コンピュータ革命など、その表現はいろいろですが、20世紀後半以降の科学・技術の発展による新たな産業革命（いわゆる「第４次産業革命」）を前提にしている論者が多いと言えます。

第３に、資本主義の矛盾の激化、危機の深刻化を論じて、資本主義に代わる新たな社会を展望するにさいして、もっとも重要な論点である社会革命の課題、とりわけ変革主体形成の条件を分析する視点が基本的に弱いことです。筆者は、21世紀資本主義を論ずるさいには、資本主義の矛盾が激化し、危機が深刻化しているにもかかわらず、資本主義に代わる新たな社会へ移行する社会革命が遅れ、とりわけ発達した資本主義諸国における変革主体形成の立ち遅れがあり、その原因を解明することこそ現代資本主義論のもっとも重要な課題の１つだと考えているのですが、そこに論点を据えた資本主義論はほとんどありません。

ここでは、最近の欧米の現代資本主義論の典型的な事例として、英国のジャーナリスト兼ブロードキャスターとして著名なポール・メイソンの『ポスト・キャピタリズム』（佐々とも訳、東洋経済新報社、2017年）をとりあげて、若干の感想的コメントを述べておきましょう。同書は、欧米ではベストセラーになっていると言われ、日本でも各紙誌が書評欄でとりあげています。

メイソンは、同書のプロローグのなかで、次のように述べています。

> 「昨今の危機は、新自由主義的モデルの終わりを意味するだけでなく、市場システムと情報を基盤とする経済とのずれが長く存在してきた現れでもある。私がこの本を書いた狙いは、なぜ資本主義に取って代わることが、もはやユートピア的な夢ではないのか、どうすれば既存のシステムの中で、ポスト資本主義経済の基盤を築くことができるのか、どうすればポスト資本主義経済を早急に普及させることができるのか、を説明することにある」（邦訳書、５ページ）。

メイソンは、こうした本書を書いた「狙い」を達成するために、第１部の「資本主義の危機と歴史の循環」では、資本主義の現状を第１章「新自由主義の崩壊」から開始して、第３章「マルクスは正しかったのか」など、もっぱらマルクスの資本主義認識を批判しながら、これまでの資本主義の歴史を振り返っています。ここでのメイソンの結論的命題は、「マルクスの危機の理論は不完全である。理論的に欠陥があり、」「1890年代にマルクス主義が残した資本主義の滅亡の兆候は誤りであったことが証明された」（114 〜 115ページ）ということに要

約できます。

　さらに、第２部の「機能しない情報資本主義と無料の世界」では、メイソンは、「ポスト資本主義の新しい包括的な理論を描く」として、次のような主張を展開しています。

　　「情報技術は、安定した形の資本主義を新たに創造することはない。情報技術は市場メカニズムを腐食させ、所有権を侵食し、賃金と労働と利潤との間の古い関係を壊している。情報技術が資本主義を消滅させつつあることを裏づける証拠がますます増えているのだ」（197ページ）。

　　「私たちが生み出したテクノロジーは資本主義とは共存できない。それは、資本主義が今あるような形をしているからではなく、おそらくどんな形をしていても共存できないだろう。資本主義はもはや技術的変化に適応できなくなる。だから、ポスト資本主義が必要となるのだ」（9ページ）。

　要するに、メイソンの主張は、「最新のテクノロジーは、資本主義とは共存できない」「資本主義の適応能力は限界に達し、すでにまったく新しい何かに変化しつつある」という１点に集約されます。

　第３部の「新自由主義からプロジェクト・ゼロへ」は、資本主義を超える経済への移行のための戦略プロジェクトを述べています。ここでは、「新自由主義」路線にたいする批判とともに、「20世紀の左派」や「古典的マルクス主義者」や「共産党の旧ビジョン」にたいする批判が展開されています。それら批判の１例をあげれば、次のような主張です。

　　「20世紀初期の社会主義者は、旧システムに下準備となるようなものは何もないと確信していた。……（中略）……適応力のある左派ができる最も勇敢なことは、その強い信念を捨てることだ。なぜなら、旧システムの中に新システムの要素を小さな単位で築くことは間違いなく可能だからだ。協同組合、信用組合、ピアネットワーク、非管理の事業、並行するサブカルチャーの経済などで、すでにその要素ができている」（397ページ）。

　メイソンの「ポスト資本主義」論には、さまざまな検討すべき論点がありますが、ここでは本章の主題にかかわる論点に絞って、次の３点をあげておきましょう。

第1に、メイソンは、「ポスト資本主義」論を理論的に立証するために、第3章「マルクスは正しかったのか」、第6章「無料の機械に向けて」などで、マルクスの「労働価値説」の紹介、その情報技術とのかかわりに相当な紙幅を割いています。しかし、資本主義的生産様式の要であるマルクスの「剰余価値説」はほとんど無視しています。したがってまた、メイソンの論ずる「資本主義」論は「資本家不在の資本主義」論、「搾取関係のない資本主義」論、「機械制大工業のない資本主義」論であり、突き詰めれば単純な「商品生産社会」論にほかなりません。いいかえれば、メイソンの資本主義観は「資本主義は市場という純粋な経済的なもので構成されている」という命題に尽くされているのです。

　第2に、メイソンの「ポスト資本主義」論は、「デジタル・テクノロジーは資本主義とは共存できない」という諸現象をもって新しい社会への移行がすでにはじまっているという、典型的な「社会革命なしの資本主義消滅」論です。コンピュータとネットワークによる非市場生産と非市場流通がポスト資本主義をもたらすということであり、デジタル・テクノロジーの発展によって直接的に新しい社会が出現するという、「生産力主義ユートピア」論の情報技術版にほかなりません。

　第3に、メイソンは、同書の最終章（第10章）で、「プロジェクト・ゼロ」と称して「ポスト資本主義」へ移行するための5つの戦略的原則を提案しています。その第3原則では「経済の移行だけではなく、人間の移行でもなければならない」と強調していますが、邦訳書で500ページ近いなかで、国家権力の移行——政治革命の必要性については、まったく口をつぐんでいます。つまり政治革命なしで、新しい社会がやってくるという戦略論です。メイソンの「プロジェクト・ゼロ」のなかには、「国家は巨大な経済主体である」などとして、「金融システムの国有化」などが入っていますが、国家の階級的性格についての検討はまったく欠けています。資本主義社会という階級支配のシステムが強固な階級的国家・イデオロギーで守られているという認識がまったく欠如しています。

　メイソンの「ポスト資本主義」論について3点のコメントをしましたが、その根源にあるのは、メイソンの「ポスト・キャピタリズム」論には、科学的な理論と方法による「資本主義」認識が欠けているということです。また情報技

術などの生産力の発展によって資本主義社会がなし崩しで新しい社会へ移行する、いいかえれば、生産力の発展によって資本主義は自動崩壊するというとらえ方です。

次節では、こうしたメイソン流の「資本主義」認識、「歴史認識」がいかに現実と乖離しているか、科学的な歴史発展の見方である唯物史観の視点から検討してみましょう。

Ⅱ 生産力発展の「桎梏」としての資本主義的生産関係
──「社会革命の時期」の到来、その遅れによる「外皮の腐敗」

21世紀資本主義は、機械製大工業の土台の上で、コンピュータリゼーションとAIの進化という新たな生産力基盤を構築し、新たな「生産の社会化」の技術的な条件を生み出しつつありますが、それは直ちに資本主義的生産様式に代わる新たな生産様式をもたらすわけではありません。AI、IoT、ビッグデータ、クラウド、ブロックチェーンなどなど、資本主義のもとでの生産力の発展は、あくまでも「資本の生産力」という枠組み、「資本主義的生産様式」という枠組みから外れるわけにはいかないからであり、それらの枠組みは、資本主義的体制の支配層の階級的利益を守るために、国家・上部構造・イデオロギーによって頑強に保護されているからです。

人類史的な視野に立って考えるなら、21世紀の新しい生産力基盤は、当面は「資本の生産力」として、世界的な生産の拡大、相対的剰余価値生産の拡大、利潤増大の源泉になっており、世界資本主義の危機の一時的な回避、延命の役割を果たしています。しかし、その生産力の発展は「生産の社会化」をいっそう高い段階に進めることによって、すでに時代遅れとなりつつある「生産関係」＝資本主義的な利潤追求のための生産関係との矛盾を深めています。その矛盾は、マルクスが予見した「資本主義的生産諸関係が生産諸力の発展諸形態からその桎梏に逆転する」という新しい時代へ入りつつあることを示しています。

マルクスは、唯物史観の定式を述べた命題のなかで、次のように述べています。
> 「社会の物質的生産諸力は、その発展のある段階で、それらがそれまでのその内部で運動してきた既存の生産諸関係と、あるいは同じことの法的表現にすぎないが、所有諸関係と矛盾するようになる。これらの諸

関係は、生産諸力の発展諸形態からその桎梏に逆転する。そのときから社会革命の時期が始まる。経済的基礎の変化とともに、巨大な上部構造全体が、徐々にであれ急激にであれ、変革される」（マルクス「『経済学批判』序言」〔大月書店、『資本論草稿集』③、205ページ、傍点は引用者）。

このマルクスの簡潔な定式を読むときに見落としてならないのは、生産諸力と生産諸関係の「桎梏」が直ちに「新しい生産様式」を生み出すのではなく、そのためには「社会革命の時期」が必要であるということです。「社会革命」なしで資本主義が自動崩壊して、なし崩しで新しい社会が生まれるわけではありません。どんなに生産力の発展と生産関係との矛盾が激しくなっても、国民の社会変革へ向けての主体的な意思が成熟しないならば、資本主義社会の変革は後延ばしされ、資本主義はズルズルと続いていくことになります。

この点については、20世紀初頭に、レーニンも明確に指摘しています。レーニンは、『帝国主義論』の最終章の末尾の部分で、「生産の社会化と生産諸関係の矛盾」について述べた後で、次のように指摘しています。

「……そのときには、生産の単純な『絡み合い』ではなく、生産の社会化がわれわれの目の前に現われるということ、私経済的関係と私的所有の関係は、もはやその内容にふさわしくない外皮をなすこと、そしてこの外皮は、その除去を人為的に引きのばされても、不可避的に腐敗せざるをえないこと、（最悪の場合に日和見主義の腫れ物の治癒が長びくと）その外皮も比較的長いあいだ腐敗したままの状態にとどまりかねないが、しかしそれでもやはり不可避的に除去されるであろうことが、明白になるのである」（国民文庫『資本主義の最高の段階としての帝国主義』、164ページ）。

レーニンは、資本主義という社会制度が限界にきても、その変革が引き延ばされ、新しい社会への移行がすすまないならば、不可避的に外皮の「腐敗」が起こると述べ、さらに「腫れ物の治癒が長びくと、その外皮も比較的長いあいだ腐敗したままの状態にとどまりかねない」と念を押しています。

さらに、レーニンは『帝国主義論』の第8章では「帝国主義の寄生性と腐朽」というとらえ方もしています。レーニンが使っている「腐敗」、「腐朽」という用語は、当時の20世紀初頭の資本主義の歴史的な特質と結びついており、たとえば労働運動内の右翼的な日和見主義潮流への批判を重要な内容としていま

した。21世紀の資本主義の歴史的条件とはかなり異なっています。

　レーニンがこう述べてから100年以上がたった今、世界史的な視野でみるなら、資本主義の客観的な矛盾は累積し「腐敗」現象（本稿で言う「劣化」現象にあたる）が広がっていますが、資本主義に代わる未来社会をめざす社会変革の主体的形成は立ち遅れています。

Ⅲ 「劣化する資本主義」の諸現象
　　── 経済的土台・上部構造・イデオロギー
　　〈「資本の生産力」であることによる「生産力利用の歪み」の拡大〉

　前節では、唯物史観の一般的な法則として、新しい社会への移行が阻止される場合には、旧い資本主義的生産関係が「劣化しつつ延命する」ことを見ました。そこで指摘したことは、21世紀資本主義のもとでは、現実的な現象として現われはじめています。まさにそれが本章の主題である「劣化する資本主義」の諸現象です。

　では、「劣化する資本主義」という場合、その諸現象は、どのような分野に具体的に現われているのか。今後さらに、どのような分野に現われてくる可能性があるのか。「資本主義の劣化」現象は、さまざまな分野、さまざまな場面で起こっており、それらを網羅的に示そうとすれば、それだけで長文の論文が書けそうです。ここでは、とくにＡＩの進化とのかかわりにしぼって、いくつかの象徴的な「劣化」現象を事例的にあげるにとどめておきましょう。

　まず経済的土台における資本活動（企業経営）の領域では、「資本の生産力」として生産力を利用しようとすることからくる「生産力利用の歪み、ひずみ」の拡大です。

《ＡＩの軍事利用の危険性》
　なによりもまず、ＡＩ搭載の軍事用の殺人ロボットや無人戦闘機の開発など、科学・技術の軍事利用の新たな展開の問題があります。

　2015年7月の国際人工知能会議（ＩＪＣＡＩ）では、ＡＩ搭載の自律型兵器の禁止を求める著名人の公開書簡が発表されました。これには、2018年3月に亡くなった天体物理学者のスティーブン・ホーキング博士、言語学者の

ノーム・チョムスキー氏、アップルの共同創設者であるスティーブ・ウォズニアック氏などが署名しています。書簡は「核兵器と違い、自律型兵器は高価または入手困難な原料を必要としないため、至る所に普及する。そして主要な軍事大国なら、安価で大量生産できるようになるだろう」と、その危険性を指摘しています。

《大量失業社会、労働条件悪化の危険性》

ＡＩの進化は、企業の利潤追求の手段となり、もっぱら人減らし「合理化」による失業増大、賃金抑制がすすむ危険があります。ほんらいなら社会全体の労働時間短縮のための条件となるべき技術的発展がＡＩ「合理化」の道具になり、大量失業社会をもたらす危険です。ＡＩは、高度に知的な専門的な仕事をも代替して、人間より高速、低価格で生産ができるようになります。そうしたＡＩの技術を「資本の生産力」として利用するならば、21世紀資本主義は、人類にとってけっして望ましい結果にはならないでしょう。

《ブロックチェーンによる投機活動の拡大》

ブロックチェーンの技術を利用したビット・コインなどの「仮想通貨」は、本来の商品取引や金融取引の決済資金として使われるのではなく、もっぱら投機的資産として利用され、また脱税、マネーロンダリング（資金洗浄）、テロ資金供与など不正な利用も増加しています。ここには、ブロックチェーンという技術が、「資本の生産力」のもとでは、いかに歪んだ利用になるかを示しています。

《「監視社会」とサイバー攻撃》

21世紀資本主義の生産力基盤にとっては、個人情報・企業情報を含む大量・多種・増殖するビッグデータの利用が不可欠の前提となっています。ＡＩ技術を用いたデータの自動解析技術によって、プライバシーやセキュリティーなど個人の日常生活に不可欠な権利・保護がないがしろにされる危険があり、知らず知らずのうちに「監視社会」が形成されます。また、ビッグデータが流通・処理される過程はブラックボックス化する危険があります。つまり、21世紀の生産力基盤そのものなかに、人間の可視化できない領域が組み込まれる構造

になっています。

　資本主義企業経営を危機にさらすサイバー攻撃の問題は、コンピュータ技術の不可視性（invisibility）が前提になっています。そのために、コンピュータ技術を前提とする限り、サイバー攻撃から資本主義的営利企業を防ぐ方法はないともいわれています。サイバー攻撃の問題は、コンピュータ技術による生産力を「資本の生産力」という狭隘な枠に閉じ込めようとする生産力利用の構造と関係しています。

《上部構造の劣化現象》
　21世紀資本主義の新しい生産力基盤を「資本の生産力」として利用・展開することにともなう経済的土台における「劣化」現象は、上部構造である国家・社会制度・イデオロギーの分野に反映し、そこでは、よりいっそう目に見える形態で「資本主義の劣化」現象が現われることになります。

　国家・社会制度の面での「劣化」は、ケインズ主義から「新自由主義」への転換というイデオロギー的な背景もともなって、第2次大戦後に資本主義国家が体制維持のために形成してきた修正資本主義的な諸装置・制度の後退、反動的な改悪として現われているのが特徴です。

　たとえば、《「**福祉国家**」**の劣化**》があります。短期的な利潤追求による労働条件の悪化（劣化）、労働法制の改悪（劣化）、社会保障制度の改悪（劣化）によって、格差と貧困が拡大しています。とりわけ女性や若者の生活条件の悪化（劣化）によって、出生率の低下という社会的危機も深まっています。

　「福祉国家」の劣化は、《「**租税国家**」**の劣化**》とも表裏の関係にあります。資本主義各国の企業や指導者らのタックスヘイブン（租税回避地）利用の実態を暴いたパナマ文書は、現代国家の財政破たんの根源にある脱税・漏税・不公平税制による「租税国家」の劣化ぶりを示しました。

　財政政策とともに現代の経済政策の手段であった金融政策・通貨政策も、最新のコンピュータを駆使した投機資本の活動によるカジノ（賭博）資本主義化に浸食され、異常な金融緩和とマイナス金利などという《**金融政策の劣化**》を余儀なくされています。

　資本主義諸国の政界、業界などにおいては、悪質な汚職・賄賂・腐敗・不正も広く蔓延しはじめており、議会制民主主義の危機、とりわけ資本主義体制の

支配者層のなかでの民主主義的な感覚の劣化、《**民主主義の劣化**》が、資本主義諸国の共通の現象となっています。

さらに、「劣化する資本主義」の頂点には一握りの富裕者層への富の集中、それにともなう、特権的支配層の《**道徳的感覚の劣化**》もすすんでいます。

こうした上部構造・イデオロギーにおける「劣化」現象は、経済的土台の矛盾を直接的に反映するものではないので、それ独自の分析が求められることは言うまでもありません。

最後に付け加えるならば、近年目立ってきたさまざまな異常気象、頻発する自然災害も、その多くは単なる自然現象ではなく、野放図に発展する生産力を適切に管理できなくなっていることから起こっている人災であり、資本主義的生産様式の劣化の現われとしてとらえることができるでしょう。

Ⅳ　資本主義の延命（劣化）を許している歴史的諸条件

資本主義の各分野で現われている「劣化」現象は、たんなる一時的な政策の失敗や循環的な景気変動によって起こっているのではありません。より長期的な時代の特徴、21世紀資本主義の歴史的特質としてとらえられるべきでしょう。資本主義のもとでつくりだされた生産力の条件から見るならば、すでに新しい社会への移行の物質的諸条件を整えつつあるにもかかわらず、現実には資本主義的生産様式が延命しているという歴史的条件のもとで起こっている特殊な時代の特徴です。

資本主義という生産様式、それを基礎にする社会制度は、どんなに矛盾が激しくなっても、自動崩壊して、なしくずしで新しい社会が生まれることにはなりません。この点では、本章の第Ⅰ節でとりあげたメイソン『ポスト・キャピタリズム』のような「社会革命なしのポスト資本主義」の立場には賛同できません。どんなに客観的な矛盾が激しくなっても、国民の社会変革へ向けての主体的な意思が成熟しないならば、資本主義社会の変革は後延ばしされ、資本主義はズルズルと続いていくことになるでしょう。資本主義という社会制度の「しぶとさ」について、筆者自身、かつて次のように述べたことがあります。

　　「資本主義的生産様式が矛盾を深めて行き詰まり、いかに危機に陥ろうとも、その上部構造である国家と階級支配のシステムは、しぶとくて、

頑強である。資本主義社会の支配階級は、最先端の科学技術を利用した『資本の生産力』によって巨額の利潤を独占し、国家機構、イデオロギーなどの階級支配の道具を駆使して、被支配階級・階層間の団結を撹乱し、支配体制を維持・強化してきた。資本主義的生産様式がいかに危機に陥ろうとも、自ら進んで階級支配の座を明け渡すようなことはしないであろう。その意味では、資本主義という社会制度を、決して甘く見ることはできない」(拙稿「進化するAI、ICT革命の新たな段階」(『経済』、2018年2月号、95ページ))。

では、現代の資本主義(とくに20世紀後半から21世紀の資本主義)について、客観的な矛盾がはげしくなっているにもかかわらず、資本主義社会の変革が後延ばしされ、資本主義がズルズルと続いている歴史的な条件をどのようにとらえるか。筆者は、資本主義の延命を許している条件(「劣化する資本主義」の条件)について、筆者なりにいくつかの論点を指摘したことがあります(拙著『「資本論」を読むための年表』の第3章「20世紀末～

表10 資本主義の延命を許している条件(「劣化する資本主義」の条件)
　　　── 20世紀後半(第2次世界大戦以降)の世界資本主義

①戦後資本主義体制の維持・延命・機構の形成
○国内──「福祉国家」体制による社会統合
○国際──軍事同盟強化、地域連携(日米同盟、EU)
○ブルジョア・イデオロギーの強化、マスメディアなどの発展
(ケインズ主義から「新自由主義」潮流への展開)
②旧帝国主義体制の崩壊・世界市場の拡大
○植民地の独立・多数の新興資本主義国の形成
○(ソ連崩壊以後)市場移行国の増大・世界市場の外延的拡大
○新興国の本源的蓄積・産業革命・人工増大・多国籍資本の参入
③「生産力の発展」による経済的矛盾の一時的吸収──ICT革命の展開
○ICT(情報通信技術)など、科学・技術の新たな発展
○体制崩壊的な危機繰り延べの搾取条件、新たな絶対的・相対的剰余価値の獲得
○新たな価値実現と資本蓄積の条件(金融資本主義の発展)
○「新自由主義」路線による搾取体制の強化
④変革主体の未形成──理論・イデオロギー的な混迷
○ソ連・東欧「旧社会主義」崩壊(1991)後の混迷から立ち直れていない
○労働者階級の運動の困難、組織の後退
○国際的運動の団結の困難──中国「社会主義」の進路の不透明
(国際路線の「非社会主義的傾向」・強権的政治・国内の「腐敗」)

出所:拙著『資本論を読むための年表』(2017年、学習の友社)に掲載の表を補正。

21世紀初頭の資本主義」、93ページ以降を参照)。

　本章の主題とのかかわりでは、(表10)の第3項目であげた「生産力の発展による経済的矛盾の一時的吸収——ＩＣＴ革命の展開」が重要です。生産力の発展が資本主義の延命の条件になっているとみることは、資本主義的生産関係が生産力発展の「桎梏」になっているとみることと矛盾する見方のように見えるかも知れません。しかし、現実の資本主義のもとでの「資本の生産力」の発展は、常にこうした二面的な性格をもっています。

　21世紀の現代社会が資本主義的生産様式のもとにある限りは、それが生産力発展の「桎梏」になっているとしても、「資本の生産力」であり続けることが変わるわけではありません。そのために、先に述べたように「生産力発展のゆがみ」、「生産力利用のひずみ」が深刻になるのです。

むすびにかえて —— 21世紀資本主義と労働者階級

　資本主義の延命を許し、劣化しつつも継続している要因の1つは、資本主義に代わる新しい社会をめざす社会変革の主体形成の立ち遅れです(別表の④)。その背景には、国際的にソ連・東欧諸国の「旧社会主義」崩壊(1991)後の混迷から立ち直れていないこと、国際的運動の団結の不在——中国「社会主義」の進路の混迷(国際路線の「非社会主義的傾向」、国内の強権的政治など)、労働者階級の運動の困難、組織の後退などなど、複雑な歴史的事情があると思われます。

　変革主体にかかわる理論・イデオロギー的課題としては、21世紀資本主義のもとでの労働者階級論の新たな展開が求められます。『資本論』で解明された19世紀——20世紀前半の機械制大工業を生産力基盤とした労働者階級論を継承して、20世紀後半——21世紀の「機械制大工業＋ＩＣＴ」を生産力基盤とする労働者階級論の新たな展開が必要です。そのためには、『資本論』の「労働過程」論——「機械制大工業」論——「資本蓄積」論などの理論的達成を継承しつつ、それにとどまらずに、さらにその創造的な展開が求められます。

　ＩＣＴ革命が発展し、生産過程の自動化がすすみ、各工程が情報ネットワークによって結び付けられるようになり、一見すると、労働者はばらばらに切り離されているかのようにみえます。しかし、決して労働が分断され、個別化し

ているわけではありません。現代の「生産と労働の社会化」は、かつてのような工場のなか、地域のなかでの形態だけでなく、情報ネットワークによって社会的規模（世界的規模）にまで発展しつつあります。労働者階級の結集と団結を強めるためには、労働者の立場から独自のネットワークを形成していくことが必要になっています。

　21世紀資本主義から未来社会を展望するためには、唯物史観の立場から、ＩＣＴ革命のもとでの労働者階級についての新しい理論的探究が求められています。

　21世紀の労働者階級論について、ここでＡＩの進化とのかかわりについてだけ述べるなら、労働時間の大幅な短縮の問題があります。もちろんこれは労働時間短縮の技術的条件が生まれるということであり、資本主義社会のもとでそれを実現するためには労働者階級の粘り強い運動が必要であることは言うまでもありません。労働時間の短縮を実現するならば、それは労働者にとって生活時間・余暇時間の増加を意味します。ＡＩの進化は、労働過程における労働時間短縮の可能性を生み出すとともに、労働者階級の生活・余暇活動にたいしても、新しい可能性を作り出します。ＡＩの進化は、消費生活や余暇活動のためにも新しい"知的道具"を提供するからです（この点については、第Ⅲ部第９章でとりあげます）。

《補論１》
「仮想通貨」についての視点
—— 『資本論』第Ⅱ巻の「貨幣＝空費」の規定

　「仮想通貨」の問題がわかりにくいのは、今なぜ急に「仮想通貨」が注目されるようになり、今なぜ「仮想通貨」が投機の対象になるのかということが、あまり理論的に解説されていないからです。

　「仮想通貨」問題の本質をつかむには、『資本論』第Ⅰ巻の貨幣論ではなく、『資本論』第Ⅱ巻の貨幣論から考えることが必要です。しかし、マルクス経済学の立場からの「仮想通貨」の解説では、もっぱら『資本論』第Ⅰ巻第1篇「商品と貨幣」における貨幣論の規定から「仮想通貨」を解説しようとするために、「仮想通貨」問題の本質から外れた分かりにくい説明になっています。

（1）　『資本論』第Ⅱ巻の貨幣論
　　　　——「社会的富からの控除」、「空費」としての貨幣

　資本主義社会で貨幣が果たしている役割には２つの側面があります。

　１つは、貨幣によって、商品の価値を測ったり、商品の売り買い（交換）がなされたり、支払を決済することができるということです。ここでは、それを資本主義社会における貨幣の《積極的な役割》と呼んでおきましょう。マルクスが『資本論』第Ⅰ巻第1篇第3章「貨幣または商品流通」で解明している貨幣論は、この資本主義社会で《積極的な役割》を果たしている貨幣です。そこでは、①価値尺度機能、②流通手段機能、③本来の貨幣（支払手段）の機能、という３つの視点から貨幣論が展開されています。

　こうした《積極的な役割》については、われわれは日常的にお金を使っているので、よく理解することができます。貨幣の機能は、資本主義社会では、そのまま貨幣資本の機能に引き継がれて、資本の活動にとっても不可欠の重要な役割を果たしています。

　しかしマルクスは、『資本論』第Ⅱ巻では、資本主義社会における貨幣のもうひとつの役割について論じています。すなわち『資本論』第Ⅱ巻第1篇第6

章第1節「純粋な流通費」の第3項「貨幣」のなかで、マルクスは、次のように述べています。

> 「資本主義的生産の基礎上では、商品が生産物の一般的姿態になり、また生産物の圧倒的な量が商品として生産され、それゆえ貨幣形態をとらなければならないのであるから、……流通手段、支払手段、準備金などとして機能する金銀の数量もまた増加する」。「貨幣商品としての金銀は、社会にとっては、生産の社会的形態からのみ生じる流通費を形成する。それは商品生産一般の"空費"であり、この空費は、商品生産の、またとくに資本主義的生産の、発展につれて増大する。それは、社会的富のうち流通過程の犠牲に供されなければならない一部分である」(⑤、213ページ)

このように、資本主義社会では貨幣はなくてはならないものではあるが、しかし、それは、「社会的富からの控除」であり、「空費」(無駄)なので、できるだけ少なくてすませられれば、それに越したことはないという《消極的な役割》も持っています。

もちろん『資本論』第Ⅱ巻の貨幣論は、基本的には金本位制を前提としており、信用貨幣(銀行券や銀行預金)による現金取引の大幅な節約なども想定していません。また現代資本主義の「管理通貨制度」のもとでは、貨幣取引のために金を日常的に使用するという意味の「社会的富からの控除」はなくなっています。しかしそれでもなお資本主義である限り、貨幣が原理的に持っている《消極的な役割》がなくなったわけではありません。

今、急に「仮想通貨」に注目が集まっている背景は、資本主義社会における貨幣には、本来的に「社会的富からの控除」、「空費」としての側面、《消極的な役割》があるからです。そして、コンピュータの発展によって、こうした《消極的な役割》としての貨幣を根本的に節約する技術的可能性が生まれてきました。それがブロックチェーンと言われる仕組みです。

(2) ブロックチェーンという新しい技術

21世紀に入るころから、コンピュータやインターネットの技術が飛躍的に発展し、そこからブロックチェーンという新しい技術が開発されてきました。

ブロックチェーンとは、商品や金融の取引をした場合に、インターネット

図11 ブロックチェーンの仕組み

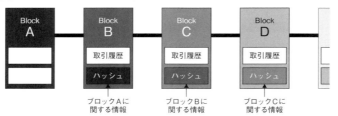

出所：拙稿「仮想通貨についての視点」(『商工新聞』2018年4月16日)。

で結びついた取引参加者のコンピュータ上に取引履歴（帳簿）を全員で持ち合う仕組みです。ブロックチェーンは、商品や金融の取引履歴を記録した多数のデータ（ブロック）を、チェーン状につらねて保存したものなので、ブロックチェーンと呼ばれます。それはまた多数のコンピュータに分散されて取引履歴が保存されるので、「分散型台帳」とも呼ばれています（図11）。

　ブロックチェーン（分散型台帳）による商品取引が普及するなら、中央集権的な貨幣発行・管理のシステムにともなうコストが大幅に軽減されます。伝統的な金融機関の仲介なしにネット上で決済や資金調達がおこなわれるようになり、「究極的には、銀行や証券会社そのものが必要でなくなるかもしれない」などとまで言われています。ブロックチェーンという技術を社会的に利用できるようになると、資本主義のもとで必要な「社会的空費」（無駄）としての貨幣を大幅に節約できる可能性が生まれてくるわけです。そこから、将来の展望を先取りする形で、ブロックチェーンを利用した「仮想通貨」への期待が膨らみ、われもわれもと投機的な資金が群がる異常な動きになっているわけです。

　また、こうした投機的な動きに拍車をかけているのは、「仮想通貨」に対する国家的規制が各国でほとんど確立していなかった、放任されてきたという事情もあります。つまりブロックチェーンは、ネット上の台帳に記載されているだけなので、本来の「貨幣ではない」ということで、これまでは、既成の貨幣としての規制をまったく受けないできたのです。

（3）　ブロックチェーンの不可視性。資本主義のもとでの限界

　ブロックチェーンによる取引システムの特徴は、もうひとつあります。すべての決済がインターネット上でコンピュータによってなされるために、通常の貨幣による取引や決済に比べて、まったく目に見えないという特徴です。この

《補論1》「仮想通貨」についての視点

ブロックチェーンの不可視性ということから、不正な取引が横行するという特徴も生まれてきます。たとえば、マネーロンダリング（資金洗浄）や脱税、横領の道具となり、さらにサイバー攻撃の対象にもなりやすいという特徴もあります。

ブロックチェーンを利用した商品や金融の取引は、既存の通貨や金融の法制度の対象外になるために、これまでは有効な規制がおこなわれてきませんでした。いいかえれば、ブロックチェーンを利用する「仮想通貨」は、従来の貨幣や金融の仕組みを使わないので、法の網の目にかからなかったのです。そのために、詐欺まがいの杜撰経営の交換業者が群がってきたのです。

もともと、資本主義的商品生産を前提として、貨幣だけをブロックチェーンを利用してなくそうという試み自体に無理があります。資本主義的生産関係を廃止した後でなら、ブロックチェーンによって貨幣に代わる流通ができるかもしれませんが、資本主義の土台の上では、貨幣をなくすことはできません。ブロックチェーンという新しい技術も、投機の材料になるか、不正取引の道具になってしまうのです。

（4）　G20では、「通貨」と認めず、「暗号資産」と規定

2018年3月に開かれたG20（20ヵ国・地域財務相・中央銀行総裁会議）では、「仮想通貨」問題を議論し、それを規制する課題を初めて共同声明に盛り込みました。発表された共同声明では、「仮想通貨」とは呼ばずに、「暗号資産」※と表記して、「暗号資産は通貨としての主要な特性を欠如している」と明記しています（表11）。この点は、日本の資金決済法（2017年改正法）で「仮想通貨」という用語を明記し、法定通

表11　G20の共同声明──「暗号試算（仮想通貨）」の項
　　　（2018年3月20日、ブエノスアイレス）

> 暗号試算の基礎となる技術を含む技術革新は、金融システムの効率性と包摂性及びより広く経済を改善する可能性を有している。
> しかし、暗号試算は、現実には、消費者及び投資家保護、市場の健全性、脱税、マネーロンダリング、さらにテロ資金供与に関する問題を提起している。
> 暗号試算は、国が保障する通貨の主要な特性を欠いている。暗号試算は、将来、金融安定に影響を及ぼす可能性がある。
> 我々は、暗号試算に適用される形でのFATF（金融活動作業部会）基準の実施にコミットし、FATFによるこれらの基準の見直しに期待し、FATFに対し世界的な実施の推進を要請する。国際基準設定主体がそれぞれ暗号試算及びそのリスクの監視を続け、多国間での必要な対応について評価することを要請する（財務省の仮訳をもとに要約）。

貨（円、ドル、ユーロなどの通貨）に準ずる支払い手段として公認しているのとは対照的です。

　※　ちなみに、「暗号資産」は英語では、crypto‒assetsと表記されています。

　さらにＧ20声明では、「消費者及び投資家保護、市場の健全性、脱税、マネーロンダリング、並びにテロ資金供与に関する問題」が生まれていると指摘しています。そのため、「暗号資産」としての活動にたいして監視を強め、規制強化の国際基準を整えると述べています。しかし、同声明では、「暗号資産の基礎となる技術を含む技術革新が、金融システムの効率性と包摂性及びより広く経済を改善する可能性を有している」ことも認めています。

　こうした世界の潮流のなかで、日本では、先に述べたように、安倍内閣が法的に「仮想通貨」を定義し、その取引に国家的なお墨付きを与えてきました。日本の「仮想通貨」の取引業者のなかには改正資金決済法を「仮想通貨法」と呼んで顧客に宣伝し、投機活動をあおりたてる者もあるなど、日本は世界有数の「仮想通貨」投機市場となってきました。Ｇ20声明を受けて、ようやく日本でも、安倍内閣は2019年３月に、「仮想通貨」という用語を使うのをやめて、「暗号資産」という呼称にする法改正（金融商品取引法と資金決済法の改正）の法案を決定しました。しかし、この改正法が成立しても、その施行は2020年６月までにということなので、法律上はそれまで「仮想通貨」の呼称が続くことになります。

　このような経過から見ても、日本において「仮想通貨」をめぐって異常な投機活動が横行したのには、安倍内閣の政治責任がきわめて大きいと言わねばなりません。

先の第Ⅰ部では、21世紀資本主義の生産力基盤である機械制大工業とＩＣＴ革命が結合した意義、機械工業の原理とデジタル化の原理が結合した意義について解明してきた。第Ⅲ部では、ＩＣＴ革命によるコンピュータリゼーションのもとでの労働の変化、とりわけ今後予想される急速なＡＩの技術的な進化にともなう労働過程の変化について、その問題状況を検討し、あわせて今後の研究課題を提起する。

　ＡＩの本格的な企業・産業・社会への応用は、まだはじまったばかりであり、その労働過程への全体的な影響は、いましばらく事態の推移を見据えたうえでの深い検討が必要だろう。そこで、第Ⅲ部の各章では、ＡＩと労働過程について解明すべき問題の全体的な特徴、解明すべき論点の所在をできるだけ総括的にとらえて、ＡＩと労働過程をめぐる多岐にわたる論点の総論的な見取り図を描いてみる。

《第7章》
コンピュータ、AIの利用による労働過程の構造変化

　第7章では、コンピュータとAIによる労働過程全体の内的構造の変化を、主として労働手段と労働対象の面から分析する。コンピュータとAIによる労働の変化の検討のためには、それに先立って労働過程全体の分析、とりわけ労働手段の分析が前提になるからである。AIの利用は、接客労働などの対人関係における労働や知的・創造活動の面で大きな変化をもたらすのであり、その特徴を解明することが必要であるが、それは第8章以降で具体的にとりあげるので、本章では扱わない。

I 労働過程の基本構造 ──『資本論』の「労働過程」分析

　マルクスが『資本論』第Ⅰ巻第5章第1節「労働過程」で解明した労働過程とは、人間が自然素材を自分自身のために使用しうる形態で取得するために、労働力を使用して合目的活動によって使用価値を生産する過程である。労働過程の基本構造は、①直接的生産者の労働、②労働手段（道具や機械）、③労働対象、の3つの基本要因からなる（図12）。労働手段と労働対象は、生産物の視点から見るならば、生産的労働に対応する生産手段として一括してとらえることができる。

　資本主義的商品生産においては、労働過程は同時に価値・剰余価値の生産過程であり、資本主義的搾取関係が生成・発展する原点である。マルクスは『資本論』のなかで、労働過程における肉体労働と精神労働の分離は、資本主義的労働過程が同時に剰余価値の増殖過程でもあるという生産関係（搾取関係）の特質とかかわっていることを強調している。

　しかし、労働過程は、とりあえずは価値・剰余価値生産としての側面を捨象して分析することができる。マルクスは、次のよう

図12
労働過程の
基本構造

に述べている。

> 「使用価値または財貨の生産は、資本家のために、資本家の管理のもとで行なわれることによっては、その一般的な本性を変えはしない。それゆえ、労働過程は、さしあたり、どのような特定の社会的形態にもかかわりなく考察されなければならない」(②、304ページ。原書、192ページ)。

労働過程の基本構造は、図のように表される。こうした労働過程の基本構造は、社会存立の基礎であり、あらゆる人間社会に共通しているといえる。ここで、留意すべきことは、次のような点である。

第1に、労働過程は、人間と自然との物質代謝を媒介するもっとも中心的な行為であり、外的自然を変化させて人間にとっての有用物を生産すると同時に、人間自身の能力を新たに開発・発展させることができる。言い換えるならば、労働過程は、自然の生産力と人間自身の生産力の両面から時代の生産力の水準を表している。

第2に、労働過程の諸要因のなかで、「労働諸手段の使用と創造」は「独自的人間的労働過程を特徴づけるもの」であり、「なにがつくられるかでなく、どのようにして、どのような労働手段をもってつくられるかが、経済的諸時代を区別する」、「労働諸手段は、人間労働力の発達の測定器であるばかりでなく、労働がそこにおいて行なわれる社会的諸関係の指標でもある」(『資本論』②、307ページ)。

第3に、労働過程における労働手段と労働の生産力を発展させるうえで、自然科学・技術学の応用は決定的な役割をもっている。資本主義において機械工業の原理が確立したことは、労働過程に自然科学・技術学の応用を不断の課題とすることを意味した。マルクスの「機械」についての研究は、同時にまた、資本主義的労働過程における「自然科学・技術学」の持つ意義の研究でもあった。いいかえるならば、資本主義的生産様式においてはじめて、「自然科学・技術学」が生産過程の内的要因として発展するようになるのである。

第4に、マルクスは『資本論』第Ⅰ巻の労働過程論では、物的な商品を生産する価値対象性を前提としており、サービス労働の労働過程は論じていない。したがって後述するように、ＡＩの産業応用でもっぱら問題となっている人と人とのコミュニュケーションにかかわる労働（たとえば接客労働など）は、『資本論』の労働過程論をサービス労働にまで拡張した理論展開が必要になってく

【第Ⅲ部】 ＡＩと労働過程の研究

図13 労働過程の変化

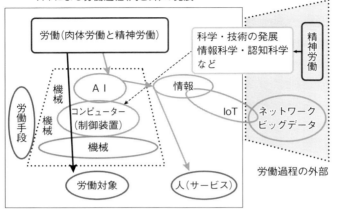

ＡＩは、労働過程の内部では、対人労働（サービス）を発展させるとともに、新たに情報（ビッグデータ）の役割を高める。さらに、IoTの発展によって、労働過程の外部のネットワークを介してビッグデータと結びつくようになる。

　第5に、マルクスは、『資本論』において「肉体労働と精神労働」の分化に言及しているが、その場合、範疇的には、職務分類と、仕事分類を区別せずに、両義で使っているように思われる。21世紀のＡＩの進化とコンピュータリゼーションのもとでの労働過程の研究では、すべての職務に含まれている仕事としての「肉体的作業」の要素と「精神的作業」の要素の研究（タスク分析）が必要になっている。この意味でも、ＡＩと労働過程の研究のためには、『資本論』の労働過程論をタスク分析の視点から拡張する理論展開が必要である。

　20世紀後半からのコンピュータの発展、インターネットの普及、さらに21世紀に入ってからのＡＩの進化（これはまだはじまったばかりである）は、資本主義的な労働過程に新しい構造的な変化をもたらしつつある。そうした労働過程の構造的な変化の特徴を総括的に示したものが（図13）である。

　労働過程の構造的変化をもたらしたものは、労働手段としてのコンピュータの進化・発展であり、それが労働過程の全体に大きな影響を及ぼしてきた。こうした労働過程の構造的変化は、21世紀後半には、ＡＩの進化によって、さらに進むと思われるが、すでに今日まででも、コンピュータの急速な発展と、その産業への応用によって、労働過程の構造は大きく変化してきている。そこで、次節では、こうした労働過程の変化をもたらしてきた「労働手段としてのコンピュータの特徴」について検討する。

Ⅱ 労働過程の内的構造の変化 ── 労働手段としてのコンピュータの特徴

　コンピュータは、もともとは高速な計算をする機械として発明されたのであるが、「機械工業の原理」と「デジタル化の原理」を結合した「情報処理のための機械」として急速に進化してきた。それは、これまでの機械にはない、新しい特徴をもっている。以下、その主要な特徴をあげておこう。

　①【デジタル化の原理による論理機械としての汎用性】
　第1に、労働手段としてのコンピュータの特徴は、デジタル化の原理による情報処理機械としての汎用性にある。コンピュータは、計算と論理を必要とするタスクであれば物的生産物の労働過程であれ、非物質的な対人関係の労働過程であれ、どこにでも入り込んでいく論理機械としての可能性をもっている。さまざまなタスクに含まれる計算と論理のアルゴリズムをコンピュータ言語でプログラミングすれば、またそれを高速で実行できる機械工学的技術が発達すれば、汎用機械としてのコンピュータはあらゆる論理的なタスクに代替できるからである。現実に、そのような汎用機械としてコンピュータは発展を遂げてきた。そしてコンピュータの論理機械としての汎用性こそ、どのような機械の自動制御系にもコンピュータが導入され、工場自動化を飛躍的に進化させてきた根源なのである（第8章第Ⅲ節を参照）。
　ただし「現在のAI」の論理機械としてのアリゴリズムは、もっぱらデータ間の相関関係の統計確率的分析であり、データ間の因果関係の論理的解明ではない。そこに「現在のAI」の論理機械としての限界、人間との違いがあることにも留意しておく必要がある。

　②【電波による情報の高速処理と高速通信との結合】
　第2に、デジタル化の原理（bit＝0と1への分割）は、電気現象の根源となる正（＋）と負（－）の電荷の流れに対応しており、電荷の流れの切り替え（スイッチング：電気回路における電路の開閉）を工学的に作り出すことによって、あらゆる情報を電子回路の運動に変換できることになる。コンピュータは、電気回路のスイッチングの機能を持つ大規模半導体集積回路（ＬＳＩ）の進歩と比例して、情報処理機械として飛躍的な発展をとげてきた。コンピュータが電

波による情報処理をおこなうことは、その処理能力が電波（電磁波）の周波数（Hz：ヘルツ）の次元の速度で発展することを意味する。ちなみに1ギガヘルツ（1GHz）は、1秒間に10億回操作することを表している。今日では、個人の有するパソコンでも数ギガヘルツ（GHz）の性能をもっている。

さらに、こうしたコンピュータの特徴（デジタル化の原理と電気現象の原理の結合）は、後述するように情報技術が高速通信技術と融合して、ＩＣＴ（情報通信技術）革命として発展することを可能にした。

③【情報処理過程の不可視性】

第3に、コンピュータでは、徹底的にデジタル化された情報がコンピュータの内部で電子的に高速処理されるために、その過程は、人間にはまったく不可視的なものとなる。

コンピュータの論理機械としての情報処理過程の不可視性という特徴について、いちはやく指摘したのは米国の情報倫理の研究者：J.H.ムーア教授（ダートマス大学）であった。ムーア教授は1985年に発表した論文「コンピュータ倫理とは何か？」のなかで、コンピュータ技術の革命的意義は2つあり、1つは、その機能の論理的柔軟性（*logical malleability*）、もうひとつは、その操作の不可視性（*invisibility*）にあると主張した。そして、この2つの特徴を持つために、コンピュータは、人間活動のあらゆる部面に浸透して社会のあり方を変革していく可能性を持っているとともに、同時に、さまざまな悪用の可能性も持っていると述べた（1985年のムーア論文については、すでに第3章第Ⅳ節で紹介した）。

④【集積性と分散・モバイル性】

第4に、コンピュータやＡＩは、集積性と分散性（モバイル性：可動性）という両極の傾向をもっている。コンピュータリゼーションは、一方では巨大で高額なスーパーコンピュータなどを備えたプラットフォームとして、他方ではダウンサイジング（サイズの小型化）によって自営業者の事務所や個人の書斎にも備えられる高機能のパソコンとして、相反する2つの方向で発展してきた。

たとえば理化学研究所と富士通が共同開発し、2012年に完成したスパコンの「京」は、浮動小数点数演算を1秒あたり1京回おこなう処理能力（10ペタフロップス）をもっていると言われる。その開発費は1,120億円で、年間

の運用費も80億円である。こうした巨大な高性能のコンピュータをプラットフォームとして装備した巨大なIT企業——たとえばアップル、マイクロソフト、グーグル、アマゾン、フェイスブックなどが急成長してきた。

　他方では、コンピュータのダウンサイジングも急激に進んできた。電子工学の進歩によって、大容量の記憶能力と、高速の計算能力をそなえたコンピュータが、10年前にはとても考えられないような低価格で手に入るようになってきた。

　コンピュータのダウンサイジングは、特定の目的を持ったあらゆる機械に装備することによって、モバイル性も備えることになった。無線技術の発達、大容量・高速のブロードバンドのインフラの整備によって、移動中、あるいは外出先でコンピュータを利用するモバイル・コンピューティング、屋外や滞在先、乗り物による移動中などに自分のコンピュータや情報機器をインターネットに接続するモバイル・インターネット、スマートホンが急速に普及してきた。米国のシスコ社の予測では、全世界のモバイル端末の数は2015年に79億個だったが、2020年までに116億個までに増加するとしている。

　そして、コンピュータには分散・モバイル性という特徴があるからこそ、コンピュータやAIが工場の外でおこなわれる対人関係の労働にとっての労働手段にもなるのである。

⑤【コンピュータのネットワーク化：インターネット】
　第5に、コンピュータによる情報処理技術と通信技術の融合は、インターネットという新しいグローバルな通信ネットワークをつくりだした。インターネットとは、複数のコンピュータを接続したネットワーク同士を接続したものであり、ネットワークのネットワーク（インターネットワーク）のことである。コンピュータは、スタンドアローン（ネットに繋いでいない単体のコンピュータ）でも、文書の作成やデータの管理など、さまざまなタスクをおこなうことができるが、ネットワーク・コンピューティングによって、その労働手段としての機能はいっそう進化することになった。

　コンピュータがネットワークと結びつくことは、労働過程の内と外とを結びつけることによって労働過程の新たな変化をもたらすが、この点はあらためて後述の第Ⅳ節でとりあげる。

Ⅲ　ＡＩの進化による精神的作業の代替可能性

　本書では、これまで「コンピュータとＡＩ」というように、「労働手段としてのコンピュータ」と相対的に区別して「労働手段としてのＡＩ」を位置づけてきた。ＡＩの進化過程から言えば、ＡＩもコンピュータの発展した形態であるが、これまでのコンピュータと区別してＡＩを独自にとらえるのには、次のような意味がある。

　「ＡＩの労働過程への応用」という場合は、ディープラーニング（深層学習）という新たなＡＩ技術の開発によって、ある定められた分野に限るならば、コンピュータの情報処理機械としての性能が人間の能力をはるかに超える段階に入り、従来はコンピュータによっては代替できなかった人間の精神的作業の一部までもが代替可能になりつつあることを意味している。

　ここで言う精神的作業とは、社会的な分業による職業としての精神労働を指しているのではない。具体的に言えば、科学、芸術、教育、政治・行政、経済管理などにかかわる知的労働や人間相互のコミュニケーション労働に従事する職種を意味する精神労働のことではない。あらゆる職業の労働において、それを個々の作業（タスク）単位に分解して見るならば、肉体的作業（タスク）の要素と精神的作業（タスク）の要素が含まれている。ここで言う精神的作業は、そうしたタスクとしての労働のことである。論理的作業をおこなうＡＩは、あらゆる人間労働に含まれる精神的作業の要素を代替する可能性があるのである。

　しかし、もちろん「現在のＡＩ」がすべての精神的作業を直ちに代替できるわけではない。本書で扱う「現在のＡＩ」は、あくまでも労働過程において人間を支援する役割を果たすＡＩであり、人間に代わって自律的に判断し、最終的な決定をおこなうＡＩを想定しているわけではない。

Ⅳ　労働対象としての情報
　　── ＩｏＴにより、労働過程が外部と繋がる技術的条件

　労働手段としてのコンピュータやＡＩが労働過程に加わってくることは、人間労働の活動を助けるだけではなく、労働過程の内的構造に新しい変化をもたらしてくる。コンピュータやＡＩによる情報処理のための対象として大量の情

報：ビッグデータがＩｏＴによって労働過程の情報と繋がってくることである。ビッグデータと繋がった情報がＡＩのための「労働対象」的な位置を占めることになる。（前掲の図13参照）

ビッグデータとは、たんに量的に大きなデータという意味ではない。ビッグデータの特徴と言われる３つのＶ「Volume・Variety・Velocity」（多量・多様・超速）がいずれも桁違いな規模になっているという意味もあるが、それだけではない。なによりも重要なビッグデータの特徴は、たんに集積された過去の情報という意味ではなくて、１秒ごとに膨張し続けているということである。地球上の膨大な数の企業の活動や、スマートホンからの個人情報を含むデータの規模は、日々刻々と膨張している。サイバー空間に日夜集積され、膨張し続けているのが、ビッグデータである。

ＡＩの利用による労働過程の変化は、労働対象として情報が加わってくることによって、労働過程の内部に労働過程の外部からの情報が入ってくるという新しい変化をもたらす。とりわけＩｏＴという新しい条件が生まれてきたことによって、労働過程は内と外がつながることになる。（図13参照）

ＩｏＴとは、英語の（Internet of Things）の３つの単語の頭文字をとった造語、「あらゆるモノをインターネットで繋ぐ」という意味である。しかし、ＩｏＴが有効に機能するためには、より高速・大容量の通信技術が必要になる。すでに第１章（47ページ）で述べたように、現在規格化が進行中の５Ｇ（第５世代移動通信システム）の実現がＩｏＴの技術的基盤となっていく。

５Ｇとは、5th Generationの略称であり、現在規格化が進行中の次世代＝第５世代の移動通信システムのことである。これまで、１Ｇ（1980年代──通話のみ）、２Ｇ（1990年代──メールやネットの利用が可能に）、３Ｇ

表12　現行の規格（４Ｇ）と５Ｇの比較

	４Ｇ （現行の規格）	５Ｇ （2019年商用化予定）	
最高速度	毎秒１ギガビット	毎秒20ギガビット	20倍
実効速度	毎秒数メガから数十メガビット	毎秒数百メガから１ギガビット	100倍
同時接続数	１平方キロメートル当たり数万台程度	１平方キロメートル当たり100万台	100倍
通信の遅れ	テレビ会議やオンラインゲーム向け	自動運転や遠隔手術にも対応	10分の１

出所：『日経新聞』（2018年２月27日付）

(2000年代——音楽や写真の送受信が可能に)、4G(2010年代——電車内でも動画か受信可能に)へと、世代が発展するにつれて、通信できるデータ容量や速度が向上してきた。これから始まる5Gでは、さらに飛躍的に通信技術とそれを支えるインフラが発展し、(表12)のように、実行速度では100倍に向上する予定である。

V 新しい諸科学、技術学
―― 情報科学、認知科学、ロボティクス、ナノテクノロジーの発展

コンピュータ、AIによる労働過程の内的構造の変化は、労働過程の外部における頭脳労働(精神労働)による「新しい諸科学、技術学」にも、大きな変化をもたらしつつある。(前掲の図13参照)

産業革命による機械制大工業の確立・発展は、労働過程の外部における物理学、化学、電気学などの自然科学、数学や工学などの発展によって支えられていた。コンピュータリゼーションやAIの進化・発展は、従来からの自然科学・技術学の発展に加えて、新たに情報科学や認知科学の形成、ロボット工学やナノテクノロジーの発展、プログラミングの教育などが必要になる。労働過程へコンピュータやAIの導入がすすむためには、こうした新しい科学・技術、教育的諸条件の発展が不可欠であり、それら諸条件を恒常的に推進していくことが社会的に求められるようになっている。

情報科学(information science)は、1940年代に米国の数学者、C.E.シャノン(1916～)の「通信の数学理論」やN.ウィーナー(1894～1964)のサイバネテクス、自動制御の理論などにはじまるとされる。しかし、今日では、狭義の通信分野だけでなく、生命体や人間社会などを含むあらゆる情報の生成、伝達、処理、蓄積、利用などについての一般的原理を研究する科学となっている。そのために、自然諸科学はもちろん人文・社会科学の領域を含む新しい学際的科学としての性格を強めている。

認知科学(cognitive science)という名称は、1975年に米国で初めて使われ、1979年に米国で認知科学学会、1983年に日本でも学会が創設された。認知科学の意味は、一言で言えば「さまざまな分野の科学の学際的な『知』の総合科学」と規定され、次のように説明されている。

「認知科学とは，脳と心のはたらきを情報科学の方法論に基づいて明らかにし，それを通して生物、特に人間の理解を深めようとする知的営みである。したがって認知科学の対象は、脳や心のはたらきを学問の対象とする心理学、言語学、情報科学、計算機科学、神経科学、さらには教育学、文化人類学などと重なっている」（平凡社『世界大百科事典』（第二版））。

日本認知科学会の中島秀之元会長は、「認知科学というのは、人間を中心とする脳を持つ動物の心の働きを内側から解明しようとする科学です。外側から解明するというのは、対象の物理的な構造やその機能に注目した、解剖学や神経科学的立場ですが、内側から解明するというのは言語や外界の表象（脳内に作られた外界のモデル）などをその対象にするということです」（日本認知科学会のホームページ）と解説している。

ロボティクス（robotics）については、これまでは、ロボット工学（産業用ロボットの設計・製作・制御）を指す場合が多かったが、近年は、狭義の「工学」だけでなく、ロボットに関連したさまざまな研究・開発の総体を指す〈ロボット学〉の意味で使われることが多い。産業用ロボットだけではなく、さまざまな人的関係労働、人間とのコミュニケーションをおこなえるＡＩ搭載ロボット、自律型ロボットの研究が進められているからである。

ナノテクノロジー（nanotechnology）は、物質をナノメートル（ｎｍ：1ナノメートル＝10億分の1メートルの長さ＝10^{-9}ｍ）の領域、すなわち原子や分子のような極微小なスケールで、工学的に制御する技術のことである。典型的な事例は、先に第1章で「機械工業の原理」の今日的発展として言及した超ＬＳＩなどの半導体素子の製造技術をあげることができる（45ページを参照）。「現在のＡＩ」はもちろん、おそらく「将来のＡＩ」についても、それを機械工学的に支えるのは、ナノテクノロジーである。

《第8章》
IoTとAIによる「スマート工場」と労働

　「スマート工場」とは、コンピュータ化によって高度な工場自動化をすでに達成していることを前提として、さらに新たにIoT、AIなどによって、工場内の機器や設備をネットワークと結びつけて、いっそう高度な生産効率化を実現する工場のことである。一言で言えば、「スマート工場」とは、「IoT、AI段階の自動化工場」と言ってもよいだろう。

　本章では、最初に最先端の「スマート工場」をめざす事例として3つの企業をとりあげ、そのあとで「スマート工場」における労働の変化について検討する。

Ⅰ 事例「スマート工場」におけるAI「合理化」

（1）【事例①】── シーメンス（独）の場合

　ドイツ最大の重電機など多角経営の巨大企業シーメンス社は、ドイツ政府が全産業の「スマート工場」化をめざす「Industrie4.0」のなかで、もっとも主導的な役割を果たしている企業である。

　シーメンスは、以前からファクトリー・オートメーション（FA）機器の世界最大手の1つであった。同社は、ICT革命によるIoTとAIの進化にともなって、2016年に「マインドスフィア（MindSphere）」という名称の「産業用IoTを実現するためのテクノロジー・プラットフォーム」を開発して、その世界販売を開始している。

　産業オートメーションには、自動車や電気機器などの機械の組み立て工場のメカニカル・オートメーションと、石油精製、化学工業などの素材生産工場のプロセス・オートメーションがあるが、シーメンスは、1つのシステムですべてのオートメーションのアプリケーションに応えられるTIA（Totally Integrated Automation）のコンセプトを提起し、同社の「マインドスフィア」は、まさにそのTIAを実現するためのIoT基盤であるとしている。

　シーメンスの開発した「マインドスフィア」（図14）は、工場の稼働状況に

かかわるあらゆる情報をデジタル化して管理するクラウド・サービスである。それは、工作機械などに設置したセンサーから振動や温度などのデータをIoTで大量に集め、AIで分析して故障予知や生産性改善につなげる。また、工程ごとの労働者の作業時間や部品の在庫管理なども恒常的にAIで分析し、瞬時に対応して無駄を徹底的に省いて生産性上昇を追求する。

シーメンスが、デジタルエンタープライズの価値の1つとして提示しているのが「デジタルツイン」である。「デジタルツイン」とは、IoTなどで取得したデータにより、現実の世界の製造過程

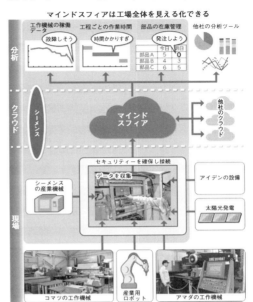

図14　シーメンス社のマインドスフィア

出所：『日経産業新聞』（2017年12月7日付）。

で起こっている情報をすべてデジタルの世界にコピーし、デジタルの世界に"現実世界の双子"を作ることである。これにより、デジタル上の"モノ"のシミュレーションを活用することで、現実世界を変化させずに予測することが可能となると言う。

2018年4月に開かれたドイツ最大の産業見本市：ハノーヴァーメッセにおいて、シーメンス社は、次のように発表している。

> 「（マインドスフィアなどの導入によって）デジタルエンタープライズは、50％以上が市場投入期間を短縮し、98％以上が生産準備期間の短縮に成功、さらに99％以上が故障予知により、壊れる前に部品交換などを行えるようになった」（同社のHPより）。

（2）【事例②】── 日立製作所の場合

AI「合理化」がいかにドラスチックな形態で進行するかということの1つ

の事例として、いま日本で生産技術革新では最先端を走っているといわれる日立製作所大みか工場の「生産改革」をとりあげておこう。

　日立製作所大みか事業所は、茨城県日立市大みか町に位置し、敷地面積は東京ドーム4.3倍の約20万平方メートル、従業員数は約4,100人の巨大な工場である。製品は、日立の主力製品である電力、鉄道、上下水道、鉄鋼などの各種生産プラントの情報・制御装置のハードウェア、ソフトウェア、関連サービスを提供している。製品のほとんどは少量多品種の受注生産で、大型コンピュータを含めほぼすべての部品を内製化によって生産している。大みか工場が日立製作所の主力工場になったのは1969年に日立工場から制御装置部門を分離独立してからなので比較的新しいが、現在の日本の経団連会長である中西宏明会長や東原敏昭社長の出身事業所でもあり、日立の中心的な拠点事業所になりつつある。

　大みか事業所は、日立製作所のなかで、ＡＩ、ＩｏＴを活用した最先端の製造工程「合理化」のモデル工場として位置づけられている。同社の『会社概要』では、次のように述べている。

> 「一般に大量生産工場においては、製品仕様や製造工程が標準化されており、機械化による効率改善などが比較的容易といわれています。それに対して、大みか事業所のような工場では、仕様がオーダーごとに異なる上にその仕様や納期が頻繁に変更され、また熟練者に依存する作業が多い傾向にあり、生産工程の最適化や機械化による効率改善は難しいと考えられてきました。そうした中、大みか事業所は、日立が2011年からグループ全体で進めてきたコスト構造改革『Hitachi Smart Transformation Project』の一環として、IoTを最大限活用した設計・生産改革に取り組んできました。生産工程全体の見える化によるムダの排除や生産計画の最適化を進めるため、『進捗・稼働監視システム』『作業改善支援システム』『モジュラー設計システム』『工場シミュレーター』という4つのシステムを連携させた高効率生産モデルを実現するとともに、人・モノ・設備の情報を『見える化（sense）』➡『分析（think）』➡『対策（act）』と循環させることで、大みか事業所は代表的な製品の生産リードタイムを50％短縮することができました」（『日立　会社概要　2017-2018』14ページ）。

ここで、「代表的な製品の生産リードタイムを50％短縮」と成果を誇っているが、これは、電力などの制御装置の生産工程を180日から90日に半減したことをさしている。

日立が誇る最新の「高効率生産モデル」は、IoTによる「見える化」とAIによる「分析」を結合することによって達成された。

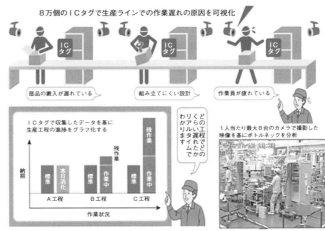

図15　AI「合理化」の事例──日立製作所大みか工場

出所：『日経産業新聞』（2017年10月5日付）の図をもとに作成（同紙に掲載されている図のなかで使われている写真の位置を一部入れ替えてある）。

大みか事業所では、常時8万個のICタグが作業員、機械設備、生産ライン、部品（材料）などに装備されており、製造過程のモノの流れ、労働者の作業状況が完全につかめるようになっている。ICタグとは、無線で情報の送受信ができるIC（集積回路）を搭載した極微小なチップであるが、日立は、すでに2004年の段階で、0.15ミリ角、厚さ7.5マイクロメートルの世界最小のICタグの開発に成功している（図15）。

ICタグとともに、「見える化」を実現している装置は、監視カメラである。

　「驚くべきことがまだ多くある。各工程を受け持つ一人の作業者の周囲には最大で8台のカメラが設置され、様々な角度から常時撮影されている。このため、作業がなぜ遅れたのかの原因を究明できる。作業者の手抜きやミスを監視するのではなく、迅速に作業できないボトルネックが何かを調べるためだ。作業が何度も遅れれば、現場の監督者や生産技術者がピンポイントで映像を再生して構造的な問題がないか調べていく」（『日経産業新聞』2017年10月5日付け）。

このように8万個のICタグや1人当たり8台のカメラのセンシング装置で

集められた情報は、日立の技術スタッフが独自に開発した画像処理、動画処理のAIアルゴリズムによって「進捗・稼働監視システム」や「作業改善支援システム」などによって解析されていく。AIのハードシステムとしては日立が独自に開発した多目的人工知能（ＡＴ／Ｈ＝Hitach　ＡＩ　Technology／Ｈ）、AIのデータ統合・分析ソフトウェアとしては「Pentaho」が使われる。※

　日立製作所は、大みか事業所で開発した「高効率生産モデル」そのものを顧客に提供する「ＩoＴプラットフォーム Lumada（ルマーダ）」の販売を開始している。日立の「2018中期経営計画」では、Lumada事業全体で1兆円の売り上げ目標をかかげている。

　すでに2017年10月には、トヨタ自動車が生産改善のためにLumadaの活用を決めて、日立との協創による実証実験を開始すると発表した。この実証実験では、トヨタのモデル工場（愛知県豊田市）で日立のLumadaを活用したＩoＴプラットフォームを構築し、モデル工場内のさまざまな製造現場の設備や機器、関係する各システムを接続する。そして、単一工程内だけでなく、複数工程にまたがるデータをすべて集約し、AIで分析することによって、工場全体の見える化を実現し、現場に新たな気づきを与え、全体最適視点でのさらなる高効率生産につなげることをめざすとしている。

　日立は大みか事業所で開発を進めてきた「高効率生産モデル」を、従来のトヨタ生産方式、セル生産方式、ダイセル生産革新に続く、ＡＩ「合理化」段階の新たな次世代生産システムをめざすものと位置付けている。

　　※　日立製作所の米国子会社は、2015年にビッグデータの分析ソフト（Pentaho）を開発した米ペンタホ社（フロリダ州）を約600億円で買収した。

（3）【事例③】中小企業の「スマート工場」化
── アイデン社（金沢市）の場合

　機械をコントロールする自動制御盤などを製造するアイデン（金沢市）は、従業員110名、資本金4500万円（2017年）の中小企業である。1971年に小さな町工場として創業してから、今日では売上高約30億円（2017年度）にまで成長してきた優良企業である。※

　　※　アイデン社は、中小企業庁の「はばたく中小企業300社」（2017年度版）にも選ばれている。

《第8章》IoTとAIによる「スマート工場」と労働

《CAD導入による工程短縮》

アイデンの主力製品の自動制御盤は、機械や装置の操作に必要なスイッチや計器類を1つの箱状の容器にまとめたものである。機械や工場の高機能化で、使用する制御盤の性能も高度になっているが、制御盤の製造工程のうち板金や塗装、組み立ては技術者の技能に依存することが多く、機械化が難しいとされてきた。

アイデン社は、すでに2010年代初めから、主力の自動制御版の製造工程にCAD（コンピューターによる設計）などを活用して電線の配置や加工を自動化し、現場労働者の負担を減らすとともに、リードタイム（工期）を効率化して大幅に短縮してきた。同社のCADによる「合理化」の成功については、「受注から出荷まで1ヵ月以上必要な制御盤もあるが、2週間程度に縮めることもできるという」（『日経新聞』2013年10月7日付、図16）と、大きく報道されたこともある。

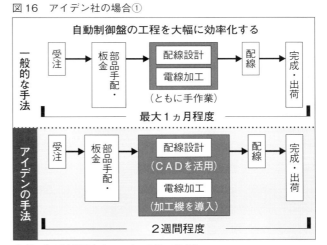

図16　アイデン社の場合①

出所：『日経新聞』（2013年10月7日付）。

《シーメンスの「マインドスフィア」の導入》

アイデン社は、CADなどの導入による配線設計、電線

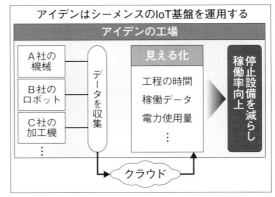

図17　アイデン社の場合②

出所：『日経新聞』（2018年2月10日付）。

143

加工の工程「合理化」の成功に続いて、さらに部品手配・板金工程、配線工程なども含めて、受注から完成・出荷までの全工程の自動化をめざして、2018年度から新たに独シーメンス社のIoTプラットフォーム「マインドスフィア」の導入を進めている。同社は、「マインドスフィア」を利用して、制御盤の生産に必要な板金機械や電線加工機などメーカーが異なる複数の設備の稼働データや作業時間をクラウドで一元管理することで、機械の稼働率を現状より3割引き上げることを目標としている（図17）。※

> ※　シーメンスの「マインドスフィア」は、IoTプラットフォームなので、クラウドを通じてデータをやりとりした量にもとづいて利用料が課金される仕組みになっている。運用コストを抑えられる点を強みとしており、アイデンがシーメンスに払う日額費用は数千円という。「マインドスフィア」導入の初期費用も、シーメンス製の通信機器などを数台購入する程度で、350万円程度に抑えられるという（『日経新聞』2018年2月10日付）。
> （なお『日経新聞』の記事では「月額費用は数千円」となっていたが、アイデン社に問い合わせたところ「日額費用は数千円」が正確だと言う）

（4）　工場自動化の成熟化モデル
―― ＩＥＣ（国際電気標準化会議）の "Factory of the future"

　最新の工場自動化の国際的な発展状況を概観するものとしては、国際電気標準化会議（ＩＥＣ：International Electrotechnical Commission）が発表した "Factory of the future"（2015年10月）がある。ＩＥＣのこの報告書（White paper）は、将来の工場自動化に必要な生産機器やシステムの規格の標準化の指針を示す目的で国際的な議論をへてとりまとめられたものである。ＩＥＣの "Factory of the future" では、「生産システムの成熟度」が段階を踏んで今後さらに発展していくことを予想している。

　日立製作所は、ＩＥＣの "Factory of the future" の成熟度指標をもとに、日立独自の「生産システムの6段階モデル」（図18）を提起している。先に見たように、日立は大みか工場の「スマート工場」化をめざしているが、その6段階の「成熟度モデル」からみればまだ2段階であり、さらに発展途上にあると、同社の技術誌で自己評価している。※

> ※　「グローバル時代の多品種少量製品におけるIoTを利用した次世代生産システム――日立製作所大みか事業所での取り組み――」（『日立評論』、2016年3月号）。

図18　日立の「生産システムの6段階モデル」

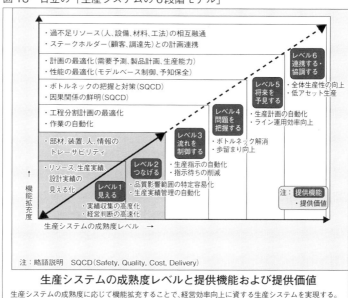

生産システムの成熟度レベルと提供機能および提供価値
生産システムの成熟度に応じて機能拡充することで、経営効率向上に資する生産システムを実現する。

出所：『日立評論』（2016年3月号）38ページより。

Ⅱ　コンピュータ労働の特徴 ── コンピュータ・インターフェイスの発展

　本節では、コンピュータが汎用的な情報処理機械として各産業、各社会分野で使用されるのにともない、新たな共通の労働形態となってきたコンピュータ労働の特徴を、質と量の両面から見ていく。

（1）　労働における「構想」の発展 ── コンピュータによる設計

　コンピュータは、労働の質的な内容の面からみると、人間労働が本来持っている目的意識性にとって新しい条件の変化をもたらす。コンピュータによる労働過程は、労働に先立って結果を想定する「構想」を可視化し、労働の計画をあらかじめ描く「設計」をディスプレイ（画面）の上で簡単に可視化することができるからである。

　高性能のコンピュータやAIで操作される自動化工場では、コンピュータを操作する労働が中心的なタスク（作業）になる。今日のコンピュータ労働は、

ＧＵＩ（グラフィカル・ユーザー・インターフェース）によってディスプレイに表示される文字や画像（動画）をキーボードやマウスで操作しておこなうことが通常の方法になる。コンピュータ労働は人間の知覚・認知プロセスと一体になっており、コンピュータ・インターフェイス（コンピュータと人間の接点）の解明が必要となる。

コンピュータによる設計はＣＡＤ（キャド：computer-aIded design）と呼ばれ、ＣＡＤシステムには、内部的にデータが２次元で表現される２次元 ＣＡＤ、データを３次元で表現する３次元 ＣＡＤがある。３次元 ＣＡＤでは、ディスプレイに設計物の前後左右、上下などあらゆる角度から陰影などもつけて表示することができる。ＣＡＭ（キャム）とは、コンピュータ支援製造（computer aided manufacturing）の略語で、製品の製造をおこなうために、ＣＡＤで作成された形状データを入力データとして、加工用のＮＣプログラム作成などの生産準備をコンピュータ上で実行するシステムである。

ＣＧ（コンピュータ・グラフィックス：Computer Graphics）の技術的進歩によって、写真や動画の撮影、編集をデジタル機器やコンピュータでおこなえるようになり、意匠やデザインの内容も飛躍的に発展してきている。たとえばインダストリアル・デザイン（工業デザイン：工業製品を、材料、構造、機能、生産プロセス、さらに経済性、販売方法などまで含めて造形的に組織計画する）、インテリア・デザイン（室内装飾：家具や照明器具など個々のデザインから、用途、機能に応じた室内空間の総合的設計までを含む）、エディトリアル・デザイン（新聞，書籍，雑誌など編集作業のためのデザイン。読み手を考えたレイアウトを中心に、写真、イラスト、地図などのデザインも含めての総称）などなど、さまざまな分野に広がっている。

このように、設計、意匠、デザインの事例を見ただけでも、コンピュータの利用によって労働過程の本源的な要素である目的意識性、労働の「構想」を可視化できるようになることを示している。人間の脳による活動（いわゆる精神労働）がコンピュータによって支援されるのである。

（２）　コンピュータ・インタラクション、シミュレーション

コンピュータ・インターフェイスは、ただ一方的に人間が情報を入力して出力を知覚・認知するだけの一回限りの応答で終わるものではない。たえず入力

と出力が繰り返されながら、コンピュータと人間の相互作用（インタラクション）がおこなわれる。コンピュータ以前の労働過程における「構想」が静的な過程だったのにたいし、コンピュータを介する「構想」は動的な過程であり、コンピュータとの「やりとり」をつうじて「構想」自体が繰り返し修正され変化・発展していく。コンピュータ・インタラクションは、コンピュータによる設計、デザイン全体の形成をユーザーとのインタラクションのもとでおこなうインタラクション・デザインに発展する。

　コンピュータ・シミュレーションは、なんらかの仮説的命題をコンピュータ上でモデル化して、そのシステムがどのように作用するのかを研究することである。モデルのパラメータや変数を動かすことによって、仮説的命題の行方をコンピュータ上で検証することができる。コンピュータ・シミュレーションは、物理学や生物学など自然科学的システムのモデル化、工学におけるシステムのモデル化、さらに経済学など社会科学的システムのモデル化を大きく前進させてきた。たとえばオペレーションズ・リサーチ（OR）は、さまざまな組織の行動やシステム運営でもっとも効率のよい方法を捜し出す手法であるが、企業の経営計画などの分野にも適用されるようになっている。たとえば、生産、在庫、販売、流通など、変動する需要にたいして、在庫をどのように管理し、製品の流通をどのようにはかれば最適であるかなどまで生産計画に組み込むようになった。

（3）　コンピュータによる「デジタル空間」と現実の「アナログ空間」との違い

　ある工学技術者から「コンピュータの画面上の設計図は、やはり紙の上に描いた設計図とは違う」という話を聞いたことがある。なによりも画面の視野の制約のために、機械などの物体の大きさの感覚がつかめないと言うのである。建築物の場合は、画面上の設計だけでなく、紙の上の設計図に加えてミニチュアの「建築模型」がどうしても必要になる。どんなに精密に描かれた３次元ＣＤがあったとしても、実物の何分の１かの大きさの「建築模型」が作成される。

　工学上の設計図だけではない。文筆業の場合の「手書き原稿」と「デジタル原稿」の場合にも似たことが起こる。「手書き原稿」の質感がモニター上の原稿では伝わって来ないからである。パソコンで原稿を書く場合でも、完成に近づくと一度プリンターで印刷して紙の上で推敲して鉛筆で手を入れながら最後

の仕上げをして、それをパソコンのデジタルデータに書き入れるという人は多い。

つまり、人間の生活している現実空間は、あくまでもフィジカルなアナログ空間であり、コンピュータの画面はデジタル空間であるから、やはり人間にとって質感の違いがあるのである。

（4） コンピュータ労働の操作時間の計測モデル
―― カードのモデルヒューマンプロセッサ

コンピュータ労働は、量的な面から見ても、新しい特徴をもっている。コンピュータ労働の量的な側面に着目して、米国の認知科学の研究者スチュアート・カード（Stuart.K.Card：1946〜）らは、人間のコンピュータによる情報処理労働の作業モデルをモデルヒューマンプロセッサ（model human processor）として定式化し、その操作時間を計測した。※

カードのモデルでは、人間の情報処理を①「知覚プロセッサ（perceptual processor）」、②「認知プロセッサ（cognitive processor）」、③「運動プロセッサ（motor processor）」の3つのプロセッサが順番に起動するものと定式化している。①知覚プロセッサは、視覚情報の場合、意味のあるひとまとまりの視覚情報を知覚（たとえば画面に表示された文字を知覚）する。同様に最小単位の判断（ボタンを押すべきかどうか）を下すのが②認知プロセッサであり、その決断にしたがって実際に筋肉が駆動するのが③運動プロセッサである（図19）。

カードのモデルヒューマンプロセッサの実証的分析によると、知覚プロセッサの処理時

図19　人間の情報処理モデル（モデルヒューマンプロセッサ）

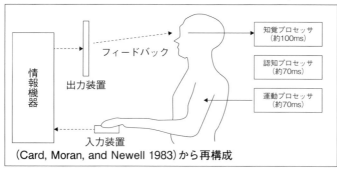

出所：黒須正明・暦本純一『コンピュータと人間の接点（'13）』〔ＮＨＫ放送大学テキスト、（169〜170ページ）〕より。

間の平均は100ミリ秒（0.1秒）、認知プロセッサは同70ミリ秒（0.07秒）、運動プロセッサは同70ミリ秒（0.07秒）となっている。このように、コンピュータ労働における操作時間の計測単位は、肉体労働を計測する時間の分秒単位とは桁違いに極微小な「ミリ秒」次元になる。上記の３種のプロセッサには、それぞれの動作特性と動作法則があり、たとえば同じプロセッサを繰り返していると、操作時間が急激に短縮されるようになるという法則があるという。

　カードらのモデルヒューマンプロセッサを前提にしたコンピュータ労働の計測モデルとしては、ＧＯＭＳモデルやＫＬＭモデルなども提起されているが、コンピュータ・インターフェイス理論のかなり専門的な領域になるので、ここでは、それらの詳細な紹介には立ち入らない。

　　※　Ｓ．Ｋ．カードらの「モデルヒューマンプロセッサ」の解説は、黒須正明・暦本純一『コンピュータと人間の接点（'13）』〔ＮＨＫ放送大学テキスト、169～170ページ〕）を参考にした。原著は、Stuart K.Card,Thomas P.Moran,and Allen Newell（1983）"The Phycology of Human-Computer Interaction",Lawrence Erlbaum Associations

（5）　コンピュータ労働の矛盾

　コンピュータ労働は、人間労働の目的意識の可視化、労働時間の短縮、効率化、労働の軽減など、新しい可能性を持っている。しかし同時に資本主義的な価値・剰余価値生産のもとでは、さまざまな矛盾、弊害（たとえば大量失業や労働強化、労働災害など）をともなっている。こうした側面については、本書では、第Ⅲ部の最後の第10章（175ページ）でとりあげるので、ここでは示唆するだけにとどめておく。

Ⅲ　コンピュータ制御と工場自動化。熟練労働からコンピュータ労働へ ── Ｊ・Ｒ・ブライトの「オートメーション」研究を手掛かりに

　モノづくり工場の生産過程の自動化と労働については、ハーバード大学経営大学院のジェームズ・Ｒ・ブライト（James R.Bright　1917～2005）の"Automation and management"（1958）が今日でもなお参照さるべき古典的研究である。しかし、ブライトの研究した時代の工場自動化は、まだコンピュータによる自動制御の黎明期であり、それ以後の半世紀余の間に、工場自動化は飛躍的な発展を遂げた。工場自動化の中心は、コンピュータ制御の進化である。

コンピュータ制御は、コンピュータを制御系のなかに取り入れて制御機能を拡張した高度な自動制御である。現在では、制御系は基本的にコンピュータによって構成され、多くの変数の複雑な関係をコンピュータで解析し、コンピュータが指令信号を発する高度なデジタル化による自動制御になっている。

コンピュータは、センサー(音や温度や光などの情報を検知し、電気信号に変換する装置)から入ってきた情報を判断・処理し、アクチュエーター(機械を動かす電動モーターなどの駆動装置)に伝える働きをする。

コンピュータ制御によって自動化された工場では、かつての機械工などの熟練労働は基本的にコンピュータ労働に取って代わられる。すでにブライトの研究したオートメーション工場においても、自動化の最終段階では、「オペレーターに要求される寄与」は、ほとんどゼロに縮小していた(表13)。現代のコンピュータ制御のもとでは、IoTやAIによって、この傾向にいっそう拍車がかかっている。

ブライトは、オートメーションにともなう機械工の熟練労働が減少すると指摘するとともに、生産過程の機械化は「保守労働と新しい技能の必要性を増大させる」とも述べている。この指摘は、今日

表13 機械化の進行による労働の変化
(J・R・ブライトの「オートメーション」研究)

労働者の寄与。伝統的に補償されていた行為(擬制)	機械化(オートメーション)の進行段階	
	初期段階(手による制御) →	最高段階(可変的制御)
技能(技術の知識)	増大 →	減少・ゼロ
技能(手先の器用さ)	増大 →	ゼロ
教育(法則の知識)	増大 →	増大か減少
経験(練習、知識、理解力)	増大 →	減少・ゼロ
肉体的努力	増大か減少 →	ゼロ
精神的努力(集中、注意力)	増大 →	減少・ゼロ
生産性への影響	増大 →	ゼロ
危険性	増大 →	ゼロ
不快な職務条件の受容	増大 →	減少・ゼロ
責任(製品、設備、人の安全)	増大 →	増大か減少あるいはゼロ
年功	影響なし →	影響なし
決断(重要な判断)	増大 →	減少・ゼロ

説明:ブライトの機械化進行の17段階表を要約して筆者が作成。ただし、ブライトのとりあげている労働者は、機械のオペレーターだけであり、調整要因、保守要員、エンジニア、監督者は含まれていない。
資料:James R. Bright "*Automation and management*" (1958). 186 p。

では、いっそう進んでいる。ＩＣＴ革命、ＩｏＴ、ＡＩの進化によって、ＩＴ関連のプログラマー、データサイエンティスト、サイバーセキュリティ・スペシャリストなどの大量の技術者が必要になっている。ＡＩ、ＩｏＴ、ビッグデータなどを活用した生産性の革新にとって絶対的に不可欠な人材の問題については、のちに検討するので、ここでは指摘するだけにとどめておく（第10章、183ページを参照）。

Ⅳ 「スマート工場」における「分業と協業」の新たな形態

　「スマート工場」における労働はどのように変化するか。マルクスは、資本主義的工場制度における労働編成、労働者の「分業と協業」について、次のように述べている。

　　「自動化工場において分業が再現する限りでは、その分業は、まず第一に、専門化された諸機械のあいだへの労働者の配分、および、工場のさまざまな部門への労働者諸群——とはいえ編制された諸群を形成していないもの——の配分であり、後者では、労働者群は、並列する同種の道具機について労働しており、したがって、彼らのあいだでは単純協業が行なわれるだけである。マニュファクチュアの編制された群に代わって、主要労働者と少数の助手との連関が現われる。……これらの主要部類のほかに、技師、機械専門工、指物職などのような、機械設備全体の管理とその不断の修理とに従事している数的には取るに足りない人員がいる。それは、比較的高級な、一部は科学的教養のある、一部は手工業的な、労働者部類であり、工場労働者の範囲外のものであって、右の部類のものに配属させられているにすぎない。この分業は、純粋に技術的である」（③、726〜727ページ。原書、443ページ）。

　ここで検討すべきことは、マルクスが、引用部分の最後に述べている「この分業は、純粋に技術的である」ということが、現代の「スマート工場」において、どのように変化したのか、これからどのように変化していくのか、という問題である。

　「スマート工場」においては、技師などの「機械設備全体の管理とその不断の修理とに従事」している労働者が、「数的には取るに足りない人員」ではな

くて、むしろ「主要労働者」になる。しかし、これは「スマート工場」における技術的条件の一方の面を見ているだけである。他方の面では、労働者が直接に対峙するコンピュータやＡＩの作業の「不可視性」という技術的条件が拡大する。

こうした複雑な変化をもたらす新しい技術的条件のもとで、資本主義的生産様式の基本的な労働形態である「分業と協業」をどのようにとらえるか——これは、実証的な調査と分析が求められる今後の研究課題である。ここでは、明らかに新しく増えていくであろうロボットと労働者の協働をどう見るかという点についてだけ、次にとりあげておこう。

Ⅴ　ロボットと労働者の協働（collaboration）

前述したＩＥＣの"Factory of the future"は、最先端の自動化された「スマート工場」における労働のあり方についてもかなりの紙幅をさいて分析し、次のように主張している。

将来の自動化工場においては、新しいレベルでのロボットと労働者との協働作業（collaboration）がおこなわれるようになる。たとえば、従来のように、ロボットと労働者が同じ工場内で「支援的な協働」（assisted cooperation）をしている場合は、ロボットが故障したときに労働者に大きな負傷事故をもたらす危険がともなう。しかし、ＡＩによって装備されたロボットとの協働（同時的協働：synchronized cooperationや連携的協働：simultaneous cooperation）ならば、ロボットを操作する労働者の安全性は保障される。

またＩＥＣの"Factory of the future"は、将来の自動化工場においても、労働者（Worker）はロボットなどの操作員として重要な役割があり、「人間中心のモノづくり工場」でなければならないと強調している。

> 「人間中心のモノづくりの考え方では、職場を労働者の要求に合わせて、製造過程の最終的な決定は人間に任される」（同報告の46〜47ページ"Humans and machines"の内容を要約）。

こうした「人間中心のモノづくり工場」が、はたして資本主義的経営による「スマート工場」でどのようにしたら実現できるのか。新たな技術的条件のもとで、労働者の側の要求を積極的に提起する運動が不可欠であろう。

Ⅵ 「スマート工場」と労働政策
──ドイツの「Industrie4.0」と「労働白書4.0」

　現段階の「スマート工場」化には、2つの大きな技術的な課題があると言われる。1つは、工場内にIoT、AIを導入するために必要な機器の国際的な標準化がなされていないことである。工場内外の多種多様なシステムをIoTで繋ぎ、全体最適になるようにするためには、すべての規格の国際的な標準化が不可欠となる。とりわけIoTについては世界的に標準化をめざす団体が乱立して争っている。

　いまひとつは、工場内のさまざまな機器を繋ぐ無線通信の技術的レベルが一致しないことから生じる不具合の問題である。先に（第7章で）述べたように、この半世紀の間に、通信技術は、1Gから5Gまでほぼ10年ごとに進歩してきている。工場内の機器も、さまざまなレベルの無線システムが複雑に錯綜しており、それが「スマート工場」化の障害になっていると言われる。

　ドイツ政府が推進しつつある「Industrie4.0」は、国家主導で機器の標準化を進め、IoTによる「スマート工場」を実現しようというものである。それは、AI、IoT、ビッグデータなど「生産と労働の社会化」の可能性が発展しつつあるのに対応する新たな「国家資本主義」の性格をもっている。その意味では、ドイツ政府の「Industrie4.0」の取り組みは、生産力としての技術革新の側面だけではなく、生産関係にたいする国家の介入の側面も持っているといえるだろう。

　ドイツでは、「Industrie4.0」の取り組みに呼応する形で、労働社会省が中心となって、1年半にわたる国民的議論をへて、2016年11月に「労働白書4.0」（*Weißbuch Arbeiten* 4.0）を発表した。この「白書」は、デジタル化が労働に及ぼす影響を分析し、労働・社会政策の新たな課題をとりまとめたものであり、新たな技術変化に対応する「労働改革」の必要性を主張している。

《製造業の間接部門のアウトソーシング、ネットワーク化》
　ICT革命の進行とともに製造業においては、工場内の「スマート」化とともに、間接部門の外注化、アウトソーシングが進められてきた。アウトソーシングは、人事・経理・総務などの間接部門を外部の専門業者へ委託し、人員削

減によるコスト削減、コア部門への人材の集中と効率化をはかることである。
　アウトソーシングの形態での仕事の外注そのものは以前からあったが、ＩＣＴ革命の進行によって、インターネットを介してのアウトソーシング、クラウドソーシング、とりわけコスト削減に役立つ低賃金諸国への海外アウトソーシングが増大してきた。この点については、次に述べる事務労働のＡＩ化「合理化」と関係するので、ここでは指摘するだけにとどめておく。

Ⅶ　ＡＩとオフィスの事務労働
　　── ＲＰＡ（Robotic　Process　Automation）の発展

　本節でとりあげるＲＰＡ（ロボテック・プロセス・オートメーション）は、ロボットによるオフィスの事務業務の自動化を意味する。この場合、ロボットといっても、物理的な意味での人型ロボットではなく、ソフトウェアとしてコンピュータに実装されて人間労働に代わって作業する仮想ロボットである。

（１）【事例】金融機関のオフィス「合理化」── 千葉銀行の場合
　ＲＰＡによる業務改革は、銀行などの金融機関のオフィス労働「合理化」として、急速に展開されつつある。現在は、ほぼすべてといえるほど多くの金融機関がＲＰＡ導入を開始しているか、あるいは近いうちの導入を検討していると言われる。

　そこで、最初に、金融機関のＲＰＡ導入の具体的な事例として、千葉銀行におけるＲＰＡ導入による業務「合理化」につ

図20　金融機関の事務「合理化」──千葉銀行の事例

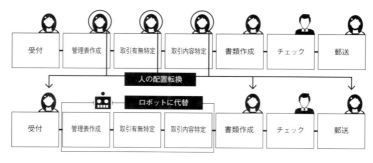

出所：『月刊金融ジャーナル』（2018年7月号、25ページ）。

いて、最新の金融専門誌のＲＰＡ特集記事（『月刊金融ジャーナル』2018年7月号）をもとに紹介しておこう。

（図20）は、千葉銀行においてＲＰＡ導入による業務のロボットへの代替で人の配置を変更した事例である。同行では、ＲＰＡ導入によって2018年4月からの数ヵ月ですでに年換算で3,680時間分の作業削減に成功したと報告されている。

「千葉銀は2017年2月からＲＰＡソフトの概念実証（ＰＯＣ）を開始した。同行は中期経営計画で……880人分の業務量削減を目指している。ＲＰＡもこうした効率化策の一環と位置付けている」。「（2018年）4月25日から導入したのは、『公的機関からの取引照会業務』。本部や営業店に千葉県内外の税務署から紙ベースの調査依頼が寄せられ、銀行には回答義務がある。1日当たり平均で180〜200件の照会依頼が来る定型作業をＲＰＡ化すれば、作業効率の促進、精度向上が見込めると判断した」。「ロボット化したのは、管理表の作成から取引の有無・内容の確定まで（図参照）。……この結果、年換算で3,680時間分の作業削減に成功。仕事の処理量では、従来の平均的な1日の処理量が150件程度だったところが、2倍の約300件へと改善（した）」（「特集：ＲＰＡのインパクト」『月刊金融ジャーナル』2018年7月号）。

（２）　定型的な事務作業のタスク分析 ── ＲＰＡによる自動化

ＲＰＡという言葉は、最初に英国のソフトウェア会社が提唱したのは2012年だと言われ、欧米諸国でも普及し始めたのは2015年以降であり、日本ＲＰＡ協会（一般社団法人）が設立されたのは2016年7月である。しかし、その後の2年足らずの間に、いっきょに導入する企業が増えてきている。東証1部上場企業のうち、10社に1社がＲＰＡを導入しているとの推計もある。

ＲＰＡは、「製造業ロボットによる自動化のオフィス版」と言われるように、作業の自動化の原理的な構造は製造業などの場合と基本的に変わらない。前述したカードのモデルヒューマンプロセッサに当てはめるならば、オフィス事務員の情報処理作業を①「知覚プロセッサ」、②「認知プロセッサ」、③「運動プロセッサ」の3つのプロセッサからなるものと分解し、それを作業の課題・目的にそくしてプログラム化して、そのソフトウェアをコンピュータに実装して、

表14　ＲＰＡによる事務時間の短縮（数値モデル）

	これまで	ＲＰＡ使用後
顧客情報を出力	21秒	0
顧客情報を手入力	190秒	0
面談記録を手入力	735秒	735秒
入力結果を出力	5秒	5秒
顧客情報の入力結果を目視で確認	55秒	0
面談記録を目視で確認	492秒	492秒
出力紙を役席者に回付	12秒	12秒
訪客情報入力を目視で確認	40秒	0
面談記録の査読	450秒	450秒
	2000秒	1694秒

306秒短縮

上の数値は、ＲＰＡ導入によるタスク（作業）別の事務短縮の算定方法を示すための仮定の数値である。
参考資料：『月刊金融ジャーナル』2018年7月号。

自動的に作業がおこなわれるようにするのである。ＲＰＡ導入効果を算定するために想定された数値モデルでは、これまで2,000秒かかっていた事務作業がＲＰＡの導入によって、1,694秒に短縮され、306秒節減されている（「ＲＰＡ導入における効果算定手法」『月刊金融ジャーナル』2018年7月号、22ページによる）。（表14）

　ＲＰＡによって自動化されやすい事務作業は、①定型的（ルール化できる）業務、②作業量の多い、作業時間が長い業務、③定期的に発生する業務、④ミスが多い、あるいはミスを避けたい業務、などなどだとされている。

　ＲＰＡの導入と維持にかかるコストは一般的に、派遣のフルタイム労働者の賃銀の3分の1程度といわれている。たとえば、派遣社員10名必要な業務が、ＲＰＡ＋派遣社員2名でおこなえるようになると、派遣社員年間3,000万円（1人当たり300万×10名）かかっていた人件費が600万円（300万円×2名）となり、人件費は年間2,400万円も削減できる。仮にＲＰＡの導入・維持費を1,000万円としても、なお1,400万円のコスト削減となる。ちなみに、日本ＲＰＡ協会のホームページによると、ＲＰＡ導入によって「40％〜75％のコスト削減が可能になる」とかなり幅のある数字をあげている。しかも、ＲＰＡの特徴は、24時間働き続け、途中退職もないので、人員採用などの費用削減にもなる。

（3）　銀行「合理化」の手段となるＲＰＡ

　日本の3大銀行グループは、2017年11月の決算発表と同時に、いっせいに店舗の統廃合と人員大幅削減を柱とする「構造改革」計画を発表した。

みずほ銀行は2017年8月から投資信託部門でＲＰＡを導入し、全国400余りの支店から送られてくる顧客の申し込み情報から必要な項目だけを抽出して、ほぼ全自動でデータベース化している。銀行員による手入力では1件あたり10分以上かかっていたが、ＲＰＡではわずか1分ですむという。またみずほＦＧ（フィナンシャルグループ）は、ＲＰＡなどを使った業務の効率化を徹底し、2024年度末までに約100の店舗拠点を減らし、2026年度末までにグループの従業員数を現在の約7万9,000人から1万9,000人削減して約6万人にすると発表している。三菱東京ＵＦＪ・ＦＧは、住宅ローン関連の書類手続きなどをロボットで代替し、三菱東京ＵＦＪ銀行の3割に当たる9,500人分の業務を2023年度までに減らす計画を発表した。三井住友ＦＧは、ＲＰＡによってすでに年40万時間分の作業を削減したと言われる。同ＦＧは、データ収集や入力などの人手による作業のデジタル自動化で当初20年度目標だった4,000人分の業務量の削減時期を1年前倒しして実現するという。

　このようなメガ3銀行のＲＰＡなどによる事務「合理化」による人員削減は、それぞれ達成時期は異なるが、合計すると3.25万人にものぼる大リストラ計画である。

（4）　ＲＰＡへのＡＩ搭載による進化。リスクと限界

　現在のレベルのＲＰＡによる事務自動化は、データの入力、照合、出力など、人間があらかじめ決めた一定のルールにもとづいて定型的な作業を自動化するだけであるから、ＲＰＡ作業のシステム環境はすべて事前にプログラミングしておく必要がある。蓄積されたデータをコンピュータが分析して新たな判断にもとづいて情報処理を実行するというＡＩの機能はもっていない。将来的には、自律型ＡＩを搭載したＲＰＡも開発される可能性はあるが、まだそこまでは到達していない。

　しかし、ＡＩの機械学習や深層学習（ディープラーニング）の機能と連携したＲＰＡも開発されつつある。ＡＩ搭載のＲＰＡの進化は、かなり急速に進んでいくことが予想される。

　ＲＰＡによる事務労働の自動化については、次のような新たなリスクが指摘されている。

　　①人間の不注意によって起きる事務ミスは修練によって軽減されうる

が、ＲＰＡによる処理のエラー、プログラムの不具合については、ＩＴ専門家による対応が必要になる。また、人間なら柔軟に対応を調整できる画面や帳票の軽微な変更でも、ＲＰＡでは、プログラム変更やテストが必要になる。

②ＲＰＡは休みなく稼働できるが、停電や機器の故障、ソフトウェアの不具合によって突然停止する可能性がある。ロボットの数が増えれば、ロボットの所在や稼働状況を把握するシステムが必要になる。

③電子データや電子記録媒体が増え、インターネットと繋がり、クラウドの利用が増えることによって、データの流出やハッカーによる改ざんなど、サイバー攻撃にさらされる危険が増大する。

Ⅷ　ＡＩと運輸、建設、農業──「人手不足」への対応

　ＡＩの産業への利用は、これまでは自動化の難しかった分野、たとえば交通・運輸労働や建設労働、農業労働の分野にも、新たな変化を起こしつつある。これらの業界は、いずれも若い労働力の参入がすすまず、深刻な「人手不足」に苦しんでおり、ＡＩ搭載のロボットの応用に期待が高まっている。

　本節では、運輸、建設、農業の３つの分野におけるコンピュータ、ＡＩ利用について概観し、簡潔に問題点だけ指摘しておこう。

（１）　自動運転について ── 資本主義のもとでの拙速な開発・応用の危険性

　米国のＩＴ大企業グーグルが自動運転車の開発をはじめて以来、自動車メーカーだけでなく、世界各国で自動運転の開発競争が激しくなった。ＩＴ企業と自動車メーカーの提携による開発だけでなく、世界各国の政府機関も莫大な資金を投入して自動運転の開発に力を入れている。たとえば、日本の安倍晋三首相も、2019年国会の施政方針演説のなかで、「自動運転は、高齢者の皆さんに安全・安心な移動手段をもたらします」、「交通に関わる規制を全面的に見直し、安全性の向上に応じ、段階的に自動運転を解禁します」などと述べている。

　『情報通信白書』（2016年版）では、自動運転の可能性について、次のような見通しを述べている。

　　　「ディープラーニングを中心とした人工知能（ＡＩ）は、今後、識別・

予測の精度が向上することによって適用分野が広がり、かつ、複数の技術を結合することで、実用化に求められる機能が充足されるといった発展が見込まれている」。「車両の自動運転であれば、画像認識と音声認識から得られた情報に、車両の運行情報・地図情報・位置情報などの他の情報を加えて、車両がおかれた状況を識別する。その上で、衝突の可能性などこれから起こりうることを予測し、安全を保つために最適な運転や、目的地に到達するための経路を計画して実行する」（同書、238ページ）。

もし、こうした予測の通り、自動運転車が実用化されたなら、運輸・交通産業における運転労働という職種は、ＡＩ搭載の機械に代替されていくことになる。しかし、現実には、都市の一般公道で自動走行が実現する社会的条件を整えるのは、決して簡単ではない。

現在の自動運転をめぐる開発競争は、もっぱらＡＩを中心とする技術的可能性にのみ力を注いでいるが、そこでは、運輸・交通業の存在している資本主義社会の生産関係、社会関係の条件が無視されている。たしかに、自動運転の開発競争の激化にともなって、運輸・交通にかかわる国家的規制、法的制度のあり方も検討はされている。自動運転車が自由に走行できるような既存の交通規制の見直しが必要だという議論である。しかし、自動運転車のために既存の交通規制を改廃するなどということになれば、まったくの本末転倒である。営利企業の自動運転の開発競争に、「前のめり」で対応していくことは、深刻な社会的な混乱を引き起こす懸念がある。自動運転車が一般公道で実用化されるには、ただ運輸・交通規則の改廃ですむものではなく、より総合的な社会全体のあり方の改革が必要であろう。

近い将来に自動運転が代替する可能性があるのは、ある特定の作業分野で使われる自動車、たとえば鉱山で用いられるフォークリフトの運転、農場におけるコンバインの運転、インターシティトラック（高速道路だけを走行する長距離トラック）などの運転などに限られるであろう。こうした特定の分野における自動運転車は、技術的な可能性とともに、「人手不足」を補うものとして、一定の社会的規制のもとで実現する可能性はあるし、部分的には実現しつつある。

【第Ⅲ部】 AIと労働過程の研究

（2） 建設労働 —— 国土交通省の「i－Construction」

　「人手不足」に苦しむ建設業界でも、ICT、AIの応用による建設労働の変化がはじまっている。

　建設労働は、いわゆる3K（きつい、汚い、危険）というイメージが定着したこともあり、29歳以下の就業者数比率は低下傾向が続き、ピーク時の1997年の22％から、最近では10％にまで下がっている。そのために、建設業界では就業構成が急速に高齢化し、建設技能労働者のうち55歳以上が3分の1を占め、高齢労働者の「引退」がすすむ2025年度までには建設業全体の3割超に当たる128万人の雇用減少が予想されている。

　こうした建設労働の「人手不足」に促迫されて、建設業界では、すでにロボットの導入が急速に進んでいる。鹿島建設は、2017年秋にダムなど大型構造物におけるコンクリート型枠作業の「全自動化」に成功したと発表した。北海道三笠市で施工中の新桂沢ダム堤体建設工事では、旧来なら5人で5時間弱の作業が必要だったのにたいし、オペレーター1人が現場でロボットを稼働させ、3時間で完成する効果があったという。清水建設では、大規模オフィスビル内装工事向けに、自らの位置認識と取り付け場所を把握し、天井ボードの持ち上げからビス打ちまでおこなうロボットを開発した。さらにエレベータを使って上層階へ資材搬入などができるロボットも開発した。

　こうした建設業界に呼応する形で国土交通省は、2016年度に「i－Construction」と称して、建設現場の生産性向上に向けて、測量・設計から、施工、さらに管理にいたる全プロセスでICTの導入を推進する新基準を導入した。国交省の「i－Construction」では、ICT土工、ICT舗装工、ICT浚渫工などの土木工事のICT化を進めて、全体として技能労働者1人あたりの生産性を将来的に5割向上できる可能性があるとしている。さらに国交省では「i－Construction」の利用を義務づけるため、「土木工事施工管理基準」などを見直す方針を打ち出している。

　こうした国交省の「i－Construction」の推進は、建設業の生産性上昇には一定の効果はあるだろうが、建設業界の深刻な「人手不足」の根源的な条件にメスを入れるものではない。同業界の「人手不足」の根源には人口減少社会への本格的突入という日本社会全体の問題があるのとともに、とりわけ建設業における労働条件の劣悪さということがある。こうした基本問題を放置したまま、

建設労働者の熟練技能の暗黙知をＡＩによって代替するという戦略がどこまで実現するか、はなはだ不確かである。むしろ矛盾を先送りするだけになりかねない。

（３） ＩＣＴと農業
——「スマート農業」を提唱するも、農政の根本的矛盾の解決にはならない

　農林水産省は、すでに2013年11月に、ロボット技術やＩＣＴを活用する農業（スマート農業）を実現するためなどと称して、「スマート農業の実現に向けた研究会」を立ち上げた。その趣旨として、次のように述べていた。
　　「我が国農業の現場では、担い手の高齢化が急速に進み、労働力不足が深刻となっており、農作業における省力・軽労化を更に進めるとともに、新規就農者への栽培技術力の継承等が重要な課題となっています。……このため、ロボット技術やＩＣＴを活用して超省力・高品質生産を実現する新たな農業（スマート農業）を実現するため、スマート農業の将来像と実現に向けたロードマップやこれら技術の農業現場への速やかな導入に必要な方策を検討する『スマート農業の実現に向けた研究会』を設置します」（農水省ＨＰより）。

　「スマート農業」の研究会の具体的な検討事項では、１つは、「農業機械の自動走行に関する安全性確保ガイドライン」の策定である。この点では、自動走行トラクター以外も含めたロボット農機の安全性確保策のルールづくり、遠隔監視下における自動走行の実現に向けた安全性確保のための検証などが予定されている。いまひとつは、「農業データ連携基盤（情報連携プラットフォーム）の構築」ということである。この点では、公的機関などの保有するデータの提供（オープンデータ化）として、土壌データ（農耕地土壌図など）、市況などの統計データ、気象関係の高密度（１km四方）のデータ・予報などの提供が検討されている。

　しかし、こうした「スマート農業」の提唱も、日本農業全体の再生のために実効性があるとは、とうてい思えない。農水省は、2015年11月に「ＩＣＴ農業の現状とこれから」という報告書を発表している。同報告書が強調しているように、「農業は暗黙知、経験則が多い」ために、「熟練農家の高い生産技術（暗黙知、経験則）をどう引き継ぐか」という課題は、ＩＣＴ化で解決できるもの

ではない。同報告書がかかげているように、この半世紀余の間に、農業就業人口が1,454万人から209万人へ急減してきた根源的な矛盾を放置して、コンピュータやAIによって農業再生ができるわけがない（表15）。

表15　農家戸数、農業就業人口の推移

	1960年	1980年	2000年	2010年	2015年
農家戸数（万戸）	606	466	312	253	215
指数（昭和35 = 100）	100	77	51	42	36
農業就業人口（万人）	1454	697	389	261	209
指数（昭和35 = 100）	100	48	27	18	14
うち65歳以上(％)	－	25	53	62	64

資料：農林水産省「農林業センサス」（2015年数値は概数値）。
注：農業就業人口の2000年以降の数値は、販売農家のもの。

　AIを応用した「人手不足」への対応として、運輸、建設、農業の分野における取り組みと、その問題点を概観してみた。これら3つの分野は、それぞれの産業的な条件は異なっており、AI応用の進捗状況、今後の可能性も異なっている。共通点としては、いずれも土地（国土）との関連が深く、人間と自然の物質代謝にかかわりが深くて、日本経済の再生産活動の基盤を支える産業だということである。AIの進化とその応用によって、これらの産業にどのような影響がもたらされるのか。日本資本主義の再生産構造の全体的あり方ともかかわらせて、長期的な視点から注目しておく必要がある。

《第9章》
ＡＩの進化と対人関係の
労働、知的・創造活動

　本章では、ＡＩの進化にともなって急速に注目されるようになってきた対人関係のサービス労働の問題に焦点をあてる。

Ⅰ　ＡＩによる労働過程の拡張 ── その４つの特徴

　これまでは、医療、福祉・介護、教育・学習、顧客勧誘などの複雑な対人間のコミュニケーションをともなう労働は、簡単にはコンピュータによって代替できない分野とみなされてきた。こうした「狭義のサービス労働」に分類される仕事（タスク）は、人間同士の交流、微妙な精神的なやりとりがおこなわれることによってはじめて成り立つ労働だからである。しかし、こうした対人関係の労働分野でも、労働手段としてのＡＩの進化による部分的な代替可能性の技術的条件が生まれつつある。

　マルクスは『資本論』第Ⅰ巻第５章で労働過程論をとりあげたさいに、「物的な商品を生産する労働過程」を前提としており、サービス労働の労働過程は論じていない。そこで、ＡＩを利用した人と人とのコミュニュケーションにかかわるサービス労働を研究するためには、『資本論』の労働過程論をサービス労働にまで拡張した新たな理論展開が必要になる（前掲の図13参照）。

　ＡＩを利用した対人関係の労働過程では、次の４つの特徴を明確にしておくことが必要である。

　第１に、ＡＩによって代替される労働は、対人関係の労働のうちできわめて限られた部分的なタスク（作業）であり、対人労働の基本的な部分は人間の直接的な労働（対人サービス労働）として残るということである。単純に、ＡＩによって対人サービス労働がそっくり代替されるわけではない。むしろＡＩを利用することによって、これまでよりもより質的にも量的にも充実したサービス労働ができるようになると考えるべきであろう。この点は、物的な生産労働

の場合とは根本的に異なっている。

　第2に、労働手段としてのＡＩ（ＡＩ搭載のロボット）についても、物的生産過程における機械とは異なった機能をはたすことになる。あくまでも、人間労働が主体であり、ＡＩは、人間労働を側面から支える補助的な役割をもつものととらえる必要がある。つまり、ＡＩは、かつてのマニュファクチュア時代の熟練労働者の「道具」のような機能をはたすのである。

　第3に、ＡＩなどの労働手段の主要な役割は、対象となる「人（ヒト）」と直接対峙することではなく、有用な「情報」を労働対象として活用する点にある。その場合の「情報」が、ＩｏＴなどによってインターネットと繋がっているなら、人間の対人サービス労働を助ける「道具」としての機能はより効果的なものとなる。しかし、同時に外部から入ってくる「情報」にはさまざまなリスクもともなっており、その吟味が必要になる（このリスクについては、第8章第Ⅳ節で述べたＲＰＡのリスクと共通している）。

　第4に、対人関係の労働は、さまざまな産業分野に属しており、多くの産業では物的な生産・流通過程と一体的にとらえる必要があるということである。対人関係の労働の特質は、その属する産業部門と切り離して、抽象的、一般的に論ずることはできない。たとえば自動車のディーラー（自動車メーカーと特約店契約を結んだ販売業者）は顧客相手の労働をおこなうのであるが、その労働の特質は、自動車という商品の生産過程・流通過程によって規定されている。自動車ディーラーの労働と航空機のキャビンアテンダント（客室乗務員）の労働には、本質的な違いがある。

　この4つの特徴は、さまざまな分野にわたる対人関係の労働過程を検討するさいには明確にしておくべきことである。この点はＡＩの利用が進むにつれて、今後ますます重要になると思われるので、後述する第10章「ＡＩと労働者、ＡＩと資本主義社会」で、あらためてとりあげることにする。

Ⅱ　ＡＩの進化と対人関係の労働

（1）　介護労働のタスクの「切り分け」によるＡＩとの協働

　ＡＩの進化によって、ＡＩを搭載した福祉機器（たとえば人型ロボット）の実用化が進むと、高齢者の日常生活支援などの介護労働を、人間と福祉機器が

協働しておこなえるようになる。

　この場合、これまでの福祉・介護労働者がおこなっていた仕事（タスク）が丸ごとすべて人型ロボットに代替されるのではなく、タスクが切り分けられて、その一部分が置き換わるのである。介護労働を支えるＡＩ搭載の人型ロボットは、介護のタスク全体に含まれる労働のなかで、手や足などを使う労働（いわゆる肉体労働）のタスクを代替するだけである。

　ＡＩ搭載の介護ロボットは、いわば「情報通信機器」化した福祉用具であり、介護労働の過程全体を主導するのは、あくまでも人間（介護労働者）である。介護労働のタスクの「切り分け」は、介護という労働過程の科学的な分析が前提となる。また、福祉用具の「情報通信機器」化には、一定の社会的規制も必要になるだろう。その場合、前項で述べたＡＩを利用した対人関係の労働過程の特徴を踏まえることが必要である。

（２）　医療診断支援、法律相談支援などのエキスパートシステム

　医療診断や法律相談などのように、高度な知的経験と技能を必要とする分野でも、ＡＩの応用は期待されている。

　厚生労働省の「保健医療分野におけるＡＩ活用推進懇談会」（座長：間野博行・国立がん研究センター研究所長）は2017年６月に報告書をまとめ、「保健医療分野におけるＡＩの活用によって、保健医療の質が向上するなど、患者・国民が得るメリットは多い」、「診断の場面では、ＡＩを応用した高精度な予測によって、従来では発症するまで見つけることができなかった疾患であっても、患者・国民が発症前に診断・治療を受けられるようになる」と指摘している。「ＡＩ（人工知能）の実用化が比較的早いと考えられる領域」として、ゲノム医療、画像診断支援、診断・治療支援、医薬品開発、「ＡＩの実用化に向けて段階的に取り組むべきと考えられる領域」として、介護・認知症、手術支援、合計６領域を重点と位置付けている。

　ＡＩによる医療診断の試みは、すでに1960年代から開始され、1980年代には、第２次ＡＩブームの波のなかで、エキスパートシステムとして商用化も推進された。エキスパートシステムとは、特定分野に特化した専門知識データベースを元に推論をおこない、その分野の専門家に近い判断をくだすことができるＡＩシステムである。第２次ＡＩブームのエキスパートシステムは、技術的な限

界によって大きく発展することはできなかったが、2010年代のＡＩ技術の進化（ディープラーニング）によって、画像診断の精度は大幅に発展した。

　しかし、画像診断の精度がいかに進歩しようとも、ＡＩによる診断の本質がビッグデータをもとにした「統計確率的判断」によるものであることが変わるわけではない。最終的な診断は、人間（医師）の「決定」によるものでなければならない。ＡＩによる医療の画像診断は、あくまでも医者の診断を「支援」するものと位置づけることが必要である。

　医療診断におけるＡＩの役割は、同じように高度な知的経験と技能を求められる法律相談などでも共通していると言えるだろう。ＡＩは膨大なビッグデータによる法律情報にもとづいて「統計確率的判断」をおこない、法律家の人間としての「決定」を「支援」する役割を果たすのである。

（3）　教育・学習支援のｅラーニング

　コンピュータを教育・学習支援に応用する試みは、1970年代からあったが、1990年代に入ってからは、ｅラーニングという名称で本格的に推進されるようになった。ちなみに、ｅラーニングの"ｅ"は、electronic（電子的な）の意味である。

　ｅラーニングの特徴は、単体のコンピュータを利用するだけではなく、"ネットワークを活用した教育・学習支援"に発展したことである。紙の教科書やプリントなどを中心とする従来の教材に比べ、音声や映像を組み合わせたり、利用者の操作に応じて展開や選択ができる双方向性を活用したり、関連する項目をすぐに参照できるハイパーリンクの仕組みなど、コンピュータならではの機能を利用することができる。さらに、インターネットを利用して、遠隔地にも教育を提供できる点が特徴である。自習形式のシステムの場合、学習者が決まった場所や時間に集まって受講する必要がなく、インターネットなどを通じていつでもどこからでも教材にアクセスし、習熟度に応じて自分のペースで学習を進めることができる。ｅラーニングでは、システムが教師の代わりを務めるため、自習、さらには自宅学習なども可能となる。また、各生徒の進捗に合わせ、カリキュラムを進めることもできる。さらには生徒同士のディスカッションや協力を可能とするシステムも存在する。

　このようにコンピュータやＡＩを利用したｅラーニングは、教育・学習支援

の「道具」として役立つことも多いが、教育・学習の本来の機能を損ねかねない重大な問題も含んでいる。たとえば、eラーニングでは、教育の中心的な役割である教師と生徒の人間的なふれあいが希薄となり、教育による人間的成長の契機が失われる危険がある。また生徒の意欲の維持、細かな疑問にたいする対話なども失われる懸念もある。

こうした問題は、医療や法律などの分野におけるAI利用にも共通することであるが、教育・学習の分野においては、よりいっそう重大な弊害を生ずる危険がある。それは、医療や法律などの領域と比べると、教育・学習の領域は、人間の成長にとってもっとも重要な幼児期から青年期という長期的な過程にかかわっているからである。また、そうであるだけにeラーニングには資本主義的利潤追求の営利的活動の参入のチャンスが大きいために、教育・学習の本来の機能が歪められる危険も大きいのである。

(4)　AIの進化によって、対人関係の労働過程へいっそう浸透する可能性

AIが対人関係の労働過程に参入してくる場合には、AIの言語能力の進化が重要なカギとなる。AI搭載ロボットが人間と同じように言語を理解し、人間とコミュニケーションできるようになれば、さまざまな対人関係の労働に代替する可能性が生まれるからである。この点について、政府の『情報通信白書』(2016年版)は、「最終的には、言語を通じた知識の獲得が可能になり、人工知能(AI)が秘書などの業務を担うこともありえるとされる」(同書、238ページ)と述べている(図21)。

同白書は、こうしたAI進化の見通しをもとに、図

図21　人工知能(AI)の発展と利活用の進化

年	技術発展	向上する技術	社会への影響
2014	画像認識	認識精度の向上	・広告 ・画像からの診断
2015	マルチモーダルな抽象化	感情理解 行動予測 環境認識	・ビッグデータ ・防犯・監視
↓	行動とプランニング	自律的な行動計画	・自動運転 ・物流(ラストワンマイル) ・ロボット
↓	行動に基づく抽象化	環境認識能力の大幅向上	・社会への進出 ・家事・介護 ・感情労働の代替
↓	言語との紐づけ	言語理解	・翻訳 ・海外向けEC
2020	さらなる知識獲得	大規模知識理解	・教育 ・秘書 ・ホワイトカラー支援

出所：総務省『情報通信白書』(2016年版)、238ページ。

21のような「社会への影響」の予測をしているが、次の２つの理由で、けっして図で示すようなタイムテーブル通りには進んでいない。

第１に、ＡＩの技術進化そのものへの過大な期待がある。たしかに、ＡＩの技術進化の速度は急速であるが、人間の言語を通じた知識の獲得は、たんに論理的なアリゴリズムの発展だけではなく、人間の身体性、環境との交流という一定の時間的な過程が必要である。

第２に、対人関係の労働の代替は、たんに技術的進化によってだけ決定されるものではなく、社会的、経済的、政治的（法律的）、文化的な諸関係によっても規定されるからである。いいかえるならば、ＡＩの社会的な影響は、社会科学的な条件の分析と政策的な課題を検討すべきだからである。

むしろＡＩの技術的進化にともなって、いま求められることは、本章の第１項で指摘したような対人関係の労働過程におけるＡＩの位置、その役割と限界を明確にし、ＡＩの利用にかかわる社会的な仕組み、法的な制度を準備することだと思われる。

（５） いわゆる「感情労働論」── ホックシールドの理論について

米国の社会学者、アーリー・ホックシールド（Arlie Hochshild：1940〜）が"*The Managed Heart：Commercialization of Human Feeling*"（原著：1983年、邦訳『管理される心、感情が商品になるとき』世界思想社、2000年）を発表して以来、対人関係の労働を「感情労働」としてとらえる議論が盛んになってきた。ホックシールドによると、「感情労働」は、従来の「肉体労働と頭脳労働」の区分とは異なる「何かもっと別なこと」ととらえられている。それは「公的に観察可能な表情と身体的表現を作るために行う感情の管理という意味」であり、「感情労働は賃金と引き換えに売られ、したがって〈交換価値〉を有」し、「それらは〈使用価値〉を有する」と定義されている（同書、邦訳書、7ページ）。

筆者は、ホックシールドの「感情労働論」は、人間の感情までもが資本の支配・管理下で歪められることを指摘した点では、一定の積極的意味があると思うが、人間の感情を「労働」という範疇でとらえることには同意できない。ここでは、ホックシールドの「感情労働論」について、詳細に検討するつもりはないが、ホックシールドの「感情労働論」は、対人関係の労働を労働過程全体のなかでとらえる視点が弱いように思われる。

Ⅲ　ＡＩと知的・創造活動支援について

　本節では、ＡＩが導入された場合に、もっとも大きな影響を受ける労働過程の分野の１つである知的・創造活動について検討しておこう。

（１）【事例】編集者・記者の業務の変化

　筆者は、1960年代後半から専門雑誌の編集者や新聞記者としてライターの仕事を長い間経験してきたが、1990年代の後半ごろから、ワープロ、ファックス、パソコン、メール、インターネット、スマホなどの情報通信機器が編集活動の「道具」として使われるようになり、仕事のやり方も大きく変化してきた。そこで、筆者自身の体験も踏まえながら、具体的に編集者の業務の変化をみておこう。

　編集者・記者の仕事は、その専門分野によって、またライターとして直接自分で記事を書く範囲によって、その仕事の内容もさまざまであるが、原稿を作者に依頼する場合の編集作業は、一般的には、次のような「タスク」（仕事）を含んでいる。

　①情報収集・分析──②企画立案──③企画会議──④執筆者の確定──⑤執筆者との交渉（原稿依頼・督促・相談）──⑥原稿入手──⑦原稿をもとに編集作業（赤字入れ）──⑧編集整理（表題・小見出し確定・図表割付など）──⑨印刷所との交渉（入稿）──⑩ゲラ作業（校正）── ……（その後は略）

　こうした一連の編集作業のうち、たとえば、「⑥原稿入手」は、かつては直接面談で受け取るか、速達郵便を利用した。しかし、現在では、ニューヨークからでも、ロンドンからでも、瞬時にメールで原稿が届くようになった。また「⑦原稿をもとに編集作業（赤字入れ）」は、かつては、原稿用紙に手書きされた肉筆文字の判読は、編集者の重要な作業の１つであったが、最近ではほとんどの場合、編集者は著者自身がパソコンでデジタル化した原稿を受け取るので、そうした難解文字判読という苦労はなくなった。「⑩ゲラ作業」も、執筆者自身がかなりの程度まで入力段階で「校正」をおこなっている。

　上述の①→⑩までの「タスク」のうちで、昔とほぼ同じ仕事の形態が続いているのは、「②企画立案→⑤執筆者の交渉」という企画段階から執筆者と接する業務である。編集活動という人間労働は、基本的には個々の編集者がそ

れぞれ分担した企画を「分業」でおこなうのであるが、このうち、③企画会議は、編集部の複数の編集者が「協業」を発揮する場面として重要な位置を占めている。定時の会議だけでなく、打ち合わせ的な会議、編集責任者との調整は随時おこなわれる。ＡＩの進化によっても、編集作業の②→⑤までの企画や執筆者との触れ合いにかかわる仕事は、代替されにくい「タスク」だと言えるだろう。

　ＡＩによる知的・創造活動支援では、たとえば、③企画会議の効率化がある。
　　「会議（meeting）は、コミュニケーションの重要な機会であるが、うまく使わないと多大な時間の浪費に繋がってしまうため、さまざまな支援技術が必要とされる。具体的には、会議ログ（議事録）を再利用することで会議の内容をその後の活動に活かす技術や、会議中に議論の状態を可視化して議論が迷走しないようにするファシリテーション（facilitation）支援技術などがある」（人工知能学会編『人工知能学大事典』、1,079ページ）。

　こうした会議支援は、会議そのものをＡＩが代替するのではなく、あくまでも会議が効果をあげるようにＡＩが支援するというものである。つまり、知的・創造活動の場合は、ＡＩの進化によって期待されることは、労働の自動化による「代替」ではなく、あくまでも「支援」なのである。

（２）　人間の知覚、思考、知的・創造活動を支援する、新たな"道具"としてのＡＩ

　21世紀のこれから、どのように急速にＡＩが進化するか、これは未知のことであるが、ＡＩは、かつてのマニュファクチュア時代の手工業のための道具とは異なった意味で、人間にとっての新しい"道具"としての性格をもってくる可能性がある。人間が知的創造的活動の道具としてＡＩを使いこなすことによって、人間自身が今よりもはるかに賢くなっていくという「人間とＡＩの共存構図」を描く必要がある。

　人間の知的・創造的能力には、「新しいアイデアを発想する創造的思考能力（ability of creative thinking）」や、「創造的思考の結果生み出されたアイデアを表出する外在化能力（ability of externalization）」があると言われる。ＡＩによる知的・創造活動支援という場合、アイデアの発想そのものを支援するか、

そのアイデアの表出を支援するか、また両方を支援するか、いろいろな支援方法が可能である。"道具"としてのコンピュータやＡＩは、たんに狭い意味での労働手段としての役割を果たすだけではなく、人間のあらゆる活動──肉体的活動はもちろん知的・文化的活動やスポーツ、趣味などを含む文字通り人間のすべての活動を助ける"道具"になりうるのである。

（3）　ＡＩの進化と余暇活動の発展

　ＡＩが人間の知的・創造活動を支援する新たな"道具"となることは、非労働生活である人間の余暇活動にも新しい発展の条件をもたらすことになる。広い意味での余暇活動の範囲は、スポーツ、ゲームなどの娯楽、読書・音楽・絵画などの文化・教養、観光（旅行）、趣味や文化的サークル活動、あるいは各種のボランティア活動などまで、きわめて多種多彩な領域がある。

　すでに、ゲームの分野では、コンピュータ・ゲームが急速に普及してきたが、ＡＩの進化によって、いっそう高度なゲームソフトが出現しつつある。たとえば、これは「余暇活動」というより、きわめてプロフェッショナルな場合であるが、驚異的な勢いで強くなった将棋の藤井聡太七段の事例がある。藤井七段の強さは、もちろん彼のたぐいまれな才能によるものであるのはいうまでもないが、その能力がＡＩ将棋ソフトで鍛えられ磨かれたことは、藤井七段自身がたびたび強調している。ＡＩ将棋ソフトを徹底的に利用することによって、藤井少年はその天賦の能力を幾倍にも高めてきたのである。こうした事例は、将棋ソフトだけでなく、さまざまな余暇活動にとって起こりうることである。

　人間の余暇活動の変化・発展を、経済学的な視点でとりあげた山田良治『知識労働と余暇活動』（日本経済評論社、2018年）は、現代資本主義のもとでは、「精神的労働の発展に伴う精神的能力の高度化欲求」「専門的知識の獲得欲求」が発展すること、また「サービス労働の発展に伴うコミュニケーション能力、人間関係力の高度化欲求」が発展すると指摘している。ＡＩの進化は、こうした人間的欲求の発展を支える"道具"になる可能性がある。

　人間の余暇活動のあり方は、社会変革の主体形成にとっても、きわめて重要な意味をもっており、ＡＩ研究の課題の１つとしてとらえておく必要がある。

　ＡＩの進化とその応用は、一方では大幅な労働時間短縮の可能性を生み出すが、他方では余暇活動の新たな質的発展の条件をも作り出すからである。

（4） 知的財産権の揺らぎ ── 盗作や剽窃

　ＡＩやコンピュータによる知的・創造活動支援については、それらの"道具"を悪用することによる他人の知的・創造活動の創作物の権利（著作権や特許権など）の侵害の問題をともなっている。

　コンピュータとインターネットの発達、またそれらを活用するソフトウェアが多様化すると、文書、画像、データのコピー・アンド・ペースト（ Copy and Paste）が簡単にパソコン上でおこなえるようになり、他人の著作物の模倣や盗作もまた簡単におこなわれる可能性が生まれてきた。いわゆる「コピペ」問題である。

　他人の著作物の盗作や剽窃は、知的創造活動においては、厳に否定さるべき反倫理的な行為であるが、「コピペ」技術の進化は、深刻な道義的な感覚を薄れさせ、また客観的にも、その犯罪性との境目をあいまいにしてしまう。しかし、芸術家や研究者にとっては、文章、データ、作品などのコピー（複写・複製）は、致命的な倫理違反である。さらに、最近では、メディア関係者による報道記事のねつ造や盗用、学生の学業活動における不正なども、「コピペ」技術と結びついている場合が多い。

　ＡＩがさらに進化して、たんなる"道具"としての役割を超えて、ＡＩが自律的な存在となり、自ら知的・創造活動をおこなうようになることまで想定するならば、資本主義の存立にもかかわる知的財産権制度のあり方そのものの見直しが必要になる。この点については、第10章「ＡＩと資本主義社会」の第7項（190ページ）でとりあげることにする。

Ⅳ　ＡＩと防災、減災の活動

　2018年の日本は、集中豪雨、猛暑、超大型台風、大地震と、次から次へと自然災害に襲われた一年であった。これらの自然災害がたまたま連続して起こったというのでなく、地球温暖化による不可避的な自然現象であると感じられるために、あらためて防災問題に国民の関心が向かうことになった。

　ＡＩによる防災は、これまで人間の労働では手の及ばなかった新しい領域へも災害の予防や対策の道が生まれつつあるという意味で、労働過程のテーマとは少し外れることになる。

しかし、本節では、ＡＩの進化のもたらす積極的な応用分野として、ＡＩによる防災・減災の可能性についてとりあげておきたい。以下、最近のいくつかのトピック・ニュースをあげておこう。

- 緊急地震速報　2017年11月16日、日本列島や近海に設置された約2,100台の地震計を結ぶ世界最大の地震観測ネットワーク：陸海統合地震津波火山観測網（ＭＯＷＬＡＳ＝モウラス）が稼働した。国立防災科学技術研究所は、1995年の阪神大震災後、全国に高精度の地震計を配備してきたが、モウラスはこれらを一体運用し、膨大な観測情報のビッグデータをＡＩで解析して、緊急地震速報の信頼性を高めて被害軽減につなげようとするものである。
- 気象分析：洪水予測など　国立土木研究所の開発した洪水予測シミュレーションは、ＡＩによって降雨の際に河川流量の変化を予測する技術である。たとえば分布型流出モデルは、地図上の地域を500m区切りでメッシュ状に分割し、雨水が土壌に浸透、河道に流出する現象をモデル化する。同研究所は、流量計算結果と実際の流量測定データの誤差を最小化するようにパラメータを自動調整し、最適化する技術なども開発している。
- ロボット　2018年7月には、西日本豪雨の被災地で、ＡＩ搭載のロボットが土砂崩れによって倒壊した家屋やアパートなどを内部調査した。倒壊の危険がある半壊した建造物では、ヘビ型ロボットや小型のクローラー型ロボットを遠隔操作で建物に侵入させ、建物内部の探査、貴重品の回収に成功した。瓦礫のなかを侵入するレスキュー・ロボットは、優れた運動性能と計測機能により、災害現場をはじめ危険な環境の情報収集、円滑な救助活動の実現、二次災害防止のために広範な規模で活動している。
- ドローン　2018年9月6日未明に発生した北海道地震で最大震度7を観測した厚真町では、大規模な山崩れが発生し、土砂が家屋を押し流して多くの犠牲者と不明者を出した。地震が引き起こした崩壊した山肌一帯の無残な爪痕を、無人機：ドローンが撮影し、崖崩れの実態、そのメカニズムの科学的解明に資した。ドローンは、人間の近づけない僻地のダムや橋梁などの劣化診断など、すでにさまざまな防災・減災のために

活躍している。
● ＳＮＳ情報分析　国立防災科学技術研究所は、国立情報通信研究機構や慶応大学と連携して、2018年４月に、「ＡＩを活用した災害時のＳＮＳ情報分析のための訓練ガイドライン」を策定した。報道発表によると、「防災訓練に対してＡＩ（自然言語処理）を導入するためのガイドラインの策定及び公表は世界で初めての取り組みであり、今後の防災・減災分野におけるイノベーション創出と先端技術の社会実装に向けて貢献するもの」と言われている。

　ここにあげたのは、文字通り最近の「トピック・ニュース」から拾い上げたものであって、ＡＩの進化による防災・減災の可能性は、これらの事例にとどまるものではない。防災・減災などの領域は、資本主義的な利潤優先の企業活動では、取り組みが遅れがちである。国家的な計画と予算による取り組みが求められるのであるが、たとえば国立防災科学技術研究所の年間予算は98億円（2018年度）に抑えられている。その一方では、安倍政権が決定した新たな「中期防衛力整備計画」（中期防：2019～23年度）では、５年間で過去最大の27兆4,700億円を計上している。こうした軍拡路線のもとで、防衛省では、ＡＩ搭載の無人戦闘機や殺人ロボットなどの軍事技術開発に巨額な予算を費やしている。国の予算のあり方を軍拡優先から防災優先へ、根本的に転換することが求められる。

《第10章》
ＡＩと労働者、ＡＩと資本主義社会

　マルクスが『資本論』で解明したように、労働過程は同時に剰余価値の生産過程である。これまでの各章では、コンピュータやＡＩを応用した労働過程の特徴を、剰余価値生産過程としての側面を捨象して検討してきた。第10章では、ＡＩによる労働過程の変化を価値増殖過程の視点からとらえる。まず、ＡＩ「合理化」がもたらす労働者への影響、雇用・労働条件などへの影響などをとりあげる。次に、ＡＩ「自動化」によって発生する新たな社会的矛盾を検討する。
　最後に、第Ⅲ部「ＡＩと労働過程の研究」全体のまとめとして、コンピュータやＡＩの進化のもとで問われているのは、資本主義的生産関係そのものであり、コンピュータやＡＩを真に人間の幸せに役立てられるような社会への移行こそが、21世紀の人類史的な課題になっていることを主張して本章を締めくくる。

Ｉ　ＡＩと労働者 ── 価値増殖過程の矛盾①

（１）　資本にとって利潤獲得の手段としてのＩＣＴ、ＡＩ
　マルクスは、『資本論』第Ⅰ巻第13章「機械設備と大工業」の冒頭で、Ｊ・Ｓ・ミルから機械についての文言を引用した後で、「資本主義的に使用される機械設備の目的」は、「けっして人間の日々の労苦を軽くすることではない」と指摘し、さらに次のように述べている。

>　「労働の生産力の他のどの発展とも同じように、機械設備は、商品を安くして、労働日のうち労働者が自分自身のために費やす部分を短縮し、彼が資本家に無償で与える労働日の他の部分を延長するはずのものである。機械設備は、剰余価値の生産のための手段である」（③、643ページ。原書、391ページ）。

　ここでマルクスが指摘していることは、ＩＣＴ、ＡＩの利用においても資本主義的な企業による限りは、そのままあてはまる。ＩＣＴ、ＡＩも「資本の生

産力」として利潤追求のために利用されるのだからである。
　現代の生産力の発展が「資本の生産力」としての性格をもっていることは、ＩＣＴ革命による「生産性の上昇」にも貫かれていく。ＩＣＴ革命が資本主義企業にとって巨額な利潤の源泉になってきたことについては、このわずか４半世紀の期間に起業した米国のＧＡＦＡ（グーグル、アップル、フェイスブック、アマゾン）が瞬く間に巨大企業に急成長してきたことに象徴的に現われている。

（２）　ＡＩ、コンピュータの価値移転、価値増殖の特質

　労働手段としての「現在のＡＩ」は、超高性能なレベルに進化した人型ロボットに搭載されている場合であっても、情報処理機械としてのコンピュータシステムである限りは、産業活動に充用されても、経済学的な意味での新しい価値を生むことはできない。それは、マルクスが『資本論』で解明した「生産物への機械設備の価値移転」の法則にしたがうのである。

> 「不変資本の他のどの構成部分とも同じように、機械設備はなんら価値を創造しはせず、自分が、その生産の役に立つ生産物に自分自身の価値を引き渡す。機械設備が価値をもち、それゆえ価値を生産物に引き渡す限りでは、機械設備は生産物の１つの価値構成部分をなす」（③、669ページ。原書、408ページ）。

　このようにＡＩも新たな価値を創造することはできないという点では他の機械と同じであるが、ＡＩやコンピュータを開発・利用するＩＴ企業は、剰余価値の増殖という点では、かつてない独特の利潤を獲得する。
　たとえば、先にあげたＧＡＦＡなどの巨大ＩＴ企業は、圧倒的な世界市場でのシェアをもとに、ＡＩ技術の革新によって得られる特別剰余価値を長期化にわたって独占することによって法外な超過利潤を獲得している。またＧＡＦＡなどの巨大ＩＴ企業は、巨大なコンピュータ・プラットフォームを利用して、ビッグデータの「囲い込み」をおこない、情報支配を国際競争力の源泉として新たな膨大な独占利潤を獲得しつつある。世界中の大企業がＡＩをめぐって技術開発の熾烈な競争を展開しているのは、それが巨大な超過利潤をもたらすからにほかならない。
　さらに、ＩＴ関連企業の株価の高騰は、ＩＴ企業の創業者たちに巨額な創業者利得をもたらし、彼らが長者番付の上位を占めることになる。

（3） 労働時間短縮の可能性と逆行する現実

　ＩＣＴ革命やＡＩの進化などの技術が発展して、さまざまな産業、職種で広範に採用されていくならば、社会全体で労働時間を短縮するなど、労働条件を大幅に改善する条件が生まれてくる。

　そこで、現在の労働基準法の週40時間制を、週35時間制、さらに週30時間制へと発展させて、それを社会全体で実行していくならば、労働時間短縮を進めるのと同時に、社会全体の雇用を確保することができる。ＡＩによる生産性向上は、新たな賃金引上げの条件も生みだす。

　こうした議論は、ただ筆者がしているだけではない。次の文献をあげておこう。

>　「一歩進んで8時間労働制自体も見直してしまうという問題提起も必要な段階に来る可能性もあろう。8時間が標準ではなくそのラインを4時間とか5時間にまで下げるという考えである。……このときに考えたいのは、仮に8時間が4時間に短縮するとすれば、4時間は人間が働き、後の4時間（ないしそれ以上）はロボットや機械が働くか、あるいは4時間は人間もロボットや機械も一緒に働き、後の4時間（ないしそれ以上）ロボットや機械が単独で働き続けるという擬制である。このように考えることによって、新技術の導入は決してミゼラブルなものではなく、より人間的な労働を実現するための手段ともなるであろう」（労働問題リサーチセンター『新技術の労働に及ぼす影響に関する調査研究報告書』2016年度版、77ページ。ちなみに、この調査研究の座長は、樋口美雄慶応大教授である）。

　政府・厚労省の労働政策審議会では、ＩＣＴ、ＡＩなどの普及にともなう労働法制の基本的あり方を検討している。しかし、そこで強調されていることは、「ＡＩ等の新技術を普及させることで、働く人全ての活躍を促し、生産性の向上を図る」ということである。「ＡＩ等の新技術が普及した際には、あわせて、労働時間の考え方等の雇用管理の在り方についても、実態を踏まえつつ検討していく必要がある」などとも言っている（以上の引用は、労政審「労働政策基本部会報告書」、2018年7月30日）。

　しかし、労働時間の雇用管理のあり方を「実態を踏まえつつ検討」とは、どういうことなのか、何を意味するのか。その方向は明らかではない。現実に日本で進行しているのは、労働時間短縮とは、まったく逆の事態である。

安倍内閣が2018年6月に強行成立させた「働き方改革関連法」は、「長時間労働の是正」などと称していたが、年720時間（月平均60時間、繁忙期は月100時間未満）までの残業時間を容認するなど、残業時間規制の従来の大臣告示の骨抜きにほかならないものだった。しかも、上限規制を完全に外してしまう「残業代ゼロ」法（労働基準法改定）とセットになっており、まさに過労死・過労自殺を野放しにするものだった。

（4）　IoTとAIによる「スマート工場」における労働内容
　　　　――「管理・統制」機能の変化
　マルクスは、『資本論』のなかで、資本主義的工場の機械労働について、次のように指摘していた。
　　　「機械労働は神経系統を極度に疲れさせるが、他方では、それは筋肉の多面的な働きを抑制し、いっさいの自由な肉体的および精神的活動を奪い去る。労働の軽減さえも責め苦の手段となる。というのは、機械は労働者から労働を解放するのではなく、彼の労働を内容から解放する〔内容のないものにする〕からである」（③、730～731ページ。原書、446ページ）。
　マルクスが強調しているのは、「生産過程の精神的諸力能が手の労働から分離すること、および、これらの力能が労働にたいする資本の権力に転化すること」「内容を抜き取られた個別的機械労働者の細目的熟練は、……取るに足りない些細事として消え失せる」（同、731ページ）からである。
　H.ブレイヴァマンは、『労働と独占資本』（1974）のなかで、マルクスの指摘をいっそう具体化して、20世紀の機械制大工業の展開と科学技術革命によって、労働過程における「構想と実行の分離」が進み、熟練労働が解体され、労働者管理・統制がさらに強化されると主張した。
　しかし、こうした機械制大工業の条件は、新たなICT革命を前提とする工場制度の技術的条件のもとでは、一定の変化を余儀なくされている。後述するように（第8項、第9項）、コンピュータやAIを利用する労働過程では、プログラミングなどの高度なIT技能が不可欠になるからである。
　コンピュータリゼーションとAIの新しい技術的条件は、労働過程における労働者管理・統制に新しい変化をもたらす可能性がある。一面では、労働にお

ける「構想」をふたたび労働者の手に取り戻し、資本による管理・統制の契機を縮小させる条件となる可能性がある。しかし、他面では、ＡＩの進化は、資本主義的経営の「合理化」と搾取強化の手段となり、労働者にたいする新たな管理・統制が続く可能性もある。ＡＩ搭載ロボットとの協働のもとでは、監督者（職制）による管理・統制に代わって、ロボットの生産基準に合わせて労働強化が自動的に進められる危険もある。つまり、ベルトコンベアの代わりをロボットが果たすことになる可能性もある。資本主義的社会のもとでは、むしろ、こうしたＡＩの危険な役割が先行する懸念がある。

（５）　劣化する雇用①ーー 大量失業の可能性

　ＡＩの資本主義的利用による大量失業の可能性については、本書の第３章でもふれたように、英国のオズボーン論文（2013年）が米国の雇用試算を発表したことを契機に、世界的な議論がおこなわれてきた。同論文にたいしては、直ちにＯＥＣＤ（経済協力開発機構）本部の研究者による反論がなされ、オズボーン論文のような大量失業は生まれないと主張した。オズボーン論が米国の場合は47％の雇用が代替されると試算したのにたいし、ＯＥＣＤ論文は９％と試算した。また、野村総研は、オズボーンらとの共同研究をおこない、日本の601種の職業について、それぞれＡＩやロボットで代替される確率を試算して49％の雇用が失われる可能性があるという結果を発表した。

　オズボーン論文の、ＡＩなどによる雇用代替の試算は、労働過程の技術的可能性だけによるものであり、過大な試算になっていることは明らかである。しかし、すでに検討してきたように、ＡＩの応用によって、新たにＲＰＡなどが普及するならば、事務労働などの雇用の代替が進むことは否定できないであろう。現実に、日本では、とりわけ金融機関において、そうした動きが急速に進行しはじめている。

　これから本格化すると思われるＡＩ「合理化」は、日本の場合は、1980年代のＭＥ（マイクロ・エレクトロニクス）革命による「合理化」の時とは、かなり異なるのではないかと思われる。ＭＥ革命の時は、①経済成長による総体的な雇用需要の増加、②サービス業の増大など産業構造の変化による雇用の流動化、③労働力人口の増大（若年労働力の増大）による ＭＥなどの技術変化への対応、などの条件があった。しかし、21世紀の今日では、こうした条件

はすべてなくなっている。

　2020年代の雇用問題を労働者の立場から考えるさいには、個々の生産現場、経営での人減らし「合理化」とのたたかいと同時に、ナショナルセンターとしての国民的運動が必要になっている。そのためにも、ＡＩ「合理化」についての理論的な研究と解明が求められる。

（6）　劣化する雇用②　——　プラットフォーム型雇用の問題性

　ＩＣＴ革命、進化するＡＩの生産過程への導入による雇用の劣化は、大量失業という形態だけではない。ＩＣＴ革命とＡＩの進化は、21世紀資本主義の「生産手段の所有形態」や「資本・賃労働関係」にも、新しい変化を生みつつある。今日のＩＣＴ革命のもとでも、重厚長大の機械設備やスーパーコンピュータは大資本によって独占的に所有されているが、その辺々では軽薄短小な生産手段（たとえば高性能なパーソナル・コンピュータ）は個人での所有が可能なっている。そこからインターネットに繋がったパソコンやスマホなどを使った自営業者的な就業形態の一定の条件が生まれてきている。

　こうした新しい「就業形態」の事例として、現在、世界70ヵ国、450都市で配車サービスを展開しているウーバー（Uber）がある。米国のウーバー・テクノロジーズ社が運営するウーバーのビジネスモデルは、お客が求める場所にスマホでタクシーを呼び、オンデマンド送迎サービスを受けることができるというものである。ドライバーは、スマホと自家用車さえあればウーバー社に登録をして同社のプラットフォームの提供するアプリケーションを通して、個人タクシーのように営業する。ウーバー社の言い分では、ドライバーはウーバーが雇用しているのではなく、配車アプリの顧客にすぎないというわけである。

　ダボス会議（世界経済フォーラム）の主宰者：クラウス・シュワブは、『第４次産業革命』（邦訳、日本経済出版社、2016年）のなかで、「デジタル経済における企業、特に急成長するベンチャー企業にとってのメリットは明確だ。ヒューマン・クラウド・プラットフォームが、労働者を従業員ではなく自営業者として扱うため、企業は、最低賃金、雇用税、社会保険の支払い義務を免れる」（同書、69ページ）と述べている。

　プラットフォーム型雇用の形態は、当面はまだきわめて補完的な限定的なものである。いわば19世紀以来の、機械制大工業（大資本）に収奪される「家

内工業」的な新たな形態の雇用者とみるべきであろう。こうした新たな形態の自営業者的雇用にたいする労働法制の適用が必要になっている。

（7） 雇用と労働条件の二極化、男女格差が拡大する懸念

　20世紀の後半、コンピュータの産業応用が本格化するとともに、雇用と労働条件の二極化、格差の拡大がすすんできた。米国では、労働市場の二極化の分析が労働経済学の課題となり、オーターＭＩＴ教授などが取り組んできた。労働市場の二極化の問題を解明したオーター教授らの「タスク」分析の手法については、ＩＭＦ（国際通貨基金）の機関紙『ファイナンス ＆ ディベロップメント』（2017年12月号）の記事が手際よく紹介している。

　　「オーター教授がとったアプローチは異なった。彼はまず、ある物を動かしたり、計算を行ったりといった労働者が行う作業を特定し、コンピューターがどの作業なら行えるかを検討した。オーター教授らは、簿記係やレジ係など『中間スキル』層の仕事に典型的な定型作業の多くをコンピューターが代替したため、専門職や管理職の特色である問題解決スキルや適応能力、さらには創造性の価値が大きく高まったということを突き止めた。同時に、コンピューターでは、用務員やファーストフードの店員が行うものなど肉体労働による作業を置き換えることができなかった。その結果、労働市場における二極化が進展した。賃金は労働者の技能熟練度が最も高い層と最も低い層で一番多く増加し、中間スキル層では賃金が圧縮された」（同誌、邦語版、34ページ）。

　オーター教授らの研究は、主として1980年代以降の米国の労働市場の二極化の要因の探究であったが、21世紀に入って、コンピュータリゼーションとＡＩの進化によって雇用と労働条件の二極分化の傾向は新たな特徴を見せている。データサイエンティスト、プロジェクトマネジメント、アプリケーションスペシャリスト、セキュリティ専門家などなど、ＩＴ関連の高スキル、高所得の労働者が増大する一方で、低スキル、低賃金、不安定なサービス業関連の労働者が増えている。さらに、ＡＩの産業応用によって、ＲＰＡなどの事務労働の自動化が拡大するならば、相対的に事務労働者の割合が多い女性雇用者の大量解雇がすすみ、男女間の労働条件の格差もいっそう拡大する懸念がある。

（8） コンピュータ作業による新しい労働災害・労働疾患

19世紀の産業革命以後の機械制大工業の確立とともに、世界各国で労働災害が激増した。大規模な機械設備そのものの危険性、劣悪な労働条件（長時間労働、過重な労働密度）、劣悪な労働環境などによって、労働者は疲労を高め、労働災害を誘発する危険性を高めてきた。

20世紀後半のＩＣＴ革命の進行とともに、かつての機械操作では起こらなかったような新しい労働災害・労働疾病が発生するようになった。たとえば、コンピュータ作業が広がる以前の1960年代から、キーパンチャーなどの職場では頸肩腕症候群が広がった。1980年代に入ると、ＶＤＴ作業による眼精疲労や腱鞘炎が深刻な職業病として労災認定されるようになった。1990年代以降、パソコンによる労働が一般化するにつれて、①筋肉の異常（長時間のパソコン作業で、指から腕、肩、首、背中、腰と筋肉が凝る）、②目の異常（画面を長時間見ているので目が酷使され疲れる）、③神経・精神の異常（首の周辺の神経を圧迫し自律神経失調症、うつなどの精神症状を起こす）、さらに、テクノストレス症候群、テクノ依存症、ネット依存症など、新しいタイプの障害が次々と生まれてきた。

深刻化する労働者のメンタルヘルス問題を労働経済学的視点と計量経済学的手法で分析した山岡順太郎『仕事のストレス、メンタルヘルスと雇用管理』（文理閣、2012年）は、ＩＴ化などの労働環境の変化によって、「職業性ストレスの増加、それらの職業性ストレスに起因する健康障害（うつ病などの精神疾患、脳血管疾患、虚血性心疾患）や自殺の増加が深刻な社会問題となっている」（同書、1ページ）と指摘している。

国立研究開発法人科学技術振興機構・社会技術研究開発センターがおこなった約1万人の労働者アンケートによると、ＡＩなど新しい情報技術の導入段階が高いほど、労働者は仕事のストレスが増加する傾向にあるという（山本勲「ＡＩなどの情報技術の導入とストレス」経済産業研究所ＨＰコラム：2018年8月24日閲覧）。

これからＡＩ搭載機器の導入が本格化するにともなって、どのような新しい労働災害・労働疾患・職業病が生まれてくるか、まだ必ずしも明確な調査はないが、その行方を注視していく必要がある。

（9） ＩＣＴ関連の新しい職種の増大 ── 深刻な「ＩＴ人材の不足」

　ＡＩなどの新技術の社会的応用は、進化した労働過程に適応できる新しい職種、新しい人材を必要とする。経済産業省は2002年に、ＩＴ関連の技能を職種や専門分野ごとに明確化・体系化した指標としてＩＴスキル標準（ＩＴＳＳ＝ IT Skill Standard)を定めている。また独立行政法人・情報処理推進機構（ＩＰＡ）は、2009年から毎年ＩＴ関連産業における人材動向の状況を調査して『ＩＴ人材白書』を発表している。

　ＩＴＳＳは、情報技術者の能力を11職種35専門分野に分けて体系化したフレームであり、ＩＴ専門家としてのスキルの共通概念を定義している（図22）。ＩＰＡは、2016年12月から「第4次産業革命に対応したスキル標準検討ワーキンググループ」を設置し、そこでの議論も受けて、従来のＩＴＳＳに追加して、2018年4月にＩＴＳＳ＋（プラス）を発表した。これは、すでに活動しているＩＴ人材が「学び直す」ための指針である。

　ＡＩなどの技術進化が急激に発展するのにたいして、日本では、それを使いこなせる人材は大幅に不足してきている。先に第Ⅱ部第4章で見たように、経済産業省の委託調査では、現在でも不足しているＩＴ「人材不足」が2020年代にはますます深刻になると予測している。

図22　ＩＴ人材の11職種35専門分野

マーケティング	セールス	コンサルタント	ITアーキテクト	プロジェクトマネジメント	ITスペシャリスト	アプリケーションスペシャリスト	ソフトウェアデベロップメント	カスタマーサービス	ITサービスマネジメント	エデュケーション
マーケティングマネジメント	訪問型コンサルティングセールス	インダストリ	アプリケーションアーキテクチャ	システム開発	プラットフォーム	業務システム	基本ソフト	ハードウェア	運用管理	研修企画
販売チャネル戦略	訪問型製品セールス	ビジネスファンクション	インテグレーションアーキテクチャ	ITアウトソーシング	ネットワーク	業務パッケージ	ミドルソフト	ソフトウェア	システム管理	インストラクション
	メディア利用型セールス		インフラストラクチャアーキテクチャ	ネットワークサービス	データベース		応用ソフト	ファシリティマネジメント	オペレーション	
				ソフトウェア製品開発	アプリケーション共通基盤				サービスデスク	
					システム管理					
					セキュリティ					

出所：情報処理推進機構ホームページ「ＩＴ人材の育成」より。

(10) プログラミング教育と自然言語能力の低下 —— 人間の全面的発達の視点

日本政府は、ＩＴ「人材不足」が深刻化して顕在化するようになったため、あわてて小・中・高校でのプログラミング教育に力を入れ始めている。2013年６月の「成長戦略」のなかに「義務教育段階からのプログラミング教育等のＩＴ教育を推進する」と明記し、新しい「小学校学習指導要領」（2017年３月31日公示）で小学校からのプログラミング教育を打ち出し、2020年度からの必修化を決めた。これを受けて、文科省は、2018年３月には『小学校プログラミング教育の手引』を発表した。

コンピュータを利用する労働過程で決定的に重要となるのは、コンピュータ・プログラミングについての技能である。早い時期からプログラミング教育を進めることは、それ自体は否定すべきことではないであろう。しかし、日本では自然言語による教育がきわめて危機的な現状にあることを直視する必要がある。教育現場での情報技術活用に取り組んできた新井紀子・国立情報学研究所教授は、いま日本で深刻な問題は、ＡＩと共存するために絶対に必要な「（自然言語の）意味を理解する力」、「教科書を理解する読解力」が中高生に失われつつあることだと警鐘を鳴らしている。プログラム言語は読めても自然言語が読めない子どもたちが増えるなら、いったい何のためのプログラミング教育かということになる（新井紀子著『ＡＩ vs. 教科書が読めない子どもたち』東洋経済新報社、2018年）。

新井紀子教授は、もっぱら中高生の自然言語能力の低下を危惧しているが、筆者は、それだけではなく、日本社会全体の知的劣化（大学教育、メディアなどを含めて）が進行しつつあるのではないかと懸念している。

マルクスは、機械制大工業は「全体的に発達した個人をもってくることを、死活の問題とする」と述べた（『資本論』③、838ページ。原書、512ページ）。拙速なプログラミング教育については、全体的に発達した人間の視点からの再検討が必要であろう。

Ⅱ　ＡＩと資本主義社会 —— 価値増殖過程の矛盾②

ＡＩによる「自動化」は、ただ便利さの基準だけで、無条件・無批判に推進すべきではない。その社会的影響、国民の働く条件、生活の条件に及ぼす意味

などを総合的によく吟味・検討すべきである。

　ＡＩが資本主義的な価値増殖過程に利用されることからくる社会的な矛盾については、すでに第７章から第９章までのＡＩと労働過程の検討のなかでも、いくつかの論点についてはふれてきた。

　ここでは、労働過程という枠組みを超えて、ＡＩが資本主義的に利用されることから生じる社会的矛盾について、これまでの章ではあまり本格的にとりあげてこなかった問題について述べておきたい。

（１）　無人化されたＡＩ・ロボット兵器の危険性

　ＡＩの進化とともに、ＡＩ搭載の殺人ロボットや無人戦闘機など、ＡＩを軍事利用する世界的競争が拡大しつつある。アメリカは、2011年の米軍の陸上無人システム計画で「完全自動化」を最終目標にかかげたが、すでに、イスラエル軍は2016年には無人のＡＩ搭載の完全自動（フルオート）運転軍用車の実戦配備を開始し、パレスチナ自治区ガザ地区との境界に導入したと言われている（『毎日新聞』2016年８月24日）。

　2018年７月にストックホルムで開かれた国際人工知能学会（ＩＪＣＡＩ）では、「自律型致死兵器に関する誓い」という声明文が発表された。世界の3,000人を超すＡＩ研究者や経営者らが賛同し、開発の規制を各国政府に求め、賛同者自身も研究者として開発や製造、使用に関わらないと宣言している。

　こうした科学者、研究者の危惧・警鐘をうけて、2017年11月に、国連で自律型兵器の使用に関する政府専門家会合が開かれた。2018年５月には、「自律型致死兵器システム（ＬＡＷＳ）に関する非公式専門家会合」（第３回）が開催され、83ヵ国のほか国際機関、ＮＧＯが参加した。しかし、国連の討論は端緒に着いたばかりであり、国際的なＡＩ搭載の殺人兵器の禁止条約には米ロなどの軍事大国は強く反対しており、同条約締結の現実的見通しは立っていない。

（２）　ＡＩによる個人情報管理、プロファイル作成の危険性、対人関係労働の自動化の限界

　第７章で述べたように、労働過程にＡＩが入ってくるとともに、情報（ビッグデータ）が労働過程の重要な要素として位置づけられるようになる。ビッグ

データのなかには、労働過程の外部のスマホやパソコンなどの個人情報がインターネットを通して集積されたものが大きな位置を占めている。

　ＡＩによる個人情報の分析は、個人のプライバシー侵害の問題にとどまらない。ＡＩに個々の人間のプロファイル作成をゆだねることの危険性もある。プロファイルとは、人物の経歴、職歴、性格など人物像の特徴をまとめたデータのことである。たとえば、企業の人材採用の過程で、書類選考、面接、試験などを、ＡＩプロファイルを活用する場合などである。ＡＩによって作成されるプロファイルに依拠した選考は、人間が担当することで生まれる「ブレ」や「贔屓目」を防ぐことができるとか、人事部の仕事の省力化にもなる、などという理由で、大企業を中心に広がりつつある。

　留意すべきことは、ＡＩによる判断は、あくまでも確率的（統計数学的）なデータ分析の結果によるものであるということである。それは、人間による長期にわたる経験や直感（勘）、感性などを加味した判断ではない。人間の評価を「統計確率的判断」に安易にゆだねてはならないという問題である。

　第９章（第Ⅰ節）で、ＡＩによる対人関係の労働（狭義のサービス労働）の特徴を４点あげておいた。この特徴は、そのまま対人関係の労働におけるＡＩ活用の限界をも現わしている。また、第８章（第Ⅶ節）のＲＰＡのリスクとしてかかげた問題は、対人関係の労働についても、ほとんどそのままあてはまる。

　ＡＩによって対人関係の労働のうちのある「タスク」を部分的にでも「自動化」する場合には、取り返しのつかない事故などが起こらないような万全のシステムを構築することが求められる。

（３）　ＡＩと市場経済 ── 金融機能の変質、投機的活動の拡大

　ＡＩの進化とともに、最近目立ってきたのは、「投資判断をＡＩでおこないます」などという証券会社や銀行などの個人投資家向けの宣伝である。ＡＩがデータを解析して金融商品の銘柄を選んだり運用内容を決めたりするので、「客観的に妥当性のある銘柄を抽出できる」などといううたい文句をかかげている。

　コンピュータを利用した証券のアルゴリズム取引そのものは、すでに1980年代から米国の機関投資家を中心にはじまっていた。アルゴリズム取引は、コンピュータがあらかじめセットされたアルゴリズムにもとづいて株価や出来高などに応じて、自動的に株式売買注文のタイミングや数量を決めて注文を繰り

返す取引のことである。コンピュータによるアルゴリズム取引は、金融市場のメカニズムを変質させ、資本主義の基礎的仕組みである市場経済を機能マヒに陥れる危険がある。

2010年に「フラッシュ・クラッシュ」と言われるニューヨーク株式市場での株価の異常な乱高下が起こったのも、アルゴリズム取引の結果だった。ダウ工業株30種平均が一時、前日比で1,000ドル近く暴落し、その後1分半で元の水準まで急騰した。その原因はコンピュータによる超高速取引（ＨＥＴ＝High Frequency Trading高頻度取引）にあり、1,000分の1秒、100万分の1秒単位の超高速で自動売買を大量に繰り返したことによるものだった。

より身近に起こっているコンピュータによる投機的活動の事例として「仮想通貨」をあげておこう。

先に第Ⅱ部《補論1》でみたように、本来のブロックチェーンの利用は、社会的富からの「控除」、「社会的空費」としての貨幣費用を大幅に節減し、未来社会においては、従来の貨幣・金融制度に新たな変革をもたらす可能性がある。しかし、現実には、われもわれもと投機的な資金が群がる異常な動きが広がっている。

（4） 大企業による中小企業支配の条件の変化

ＡＩ、ＩｏＴ、ビッグデータなどＩＣＴ技術の産業応用は、大企業と中小企業の関係にも、新しい変化をもたらす可能性がある。

たとえば、大企業の下請け関係にある中小企業者がＩｏＴによって親企業と生産データを共有する場合には、下請け中小企業は不利益を被る危険がある。中小企業の稼働データ、業務状況などが親企業に筒抜けになり、さらなる下請け単価切り下げの根拠に使われる可能性がある。また、中小企業が独自に開発した機械の設計データ、生産ノウハウなどを親企業につかまれたなら、親企業が部品製造の内製化や他社との部品取引に切り替える機会を与えることにもなりかねない。

ＡＩ、ＩｏＴ、ビッグデータ、ブロックチェーンなどなど、個別企業の「営業の秘密」の垣根を超えた「生産と労働の社会化」をもたらす可能性のあるＩＣＴ革命の発展は、もし資本主義の枠内でそれらの技術的可能性を活用しようとするならば、企業活動へのかなり強力な国家的な介入、つまり「国家資本主

義」が必要になる。

　ドイツの「Industrie4.0」は、最初は業界団体で始まり、政府が中小企業の底上げに活用しようというねらいから開始したと言われる。「Industrie4.0」では、さまざまな中小企業のための取り組みがあり、そのための国家予算が組まれ、「国家資本主義」としての性格を持ってきている。その意味では、「Industrie4.0」は、ＩＣＴ革命の新段階を中小企業を含めて推進しようという模索と見ることができる。

（5）　デジタル・ディバイド（情報格差）の拡大

　デジタル・ディバイド（情報格差）とは、「インターネットやパソコン等の情報通信技術を利用できる者と利用できない者との間に生じる格差」（『情報通信白書』）と定義されているが、一般的には、次のように説明されている。

> 　「コンピュータや通信ネットワークが職場や日常生活に深く入り込み、それを活用できる者はより豊かで便利な生活や高い職業的、社会的地位を獲得できる一方、何らかの理由により情報技術の恩恵を受けられない人々は社会から阻害され、より困難な状況に追い込まれてしまう。こうした状況をデジタルデバイドという」（『ＩＴ用語辞典』）。

　国際的には、デジタル・ディバイドの問題がとりあげられるようになったのは1990年代からと言われるが、日本では『情報通信白書』がデジタル・ディバイドをとりあげたのは2004年度版であり、その後、政府が「デジタル・ディバイド解消戦略会議」（2007年10月～）を開き、最終報告（2008年6月）をまとめた。政府の「戦略会議」では、デジタル・ディバイドを次の３つに分けている。

①　インターネットやブロードバンドなどの利用可能性に関する国内地域格差
②　身体的・社会的条件（性別、年齢、学歴の有無など）の相違に伴うＩＣＴの利用格差
③　インターネットやブロードバンドなどの利用可能性に関する国際間格差

　これらの地域間、個人間、国際間の格差は、いずれも、情報手段、通信手段、情報資源へのアクセス可能性の格差である。それらは、資本主義社会における所得、資産などの経済的社会的格差と結びついており、デジタル・ディバイド

がさらに経済格差を拡大・固定化させるという悪循環の相乗的関係にある。そのために、資本主義社会では、デジタル・ディバイドを解消するのは困難である。

（6） サイバー空間の「不可視性」と情報セキュリティの困難性

2018年に入って、ビッグデータの管理と所有のあり方をめぐって、2つのニュースが世界中を駆け巡った。1つは、米国のＩＴ企業ＦＢ（フェイスブック）による個人情報の大量流出問題であり、いまひとつは、ＥＵ（欧州連合）の「一般データ保護規則（ＧＤＰＲ）」の施行である。

サイバー空間における情報管理やネットワークにおける秩序の確保については、かなり早い時期からさまざまな議論がおこなわれてきた。たとえば、すでに2001年には、「サイバー犯罪条約」（2004年発効、2018年現在、58ヵ国加盟）が締結されている。同条約の趣旨は、次のように解説されている。

> 「この条約は、サイバー犯罪から社会を保護することを目的として、コンピュータ・システムに対する違法なアクセス等一定の行為の犯罪化、コンピュータ・データの迅速な保全等に係る刑事手続の整備、犯罪人引渡し等に関する国際協力等につき規定するものである」（外務省による条約解説、同省のＨＰより）。

現実世界の労働過程にＡＩとビッグデータが加わってくるということは、物理的空間としての労働過程にインターネットを通じて仮想世界（サイバー空間）が関係してくるということである。先に第Ⅱ部第5章でみたように、サイバー空間（サイバースペース：Cyber-space）とは、インターネットのなかで、多数の利用者が自由に情報を流したり情報を得たりすることができる仮想的な空間のことである。

安倍内閣は、ＡＩによるバラ色の「未来社会論」をSociety5.0の名で喧伝しているが、これはサイバー空間におけるＡＩの活用を過大に評価し、その技術的限界を無視した構想である。サイバー空間の評価については、『科学技術白書』（2016年度版）では、次のように解説している。

> 「サイバー空間では地理的・時間的制約を受けにくいため」「新たなアイディアや消費者のニーズに合わせた様々なサービスが一旦生み出されると、一気に世界規模で市場を獲得する」（同、58ページ）。「ＳＮＳ等のサイバー空間での活動から生じるバーチャルデータにとどまらない、

データの収集・蓄積とその利用方法等が新たな付加価値の源泉となる」
　　　（同、60ページ）。「超スマート社会は、サイバー空間を介してあらゆる
　　　産業分野の壁を超えてつながる社会である」（同、61ページ）。
　しかし、サイバー空間の役割を手放しで評価して、「サイバー空間と現実空間の融合」を実現しようとすることには、危険な落とし穴がある。サイバー空間は、コンピュータが日常的な情報処理の結果として生成・収集・累積するビッグデータがネットワークを通じてグローバルに拡大した仮想的な空間であるから、コンピュータの基本的な特徴である「不可視性」を反映する。つまり、サイバー空間は、「不可視性」をグローバルに拡大した世界であり、情報セキュリティの点から見ると、きわめて脆弱な原理的な欠陥をもっているのである。
　（安倍内閣の「Society5.0」論についての詳細な検討は、本書第5章、94ページを参照していただきたい）。

（7）　私的所有制度を基礎とする知的財産権制度の限界

　ＡＩの進化は、知的財産権（知的所有権）のあり方に深刻な問題を生み出しつつある。
　将来、ＡＩが創造性をもつまで進化した場合に、ＡＩが自律的に創作した作品の知的財産権はどうなるのかという問題である。現在の知的財産制度のもとでは、ＡＩが自律的に発明、著作した創作物は、それが著作物であれ技術情報であれ、いずれも権利の対象にならないというのが一般的な解釈である。しかし、ＡＩを人間が道具として利用して創作をしていると評価される場合には権利が発生しうる。その場合は、そのＡＩの所有者の知的財産とみなして、ＡＩ所有者に知的財産権が帰属することになる。
　ところが、自然人がＡＩを道具として生産した創作物と、ＡＩが自律的に生産した創作物を、外見上見分けることは困難である。両者の違いは創作の過程に表れるものであり、創作物それ自体に創作過程での違いが表れるものではないからである。そのために、現在の知的財産制度のもとでは、きわめて不都合なことが生ずる可能性がある。内閣府の知財戦略本部は、その報告書のなかで、現行の知的財産権制度の行き詰まりを深刻に懸念している。
　　　「ＡＩ創作物が自然人の創作物と同様に取り扱われるとなると、それ
　　　は即ち、人工知能を利用できる者（開発者、ＡＩ所有者等）による、膨

大な情報や知識の独占、人間が思いつくような創作物はすでに人工知能によって創作されてしまっているという事態が生じることも懸念される」（内閣府：知的財産戦略本部『次世代知財システム検討委員会報告書』、2016年4月）。

こうしたAIの進化による現行の知的財産権制度をめぐって生じている懸念は、結局、人間の知的・創造活動を知的財産として扱う私的所有制度そのものから生まれてくる矛盾である。資本主義のもとで形成された現行の知的財産権制度は、AIの進化によって、解決されえない限界点に到達しつつあるように見える。

（8）　地球環境の危機、自然破壊

21世紀にいっそう深刻となりつつある地球環境の危機・自然災害・異常気象などの問題は、最近のコンピュータリゼーションやAIの進化によって直接もたらされたものではないが、資本主義のもとでの野放図な生産力の発展に起因する問題として、ここでとりあげておいてもよいだろう。

資本主義的搾取制度は、本来的に自然と人間（働く人）を利用し尽くすことによって成り立っているので、資本主義のもとでは、その生成した時期から、自然と人間の物質代謝を撹乱する作用が始まるのであるが、18世紀〜19世紀の産業革命によるエネルギーの消費拡大、20世紀に入ってからの大量生産、大量消費の時代の進行によって、自然破壊、地球環境の危機は待ったなしの状態にまで深刻化することになった。

さらに今日のコンピュータリゼーションやAIの進化による生産力の飛躍的発展は、その利用の仕方を誤るなら、人類は自然との物質代謝の危機を破局的にまですすめることになるであろう。もちろん、そうなれば、資本主義は文字通り終局的に破たんし、終焉に至らざるを得ないにちがいない。

Ⅲ　問われているのは「資本主義的生産関係」である

社会科学の研究者のなかには、AIの進化、その産業・社会への応用が広がるなかで、AIの時代に、社会全体で取り組むべき課題はベーシック・インカム（basic income、ＢＩと略される）であると主張している人もいる。ＢＩと

は、論者によっていろいろな解説がなされているが、「政府がすべての国民に対して最低限の生活を送るのに必要とされている額の現金を定期的に支給する制度」ということのようである。現行の生活保護のように収入や資産によって給付を差別する所得保障制度ではなく、収入や資産の水準によらずに、すべての国民に一律・無条件に最低生活費を給付する点に、その特徴があると言われる。

　ここでは、ＢＩの意義について政策的な検討をするつもりはない。おそらく普遍主義的社会保障制度としての評価、財政制度の面からの評価、生活権保障としての評価などなど、さまざまな検討が必要になるだろう。だが、ここでは、それらの議論には踏み込まない。

　ここでは、ＢＩの政策的な仕組みがどのようなものであろうと、本質的には、ＢＩは所得の分配・再分配にかかわる制度だということだけ確認すればよい。資本主義の社会保障制度では考えられないような徹底した生活保障の仕組みが考えられているのだとしても、ＢＩの本質が所得分配・再分配の制度であることは変わらないであろう。その場合、資本主義的生産関係は前提とされている。

　しかし、ＡＩの進化で問われているのは、分配・再分配のあり方ではない。より根源的な資本主義的生産関係そのもの、資本主義的搾取制度の存続可能性が問われているのである。ＡＩの進化で示されるような巨大な社会的生産力の発展、「生産と労働の社会化」の発展が、もはや私的所有権制度にもとづく資本主義的搾取制度の狭い外皮とは相いれなくなっていること、そこにこそ問題の本質がある。

　ＡＩの進化で問われているのは「資本主義的生産関係」の存続可能性である。コンピュータやＡＩを真に人間の幸せに役立てられるような社会への移行、資本主義的工場の「スマート」化ではなく、社会全体の「スマート」化こそが、21世紀の人類史的な課題になっているのである。

《補論2》
「近代経済学」の労働過程の研究
―― 「タスク」分析の方法と限界について

　「近代経済学」の労働経済学では、労働者の側のスキル（技能）分析による労働市場の二極化の分析がおこなわれてきた。最近では、労働者の側のスキルではなく、職務の側の労働内容を個々のタスク（仕事、作業）に分解して分析するタスク分析の方法が開発されてきた。

（1）　前史 ── 20世紀前半：テーラーの科学的管理法とギルブレスの動作研究

　資本主義的工場の労働をタスクに分解して考察する方法は、20世紀初めの、いわゆるテーラー・システム以来、以前からあった。F.W.テーラー（1856～1915）が提唱した工場管理のための科学的管理法（1911年）は、労働者の作業（タスク）を細かく分析（動作研究）して、その標準時間と1日になすべき仕事量を決め、作業を高能率化しようとするものであった。それは、機械制大工業のもとでの剰余価値生産の増加を目的とした、きわめて実践的な搾取強化のための動作作業研究であった。

　テーラーの動作時間分析に続いて、青年時代にレンガ積み工員を経験したF.B.ギルブレス（1868～1924）は、自分のレンガ積み作業の経験も踏まえながら、労働過程の動作（motion）を研究して18の基本要素に分解し、それを3つの範疇に分類した「サーブリック表」を考案した（ちなみに、サーブリック〔Therblig〕とは、考案者ギルブレス（Gilbreth）の英語の綴りを逆から読んだものである）。

　テーラー、ギルブレス以後は、労働過程の動作研究は、人間工学、生産工学などに引き継がれて、もっぱら経営合理化、工場合理化のためのインダストリアル・エンジニアリング（IE）として発展したが、経済学的な視点からのタスク研究は、近年にコンピュータリゼーションとのかかわりでの労働過程の変化への関心が復活するまで、ほとんど注目されてこなかったようである。

（2） 労働の二極化の分析 ── スキル（技能）分析による「ＳＢＴＣ」仮説

1980年代から90年代にかけて、世界的に資本主義諸国の労働市場において、賃金の格差の拡大、雇用の二極化が目立つようになってきた。それを実証的に分析し、二極化、格差拡大を説明する理論として、ＳＢＴＣ仮説（スキル偏向的技術進歩）仮説が提起されてきた。ＳＢＴＣとは、〔Skill Biased Technological Change〕の略語である。ＳＢＴＣ仮説によると、ＩＣＴ革命の進行によって、理系の高学歴者をより多く必要とする労働需要が増大し、高学歴者層の賃金がより高くなる一方で、技術変化に代替できない低学歴者層の需要も増大した。その結果、中間層の労働需要が縮小し、賃金も低迷し、格差が拡大した。

なお、「近代経済学」による格差拡大の分析では、ほかに経済のグローバル化が原因であるとする仮設などもあり、研究者の間で論争が展開されてきた。

（3） ＡＬＭ論文のタスク分析

高いスキル（技能）を必要とする労働者であっても、実際に日常的におこなっている職務をみると、さまざまなタスク（作業）が含まれている。たとえば、経理部員の職務の場合、帳簿に記入するだけの単純な手作業の仕事もあれば、財務諸表をもとに収支を管理・検討する分析的な仕事も含まれる。現実には、高いスキルの職業の労働者でも、タスクに分解すると、コンピュータに代替できるタスク、すぐには代替できないタスクなど、複雑な多数の要素（タスク）を含んでいる。

タスク分析の手法は、タスクの分類のしかたによって、いろいろなモデルが可能であるが、米国のデヴィッド・オーターＭＩＴ教授ら３名の労働経済学者が連名で2003年に発表した論文※（３人の著者の頭文字をとって一般にＡＬＭ論文と呼ばれている）のタスク・モデルが先駆的なものとして知られている。ＡＬＭ論文のタスク・モデルでは、ルーティン・タスクとノンルーテイン・タスクの２種類に分け、それぞれを手仕事タスクと知的分析的タスクとに分類している。つまり、表16で示したように、２×２のマトリックス（行列）で表される４つのタスク分類になっている。

> ※ ＡＬＭ論文の原題。Autor,D.,Levy,F.and Mumane,R J.(2003).The skill content of recent technological change： An empirical exploration.*The Quarterly Journal of Economics*,vol.118,no. 4 ,pp.1279-1333.

表16　タスク(仕事)の4分類(ALM論文をもとに作成)

	ルーティンタスク (定型的仕事)	ノンルーティンタスク (非定型仕事)
手仕事タスク (肉体労働)	繰り返し型組み立て作業 選定作業。並び替え作業 出荷・発送・配達。警備 強い代替	非定型的な手作業 トラック運転。建設労働、調理 限定的な代替か補完
知的分析的タスク 人的関係タスク コミュニケーション タスク (精神労働)	繰返型顧客サービス 銀行窓口、記録、レジ 受付、駅務、行政事務 強い代替	仮説の設定・検証、管理監督 医療診断、法律文書、文筆業 教育、保育、介護、デザイン 記者・編集、営業・販売 強い補完(代替されない)

説明：ALM論文では、コンピュータ化によって代替される結果、そのタスクが減少するのか、逆にコンピュータ化を補完する仕事が増える結果、そのタスクが増大するのか、ということを基準にタスクを分類している。タスク分類なので、職業分類ではない。

資料：ALM論文の「タスク4分類」を参考にして、筆者がマトリックス形式に書き直して、タスクの事例を追加して作成した。

(4)　「近代経済学」の労働過程分析の限界

　ALM論文などの労働過程のタスク分析の方法は、AIなどによる労働の代替の技術的可能性を検討する場合には一定の有効性があるが、次のような基本的な問題点、限界があると思われる。

　第1に、「近代経済学」の労働過程分析においては、マルクスが『資本論』で解明したような労働過程の基本構造——労働、労働手段、労働対象という3要素の相互関係——にたいする構造的な分析が必ずしも前提になっていない。しかし、労働過程のタスクは労働手段、労働対象とのかかわりで生まれるのであって、労働過程の内的構造とのかかわりでタスク分析はなされるべきなのだが、そうした視点が弱い。

　第2に、「近代経済学」の労働過程分析においては、個別労働者の個別的な作業をタスクに分解して、その特質を類型化して分析するという手法にもとづいている。これは、資本主義的生産様式における労働過程の特質である労働者

集団の「分業と協業」という性格のうちで、とりわけ「協業」の側面を捨象し、すべてを個別労働者の個々バラバラなタスクに分解することにほかならない。このようなタスク分析では、資本主義的労働過程の基本的な特質がとらえられないことになる。

　第3に、「近代経済学」の労働過程分析においては、労働過程が同時に剰余価値の生産過程であるという搾取関係の原点としてのとらえ方が欠如している。「近代経済学」的なタスク分析は、テーラーの科学的管理法に見られるように、労働のタスク分析を労働強化・搾取強化の手段として発展してきたのである。

　このように、「近代経済学」における労働過程の研究は、基本的な弱点を持っていると思われるが、ＡＩによる労働の代替可能性を検討するさいには、その理論的実証的な到達点をよく吟味しつつ参照することが必要だろう。

　本書では、先に第3章第Ⅱ節でオズボーン論文をとりあげて批判的に検討したさいに、同論文が「近代経済学の資本理論や労働経済学の労働過程分析の到達点」を前提としていると指摘したうえで、「マルクス経済学においても、技術変化と労働過程の分析は独自に研究すべき課題」であると述べておいた（72ページを参照）。補論として、「近代経済学」における労働過程の研究をとりあげたのも、そうした課題に取り組むための参考になればとの思いからである。

第Ⅳ部では、「機械工業の原理」をマルクスがどのように発見したのか、その理論史的な系譜をとりあげ、あわせて経済学において生産力の研究が持つ意義を検討する。マルクス経済学の立場からＡＩやコンピュータについて研究するためには、その手掛かりとしてマルクスが『資本論』で解明した「機械工業の原理」をしっかり理解することが前提となるからである。また、マルクスが「機械制大工業」の探究を土台にして構想した「未来社会論」も、「機械工業の原理」を抜きにしては理解することができないからである。

【第Ⅳ部】マルクスと「機械工業の原理」

《第11章》
マルクスの「機械工業の原理」研究の軌跡

はじめに ── マルクスによる「機械工業の原理」探究の３つの源泉

　マルクスが『資本論』で明らかにした「機械工業の原理」は、簡潔に言えば「総生産工程の主観的分割の原理から客観的分割の原理への転換」ということである。この命題自体は、きわめて単純かつ明快なものであるが、マルクスはこの「機械工業の原理」をつかむまでには、さまざまな試行錯誤を経てようやくたどり着いた結果であった。

　「機械工業の原理」についてのマルクスの理論的研究の軌跡をたどると、そこには３つの源泉にたどり着くことができる。第１は、初期マルクスの「労働の疎外」論、第２は、アダム・スミスの「分業」論、第３は、エンゲルスによる「機械制大工業についての実態分析」、である。これらの３つの要因は、1840年代からはじまり、1867年の『資本論』第Ⅰ巻初版に至るまで、マルクスが探究して到達した「機械」研究の内容をなしている（図23、表17）。

Ⅰ　３つの源泉にそっての「機械工業の原理」探究の系譜

（１）　ヘーゲル哲学の「疎外」論の批判的探究

　「機械工業の原理」の第１の源泉は、ヘーゲル哲学の「疎外」概念の批判的探究である。

　よく知られているように、「疎外」〔entfremdung〕という用語は、ヘーゲルが『精神現象学』などの著作で使ったものをマルクスが「経済学・哲学草稿」（1842年）のなかで、資本主義社会における「労働の疎外」として鋳直して、人間活動の本質的あり方と結びつけた哲学的、経済学的な概念である。それは、労働の生産物が、それを生産した労働者とは別な人間（資本家）の所有物となり、労働者にとってはよそよそしいものとなること、また労働そのものも資本家に

図23 マルクスの「機械工業の原理」探究の３つの源泉

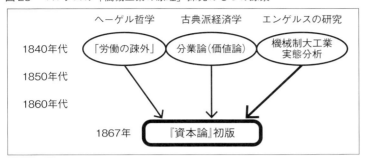

表17 「機械工業の原理」探究の系譜

（1）初期(1840年代)：
──マルクス「労働の疎外」論とエンゲルス「機械制大工業」分析
「経済学・哲学草稿」
●ヘーゲルの「疎外」論の批判的克服
ブリュッセル・ノート(1845年２月)ユア(仏語版)の抜き書き
マンチェスター・ノート(1845年７月)
エンゲルス『イギリスにおける労働者階級の状態』(1845年)
ドイツイデオロギー(1845～46年)
『哲学の貧困』(1847年)プルードンの「機械」論批判
『共産党宣言』(1848年)
（2）中期(1850年代)：
──イギリス機械制大工業の実態分析と古典派経済学批判
ロンドン・ノート(1850年代前半)
トリビューン記事(1851～1862年)
「経済学批判要綱」(1857～58年)
●アダム・スミスの分業論の批判的克服／リカードウとミルの資本蓄積論と機械論批判
（3）『資本論』創成期(1860年代)：
──「相対的剰余価値の生産」と「機械」研究の苦闘
「経済学批判」の分業論・機械論(前半)(1861～1862年？)
マルクスのエンゲルスへの「機械」に関する手紙(1863年１月24日、28日)
（4）『資本論』確立期(1863年)：
──「機械工業の原理」の確立(ユア『工場の哲学』再読)
「経済学批判」の機械論(後半)(1863年)
●「労働の分割の原理から、労働手段・労働対象の客観的分割の原理」
(「機械工業の原理」の理論的命題の確立)
（5）『資本論』完成期(1867年)：
──マルクス、エンゲルスの「機械論」の完成
「工場監督官報告」の分析
『資本論』初版(1867年)

支配されて労働者本人にとってよそよそしいものになることを意味している。

　マルクスは、「経済学・哲学草稿」のなかで、「労働の疎外」について、次の

ように書いている。

> 「労働が生産するところの対象、労働の産物は労働にたいして一つの異物として、生産者からは独立な一つの力として対峙してくるということにほかならない。労働の産物はある対象のうちに定着し、物的となった労働であり、労働の対象化である。労働の現実化はそれの対象化である。労働のこの現実化は国民経済的状態においては労働者の現実性の喪失、対象化は対象の喪失および対象への隷属、そして獲得は疎外として、手放すこと〔外在化〕としてあらわれる」（全集㊵、431ページ〜432ページ、傍点はマルクス）。

> 「労働者は彼の産物のなかで自己を外在化するが、このことの意義はただたんに彼の労働が一つの対象、一つの外的な存在になるところにあるだけでなく、彼の労働が彼の外に、彼とは独立に、余所ものとして存在し、そして彼に対峙する一つの自立的な力となり、彼が対象に貸与した命が彼に余所ものとなって敵対してくるところにある」（全集㊵、432ページ、傍点はマルクス）。

初期マルクスの「労働の疎外」という概念は、1850年代の古典派経済学の批判的研究による「経済学批判要綱」（1857〜58年）では、資本の生産過程、剰余価値の生産を分析するための重要な理論的手掛かりとして繰り返し使われている。さらに、1861年〜63年の「資本論草稿」になると、「疎外」範疇は、「機械」分析のなかで、いっそう具体的な肉付けをもった概念に発展していく。そこでの特徴は、「機械」の登場によって「労働の疎外」が決定的になると強調していることである。マルクスは、次のように機械による労働過程を特徴づけている。

> 「それゆえ、労働の社会的生産力から、かつまた労働そのものから生まれる労働の社会的諸条件が、たんに労働者にとって疎遠な、資本に属する諸力として現われるだけでなく、個々の労働者にたいして、資本家の利益のために敵対的かつ圧倒的に立ち向かう諸力として最も決定的な姿で現れるのは、この機械の形態においてなのである」。「したがって、ここで、労働の客体的諸条件——過去の労働——が、生きた労働にたいして直接的な対立のかたちをとる疎外というものが、はじめて妥当するようになる」（『資本論草稿集』⑨、259ページ）。「機械の場合、この対

立あるいはこの疎外は、あとで見るように、敵対的な矛盾にまでも発展する」(同、195ページ、傍点はいずれもマルクス)。

このようにマルクスは「資本論草稿」までは、「疎外」範疇を積極的に使っていたが、1867年の『資本論』初版のなかでは、「疎外」(entfremdung)という哲学的な用語は、ほとんど使わずに、より現実的な資本主義社会の実態分析にもとづいて、機械の所有者となる資本家による労働者の支配・搾取の関係を分析している。マルクスは、『資本論』のなかでは、次のように述べている。

「彼がこの過程にはいるまえに、彼自身の労働は彼自身から疎外〔entfremdung——引用者注〕され、資本家に取得され、資本に合体されているのであるから、その労働はこの過程のなかで絶えず他人の生産物に対象化される」(『資本論』④、978ページ。原書、596ページ)。

「資本主義制度の内部では、労働の社会的生産力を高めるいっさいの方法は、個々の労働者の犠牲として行なわれるのであり、生産を発展させるいっさいの手段は、生産者の支配と搾取の手段に転化し、労働者を部分人間へと不具化させ、労働者を機械の付属物へとおとしめ、彼の労働苦で労働の内容を破壊し、科学が自立的力機能として労働過程に合体される程度に応じて、労働過程の精神的力能を労働者に疎遠〔原語はentfremdung＝疎外——引用者注〕なものにするのであり、またこれらの方法・手段は、彼の労働条件をねじゆがめ、労働過程中ではきわめて卑劣で憎むべき専制支配のもとに彼を服従させ、彼の生活時間を労働時間に転化させ、彼の妻子を資本のジャガノートの車輪のもとに投げ入れる」(『資本論』④、1,108ページ。原書、674ページ)。

マルクスが『資本論』のなかでは「疎外」(entfremdung)という哲学的な用語をあまり使っていないのは、「資本論草稿」で分析したような「労働の疎外」を根源とする資本対労働の敵対的関係の形成という命題を放棄したからではない。むしろ、「労働の疎外」による資本制的生産関係、搾取関係、敵対関係は機械制大工業の確立によって、いっそう明確になっていくのであり、マルクスは、『資本論』では、それを資本主義経済の現実に即して経済学的な用語でより具体的に述べているのである。

しかし同時に、「労働の疎外」という範疇では、必ずしも掬い取れなかった「機械工業の原理」、すなわち「総生産過程の主観的分割から客観的分割への転換」

という新しい命題を提起するためには、あえて「疎外」という哲学的な概念を使う必要がなかったのだと考えられる。すでに本書で繰り返し述べてきたように、「機械工業の原理」は、自然科学・技術学の応用による生産力発展の契機を含んでおり、それは「疎外」概念には含まれていないからである。マルクスが、初期にはあれだけ重視した「疎外」概念を『資本論』ではほとんど使わなかった理由は、むしろそこにあったと思われる。

（2） スミス「分業論、価値論」の批判的探究

「機械工業の原理」の第2の契機は、アダム・スミスの、「労働の分業論、価値論」の批判的探究によって、人間労働の「分割」から、生産工程、労働手段、労働対象の「分割」への転換を発見したということである。

古典派経済学のアダム・スミスは、その主著『諸国民の富』（1776年）のなかで、人間の労働を富の本源的な手段ととらえるとともに、第1篇第1章「分業について」で、社会的分業の発展を労働の生産力の最大の要因と位置付け、分業を通じて、労働の熟練、技能も大きく高められることを強調した。この『諸国民の富』第1章で、スミスがとりあげたピン工場での工程の分業による生産性上昇の事例は、よく知られている。スミスは、針金からピンをつくる工程を分析し、分業せずに1人で全作業をすれば、1日に20本のピンもつくれないのに、「針金を引き伸ばし」「まっすぐにし」「切り」「尖らせ」「先端を磨く」など18種の作業に分割して、10人の労働者で分業するならば、1日に4万8,000本以上のピンを生産できるとしている。スミスは、この事例で、分業によって生産性が飛躍的に上昇することを強調し、それこそが「諸国民の富」の源泉であると主張した。

マルクスは、『資本論』のなかで、「彼（アダム・スミス）をマニュファクチュア時代の包括的な経済学者として特徴づけるものは、彼が分業を強調したことである」（『資本論』③、606ページ。原書、369ページ）と指摘している。しかし、マルクスは、スミスの分業論については、その理論的な2つの弱点を指摘している。

1つは、資本主義的生産様式においては、「労働の分業」とともに重要である「労働の協業」の意義を、スミスが見落としていることである。「協業」とは、文字通り、多数の労働者が同じ生産過程で、協力して働くことである。マルク

スは、「協業は、……資本主義的生産様式の基本形態である」(『資本論』③、584ページ。原書、355ページ)と述べている。

スミスの「分業論」のもうひとつの弱点は、スミスが機械の役割を理論的にとらえることができなかったことである。そのために、スミスは、機械制大工業のもとでの「労働の分業と協業」の意義も見失ってしまった。マルクスは、スミスが機械を「労働の分業の添え物」として「従属的な役割」しか与えていないことを厳しく批判している。マルクスの「機械工業の原理」の解明は、スミスやリカードウなどの古典派経済学者の機械論にたいする批判的検討を源泉の1つにしているのである。

(3) エンゲルスの「機械制大工業の実態分析」

「機械工業の原理」の第3の契機は、エンゲルスの『イギリスにおける労働者階級の状態』(1845年)にはじまるイギリスの機械制大工業の実態分析である。機械制大工業の実態分析は、「機械工業の原理」だけでなく『資本論』体系の全体にとって不可欠の条件であったが、とりわけ機械研究にとっては重要であった。マルクスは、『資本論』

表18 マルクスのマンチェスター訪問

回数	年	滞在日時	滞在期間(注1)
	1845	最初の研究訪問(注2) 7月12日〜8月21日	約4週間

マルクス、1849年8月26日、ロンドンにエンゲルス、1850年11月、マンチェスターに

回数	年	滞在日時	滞在期間
1	1851	4月17日〜26日	10日
2	1851	11月5日〜15日	10日
3	1852	5月27日〜6月26日	30日
4	1853	4月30日〜5月19日	20日
5	1855	4月19日〜5月6日	18日
6	1855	9月12日〜12月3日	82日
7	1856	6月7日〜7月20日	43日
8	1858	5月6日〜24日	18日
9	1859	6月12日〜7月2日	20日
10	1860	2月16日〜3月25日	38日
11	1861	8月〜11月	120日
12	1862	3月30日〜4月25日	26日
13	1864	3月12日	1日
14	1864	5月3日〜19日	17日
15	1865	1月7日〜14日	8日
16	1865	10月20日〜11月3日	14日
17	1867	5月21日〜6月2日	12日
18	1867	9月13日	1日
19	1868	5月29日〜6月15日	17日
20	1869	5月25日〜6月14日	20日
21	1870	5月22日〜6月23日	30日
22	1970	8月22日〜30日	9日

1870年9月20日、エンゲルス、ロンドンに移住

	1873	5月22日〜6月3日	12日
	1873	11月	
	1877		
	1880	7月	

出所：Ruth Frow and Edmund Frow, 1985, *Karl Marx in Manchester*, Working Class Movement Library

注1：滞在期間の欄は、筆者が追加した。エンゲルスがマンチェスター居住中にマルクスが22回訪問した滞在合計は500日になる。

注2：1845年の最初の研究訪問は、ロンドン滞在を含む。

や「資本論草稿」のなかで、このことを繰り返し指摘している。エンゲルスの「機械制大工業の実態分析」の意義については、ここでは、「機械工業の原理」とのかかわりに絞って、次の4点を指摘しておきたい。

1つは、エンゲルの著作、論文などからマルクスが学んだだけではなく、工場経営者としてのエンゲルスの実際的な体験から機械についての知識を熱心に吸収したということである。

2つには、マルクスはエンゲルスなど研究者の著作から学ぶと同時に、工場監督官の報告書や議会議事録、官庁統計などを克明に読み込み、機械制大工業の実態を徹底的に調査・分析し、その核心部分をつかみだしたということである。

3つには、マルクス自身がエンゲルスが工場経営に従事していた1851年～70年までの間に、自らマンチェスターを訪問して産業革命発祥地の機械制大工業の実態を見聞していたということである。マルクスは、この約20年間に記録があるだけでも22回(延べ500日)もマンチェスターを訪問している(表18)。おそらく、マルクスは、マンチェスター滞在中には、エンゲルスの工場を見学し、紡績機械や織物機械の稼働する様子を直接観察する機会があっただろう。残念ながら、そうした工場見学の記録は残されていない。しかし、マルクス・エンゲルスの往復書簡のなかにも、そうしたマルクスの機械研究の一端が表れている。

※ マルクスのマンチェスター訪問と経済学研究の関係については、拙稿「イギリス『資本論』紀行 —— チェタム図書館と『マルクスの机』」(『経済』2019年4月号)を参照されたい。

4つには、マルクスは当時の機械に関するさまざまな文献を読んで検討しているが、そのなかでもアンドリュー・ユアの『工場の哲学』を繰り返し研究している。マルクスは、『資本論』のなかで「機械工業の原理」の発見者はユアであると示唆しているので、この点については、次に節をあらためて詳しくみておこう。

Ⅱ ユアの「機械論」からマルクスが引き継いだもの
―― 機械制工場の「神髄を正確に把握」したユア

「機械工業の原理」は、マルクスが『資本論』で初めて定式化してその理論

的意義を明確にしたのであるが、その原理そのものは、けっしてマルクスが最初に発見したものではなかった。それは、英国の化学者・経済学者で「機械制工場の『破廉恥な弁護者』」「機械制工場のピンダロス」※としてのアンドリュー・ユア（1778～1857）の機械制工場論からマルクスが引き継いだ命題であった。

> ※ マルクスは、ギリシャの抒情詩人ピンダロスを、狂信的な礼賛者という意味を込めた批判的な比喩として、たとえば「奴隷貿易のピンダロス」（『資本論』④、1,299ページ）などのように、よく使っている。

（1）『哲学の貧困』におけるユアの機械論からの引用

マルクスは、プルードンの『貧困の哲学』を批判した『哲学の貧困』（1848年）のなかで、ユアの『工場の哲学』から、次のような命題を引用している。※

> 「それゆえ、自動機械制度の原理は、機械による仕事をもって手仕事に代えることであり、また、一つの工程のその構成要素への分解をもって職人間の分業に代えることである」（ＭＥ全集第4巻、161ページ）。
> 「一つの工程をその構成諸要素に還元することによって、それを分解し、そのすべての部分を一つの自動機械の作用に従わせる制度のもとでは、……」（同、161～162ページ）。

しかし、マルクスは、『哲学の貧困』を執筆した時点では、「機械は、犂をひく牡牛と同じよう、経済的範疇ではない」という認識にとどまっていた。そのために、ユアからの引用についても、後に『資本論』のように「機械工業の原理」という視点からユアの「機械論」に注目しているわけではなかった。この当時のマルクスは、「要するに、機械の導入によって、社会の内部における分業が増進し、工場の内部における労働者の労務が単純化され、資本が集結され、人間がさらに細分されたのである」（ＭＥ全集第4巻、160ページ）という意味で、つまり労働の分業の直接の延長としてしかユアの機械論に注目していなかったのである。

> ※ マルクスは、ユアの機械論を1840年代の早い時期から研究していた。ユア『工場の哲学』の詳細な抜粋ノートは原著（英語版）からではなく仏語への翻訳版によっており、1845年2月から7月にかけてブリュッセル滞在中に作成された「ブリュッセル・ノート」中に収められている（「新メガ」第Ⅳ部門第3巻、342p～351p）。

【第Ⅳ部】マルクスと「機械工業の原理」

（2）　『1861～63年草稿』における執筆中断、ユア機械論の再読

　マルクスは、1861～63年にかけて、「資本の生産過程」の草稿を執筆しているときに、「相対的剰余価値の生産」の「分業論」まで書き進んだあとで、一時的に中断して「剰余価値学説史」の執筆に取り組みながら、あらためて機械についての研究をおこなっている。よく知られている「機械論」草稿の執筆である。この「執筆中断」をめぐっては、さまざまな文献考証的な論議がおこなわれてきたが、執筆中断後のマルクスの「機械論」研究の新しい達成が何であったのかという点については、あまり積極的な解明はなされていないように思われる。※

　筆者は、中断後に執筆したマルクスの「機械論」草稿のなかでもっとも重要な内容こそ、まさにユアの機械論（『工場の哲学』）の再読による「機械工業の原理」の再発見であったと考えている。それは、中断後のマルクス草稿のなかで、ユアからの前述の引用と同じユアの文章の訳文を変えて「（機械工業の）構成原理の分解」という表現を初めてするようになるからである。

　　「それゆえ、自動体系の原理は、人手を機械的技術に置き換えることであり、そして、職人たちのあいだでの分業を工程のもろもろの構成原理への分解にかえることである」（大月書店『資本論草稿集』⑨、222ページ、傍点はマルクス）。

　　「工程をその構成原理に還元して分解し、そのすべての部分を自動機械の働きにゆだねる体制のもとでは、その同じ要素的な諸部分を、短期間の使用ののちふつうの能力の持ち主にゆだねることができる……」（同、223ページ）。

　マルクスは、上述のユアからの2つの引用文を、それぞれ2回引用しているので、合計4回引用している。マルクスは、このユアからの引用の意義について、次のように述べている。

　　「工場制度の破廉恥な弁護者としてイギリスにおいてすら悪名の高いあのユアにも、次のような功績がある。彼は、工場制度の神髄をはじめて正確に把握し、自動作業場とA・スミスによって重要問題として論じられた分業にもとづくマニュファクチュアとの差異と対立を鮮明に描いたのである」（同、208ページ。傍点は引用者）。

※　マルクスのいわゆる「機械論」草稿は、現行の「新メガ」の大月書店『資本論草稿集』

（邦訳版）では、第4巻の512ページ～558ページ、第9巻の11ページ～309ページの2ヵ所に収められている。この「機論」草稿で注目すべきことは、その表題が「機械。自然諸力と科学との応用（蒸気、電気、機械的諸作用因と化学的諸作用因）」となっていることである。ここで、マルクスが「機械」と「自然諸力と科学との応用」とを並列してかかげていることには深い含意がある。マルクスの「機械論」は、同時に「自然科学の応用論」でもあることを示しているからである。

（3） 『資本論』におけるユアの「機械工業の原理」の再発見

よく知られているようにマルクスの引用方法の1つは、「ある一つの意見が、いつ、どこで、だれによって、はじめて明言されたかを示す」（エンゲルス、『資本論』第1巻英語版の序文）というものであった。マルクスは、先に本書第1章（44ページ）で引用した『資本論』の中の「手工業の原理（主観的分割原理）から機械工業の原理（客観的分割原理）への転換」を述べた文章（③、657～658ページ）に「注（102）」を付して、ユアの『工場の哲学』から次の部分を引用しているが、これが、まさにそうした引用方法に該当する。

> 注（102）「したがって、工場制度の原理は……個々の手工業者のあいだに労働を分割または等級区分する代わりに、労働工程をその本質的な構成諸部分に分割することである」（ユア『工場の哲学』、20ページ）（③、659ページ）。

マルクスは、「機械工業の原理」の最初の発見者としてユアの名を記録しているのである。その意味で、「機械工業の原理」を発見したのはマルクスではない。マルクスは、ユアが発見した「機械工業の原理」を発掘・再発見し、その理論的意義を明確にしたのである。

マルクスは、ユアの工場制度論について、次のように述べている。

> 「ユア博士とフリードリヒ・エンゲルスの両著作は、無条件に、工場制度にかんする最良のものである。両者は、エンゲルスがその自由な批判者として述べていることを、ユアがこの制度のしもべとして、この制度の内部にとらわれたしもべとして述べているという点を別にすれば、内容は同じものである」（大月書店『資本論草稿集』⑨、216ページ。傍点はマルクス）。

マルクスは、ユアが「工場制度の神髄をはじめて正確に把握」（前述の引用）していることをあらためて再発見して、その功績を評価しているのである。こ

こでマルクスが後段で述べている「工場制度のしもべ」としてのユアについては、次に項をあらためて見ておこう。

（4） 機械制工場の「破廉恥な弁護者」としてのユア

すでに述べたように、資本主義のもとで生産力が急激に発展するようになったのは、手工業の原理が人間の分業に頼っていたのにたいして、機械工業の原理は、自然の客観的な分割の原理によってなされるようになり、その結果として、自然科学と技術学の応用によって「自然力」、生産力の「自然的条件」を無限に引き出せるようになったからである。こうした自然科学・技術学の発展によって、「自然力」を「労働の社会的生産力」に転化する機械工業の原理は、生産の「自然的条件」を無限に引き出す道を開くと同時に、搾取を無限に強化・増大する手段になる。

先に「機械工業の原理」の発見者としてのユアについて述べたさいに、「工場制度のしもべ」としてのユアの「評価」について触れておいた。この意味は、機械制工業の発展によって搾取が無限に強化・増大することをユアが手放しで礼賛し、「(機械制工場制度の) 破廉恥な弁護者」であることを指している。マルクスは、次のように述べている。

> 「ユアのような工場制度の弁護者にかぎって、つまり労働のこうした徹底的な没個性化、兵営化、軍隊的紀律、機械への隷属、打鐘による統制、酷使者による監督、精神的および肉体的活動のあらゆる発達の〔可能性の〕徹底的破壊などの弁護者にかぎって、ほんのわずかでも国家が干渉すると、個人の自由の侵害だ、労働の自由な活動の侵害だ、とわめくのである！」(大月書店『資本論草稿集』⑨、211ページ。傍点はマルクス)。

Ⅲ 「機械工業の原理」の思想的社会的淵源について
── 対象的自然（または情報）の分割原理の展開

マルクスがユアの機械論を再読し、再発見した「手工業の原理（主観的分割原理）から機械工業の原理（客観的分割原理）への転換」は、生産力の発展にとって、いわばコペルニクス的転回ともいうべき真に革命的な意味を持っていた。マルクスによる「機械工業の原理」の再発見は、同時に、資本主義のもと

で自然科学・技術学の発展が加速度的にすすむこと、その必然的なメカニズムの発見でもあった。すでに第1章で詳しく跡付けたように、自然界の物質的対象は、自然科学・技術学の発展によって、分子から原子、素粒子からクォークにいたるまで、ほとんど無限に「客観的分割」が可能だからであり、したがってまた無限に「自然力」を引き出すことができるからである。

「機械工業の原理」についての考察の最後に、こうした対象的自然の分割という思考方法が生み出された歴史的背景、思想的社会的淵源についても簡単に触れておきたい。

世界史的にその淵源をさかのぼるなら、18世紀後半にイギリス産業革命による「機械工業の原理」が確立するのに先立って、すでに17世紀のマニュファクチュア時代に、そのためのさまざまな要素的条件が生成されつつあった。

たとえば「対象的自然の分割」という思考方法の認識論的基礎は、すでにデカルトの『方法序説』(1637) のなかで「4つの準則」(問題を徹底的に小部分に分割し、最後に総合する) として提起されていた。また対象的自然における時間と空間の連続量を微細に分割した離散量として処理する数学的方法は、ニュートンとライプニッツの微分積分法の発見 (1680年代) によって確立していた。ちなみに、世界最古の自然科学の学会である英国王立協会 (Royal Society) が創立されたのは1660年である。

資本主義的搾取制度と自然科学・技術学の発展が連動するには「特許制度」が不可欠の仕組みとなるが、近代的な意味の特許制度は、イギリスの「専売条例」(1624年) の制定にはじまるとされる。

さらに、先に本章の第Ⅰ節で述べたように、ヘーゲル哲学の「疎外」概念、古典派経済学の「分業と価値」の理論が加わり、エンゲルスの機械制大工業の実態分析をへて、ユアの「機械論」を媒介にして、マルクスによって「機械工業の原理」が理論的に解明されることになる。

18世紀後半以降の産業革命 (「機械工業の原理」の確立) は、こうした西欧文明の思想的社会的な基礎の上で展開されたのであった。

《第12章》
生産力の発展と『資本論』
――経済学において、唯物史観を「導きの糸」にすることの意味について

　本章の課題は、マルクスが『資本論』や「資本論草稿」において、資本主義のもとでの物質的生産力の発展に深く関心をもち、生産力の具体的な実態を研究したことを跡付け、確認することである。これは、経済学研究において唯物史観を「導きの糸」にするという、マルクスの指摘の意味を正確につかむためにも、きわめて重要なことだと思われる。

I　唯物史観の視点から21世紀の資本主義を考える

（1）　マルクスの唯物史観の定式

　よく知られているように、マルクスは、経済学批判体系の本格的な理論書として最初に発表した『経済学批判』（1859年）の「序言」のなかで、次のような前置きを述べたうえで、唯物史観の考え方を簡潔に定式化している。

　　　「私にとって明らかとなった、そしてひとたび自分のものになってからは私の研究にとって導きの糸として役立った一般的結論は、手短かに次のように定式化することができる」

　　　――人間は、「彼らの意志から独立した諸関係」、「すなわち、彼らの物質的生産諸力の一定の発展段階に照応する生産諸関係」の総体が、「社会の経済的構造を形成」し、「これが実在的土台」であり、「その上に一つの法的かつ政治的な上部構造がそびえ立ち、そしてこの土台に一定の社会的意識諸形態が照応する」、「物質的生活の生産様式が、社会的〔social〕、政治的および精神的生活過程一般の条件を与える。人間の意識が彼らの存在を規定するのではなく、逆に彼らの社会的存在が彼らの意識を規定する」（『資本論草稿集』③、205ページ）。

　さらにマルクスは、物質的生産諸力の発展段階に照応する生産諸関係の総体、すなわち経済的土台と上部構造の歴史的な変動、歴史発展のメカニズムについ

て、次のように述べている。

> 「社会の物質的生産諸力は、その発展のある段階で、それらがそれまでその内部で運動してきた既存の生産諸関係と、あるいは同じことの法的表現にすぎないが、所有諸関係と矛盾するようになる。これらの諸関係は、生産諸力の発展諸形態からその桎梏に逆転する。そのときから社会革命の時期が始まる。経済的基礎の変化とともに、巨大な上部構造全体が、徐々にであれ急激にであれ、変革される」(同)。

マルクスが定式化した唯物史観の命題を虚心坦懐に読むならば、これらの定式を「導きの糸」にするということは、経済学の研究においては、社会の生産諸関係の側面だけではなく、それに照応する物質的生産諸力の側面にも探究の力をそそぐべきこと、むしろ両者の相互関係の研究が重要であるということは自明なことである。

マルクスとエンゲルスは、こうした唯物史観の立場を理論的に確立した1840年代後半以来、一貫して人類の歴史的発展と生産力の発展との関係、とりわけ資本主義的搾取関係と生産力発展との関係を歴史的、理論的に探求した。

(2) 資本主義的搾取制度の発展と生産力の発展

資本主義的生産様式のそれまでの他の生産様式と区別される大きな特徴のひとつは、資本主義的生産様式のもとで生産力が急激に発展するようになったことである。

マルクスとエンゲルスは、『資本論』(1867年) 発刊より20年も前に、『共産党宣言』(1848年) のなかで、次のように述べている。

> 「ブルジョアジーは、百年たらずの階級支配のあいだに、すべての過去の諸世代を合わせたよりもいっそう大量かつ巨大な生産諸力をつくりだした。諸自然力の征服、機械設備、工業および農業への化学の応用、汽船航海、鉄道、電信、諸大陸全体の開拓、諸河川の運河化、地中からわき出たような全人口──このような生産諸力が社会的労働の胎内にまどろんでいたことを、これまでのどの世紀が予想したであろうか?」。

> 「ブルジョア的な生産諸関係および交易諸関係、ブルジョア的な所有諸関係、これほど巨大な生産手段および交易手段を魔法で呼びだした近代ブルジョア社会は、自分が魔法で呼びだした地下の魔力をもはや制御す

ることができなくなった魔法使いに似ている」(『共産党宣言』新日本文庫、46～51ページ)。

　資本主義のもとでの生産力の急激な発展については、マルクスとエンゲルスは、『共産党宣言』に先立って唯物史観を初めて定式化した「ドイツイデオロギー」(1845～46年)のなかで、すでに明確に指摘していた。マルクスとエンゲルスの唯物史観の理論的形成そのものが資本主義における生産力の発展を歴史的前提としていた。

　では、いったいなぜ、資本主義の時代になって急に生産力がこのように巨大な規模に膨張するようになったのか。

　この答は、『資本論』第Ⅰ巻「資本の生産過程」のなかで、さまざまな角度から詳しく探究されている。とりわけ『資本論』第Ⅰ巻第4篇「相対的剰余価値の生産」では、資本主義的搾取制度の発展と生産力の発展との深い結びつきが、歴史的にも理論的にも徹底的に解明されている。資本主義的搾取制度の生成・確立が生産力の発展に拍車をかけ、逆に生産力の発展が搾取関係を量的にも質的にも強化・発展させていくこと、こうした両者の密接な関係を理論的に解明したのが「相対的剰余価値の生産」の理論であり、とりわけ第Ⅰ巻第4篇の第13章「機械設備と大工業」である。『資本論』全3巻98章のなかでも第13章に最長の228ページ(新日本新書版による)をあてて、マルクスは資本主義的生産様式の土台をなす「機械設備と大工業」を徹底的に解明している。

　すでに、本書の第Ⅰ部で、現代のコンピュータやAIを研究するためにも、この「機械工業と大工業」における「機械工業の原理」の解明を重要な理論的手掛かりとしてきた。

(3)　21世紀の生産力の発展と資本主義

　21世紀に入り、世界的にAIブーム、IoTブームが起こっている。AIやIoTなどの機械工学、情報化(デジタル化)、ICT革命の発展は、生物科学、バイオテクノロジーの分野にも革命的な発展をもたらしつつある。AIやIoTなどのICT革命の展開は、遺伝子配列解析などのバイオテクノロジーの急速な発展と融合し、物理的、デジタル的、生物学的な各領域の相互作用がはじまっている。

　AIやIoT、生命科学の進化は、人間にとって何を意味するかが問われて

いる。人類史的な視野に立って考えるなら、ＩＣＴ革命は、当面は、「資本の生産力」として、世界的な生産の拡大、相対的剰余価値生産の拡大、利潤増大の源泉になっており、世界資本主義の危機の一時的な回避、延命の役割を果たしている。しかし、その「生産と労働の社会化」（生産力の発展）は、すでに時代遅れとなりつつある「生産関係」＝資本主義的な利潤追求のあり方との矛盾を深めている。その矛盾は、マルクスが予見した「資本主義的生産諸関係が生産諸力の発展諸形態からその桎梏に逆転する」（「経済学批判」序言）という新しい時代の到来が近づいていることを示している。「進化するＡＩにたいして、劣化する資本主義」——こうした視点からの分析が求められている。

　ＩＣＴ革命は、社会変革の主体的条件の形成にとっても、きわめて重要な意味をもっている。ＩＣＴ革命が発展し、生産過程の自動化がすすみ、各工程が情報ネットワークによって結び付けられるようになり、一見すると、労働者はばらばらに切り離されているかのようにみえる。しかし、決して労働が分断され、個別化しているわけではない。現代の「生産と労働の社会化」は、かつてのような工場のなか、地域のなかでの形態だけでなく、情報ネットワークによって社会的規模（世界的規模）にまで発展しつつある。労働者階級の結集と団結を強めるためには、労働者の立場から独自のネットワークを形成していくことが必要になっている。

　21世紀資本主義から未来社会を展望するためには、唯物史観の立場から、現代の生産力と生産関係の両面からの深い分析が求められている。本書では、「はじめに」において、「ＡＩの正体を科学的に解き明かすこと」は、「21世紀のマルクス経済学に課せられた歴史的責務」であると述べた。これは、こうした唯物史観の立場を念頭に置いているからである。

　しかし、現実には、唯物史観の立場からの現代資本主義の生産力の研究、ＩＣＴ革命やコンピュータ、ＡＩなどにたいするマルクス経済学の立場からの研究は、大きく立ち遅れている。

Ⅱ　経済学の研究対象から使用価値を排除してはならない
　　——　マルクスの「ヴァーグナー『経済学教科書』傍注」における使用価値論

　マルクス経済学において、21世紀資本主義の生産力基盤の研究が立ち遅れ

ている背景の1つには、経済学といえば、商品の使用価値の側面ではなく、価値の側面、すなわち人と人との生産関係を研究するのが課題であり、人と自然との関係にかかわる生産力の側面は研究対象ではないという理解が、あまりにも短絡的にとらえられていることがあると思われる。

しかし、経済学においては、価値と同時に使用価値も重要な研究対象であり、使用価値の側面を視野からけっして外してはならないのである。

(1) 経済学と使用価値の関係 —— ヴァーグナーの「たわごと」批判

経済学と使用価値との関係については、マルクスが晩年にドイツの経済学者のアードルフ・ヴァーグナーの大著『経済学教科書』を読んで書いた詳細な「傍注」(1879年～1880年) がたいへん重要である。このなかで、マルクスは、「使用価値もまた経済学で重要な役割を演じる」と強調して、次のように書いている。

> 「ヴァーグナーは、『使用価値』は『科学から』まったく『遠ざけ』られるべきであるとする人々の仲間に私を入れている。……これはすべて『たわごと』である」。「私にあっては使用価値はいままでの経済学におけるのとはまったく違った仕方で重要な役割を演じている……」(「アードルフ・ヴァーグナー著『経済学教科書』への『傍注』」全集第19巻、369、371ページ)。

マルクスは、使用価値が経済学で果たす「重要な役割」の事例として、労働過程の分析における「有用労働、すなわち使用価値をつくる具体的な労働様式」の分析をあげた後で、さらに次のように述べている。

> 「商品の価値形態の、最終的にはその貨幣形態の、それゆえに貨幣の発展においては、ある商品の価値が他の商品の使用価値に、すなわち他の商品の現物形態に表示されるということ、'剰余価値そのものは労働力の『特殊的な』、もっぱらそれだけにそなわっている使用価値から引きだされるということ、等々、……」(同、371ページ。傍点はマルクス)。

マルクスは、そのあとにすぐ続けて、「しかし注意すべきことだが、使用価値が考察されるのは、その考察が、……あたえられた経済的形象の分析から生まれてくる場合につねに限られている」(同、371ページ)と述べている。つまり、使用価値が経済学の対象になるのは、その使用価値がある「経済的形象」（経済的規定性）を持つ場合であると限定している。

（2）「機械工業の原理」は、使用価値としての機械の経済的規定性を示している

マルクスの「ヴァーグナー『経済学教科書』傍注」における使用価値論は、経済学にとって、使用価値が重要な意味を持つ場合があることを示している。

マルクスは、1848年の『哲学の貧困』のなかでユアの「機械論」を引用したさいには、「生産過程の客観的分割」による「工業原理の転換」の担い手としての機械の意義にはまだ注目していなかった。そのために、「機械は、犂をひく牡牛と同じよう、経済的範疇ではない」という認識にとどまっていた。こうした認識は、たんなる生産手段（使用価値）としての機械は経済学の研究対象ではないというとらえ方によるものであった。

しかし、1861〜63年の「資本論草稿」の執筆過程でユアを再読したさいには、マルクスは、生産手段（使用価値）としての機械のもつ経済的規定性——「機械工業の原理」による「労働の生産力」の飛躍的上昇（相対的剰余価値生産の飛躍的増大）という事実——にあらためて着目したのである。

（3）　生産力の発展も、それが経済的規定性を持つ限りで経済学の対象になる

使用価値も経済的規定性をもつ限りで経済学の研究対象になるという考察は、生産力についてもあてはまるであろう。生産力は、つねに使用価値の生産にかかわる範疇であるからである。

マルクスは「諸商品の諸使用価値は、ひとつの独自な学科である商品学の材料を提供する」（『資本論』①、61ページ）と述べている。使用価値が経済学の対象となるのは、それが一定の経済的規定性をもつ場合に限られる。生産力の発展についても、同じことがいえる。生産力の発展が一定の経済的規定性をもつ場合には、それは経済学の研究対象になるのである。この立場からマルクスは、生産力の発展が資本主義的な経済法則に規定的な影響を及ぼす場合について、『資本論』のなかで一貫して探求している。

そこで、次節では『資本論』における生産力と経済法則との関係について、具体的に見ておこう。

Ⅲ 生産力の発展と資本主義的経済法則
―― 生産力の発展と『資本論』の論理

　資本主義的生産関係（搾取関係）と経済法則を研究するうえで、生産力の発展はきわめて重要な役割をはたしている。マルクスは、『資本論』全3巻を通じて、そのことを詳しく解明している。以下、その主なものをあげておこう。

（1）　剰余価値の法則（とりわけ相対的剰余価値生産の法則）
　人類史において剰余労働が発生するためには、一定の生産力の発展が条件となることについて、マルクスは次のように述べている。
　　「一定程度の労働の生産性なしには、労働者にとってこのように自由に処分できる時間はないのであり、そしてこのような余分な時間がなければ、剰余労働もなく、それゆえ資本家もなく、しかもまた奴隷所有者もなく、封建貴族もなく、ひとことで言えば大所有者階級はないのである」（『資本論』、③、876ページ）。「労働の社会的生産力の進展とともに、この社会部分（剰余労働部分――引用者）の割合は、絶対的にも相対的にも増大する」（同、877ページ）。

　このように一定の生産力水準は、資本主義的な剰余価値の形成、絶対的剰余価値の生産のための前提条件であるが、さらに相対的剰余価値の生産になると、文字通り生産力の発展が必要条件になる。
　　「相対的剰余価値は、労働の生産力に正比例する。それは、生産力が上がれば上がり、生産力が下がれば下がる」（同、557ページ）。「労働の生産力の発展は、資本主義的生産の内部では、労働日のうち労働者が自分自身のために労働しなければならない部分を短縮し、まさにそのことによって、労働日のうち労働者が資本家のためにただで労働することのできる他の部分（剰余労働部分――引用者）を延長することを、目的としている」（同、560ページ）。

　本書で繰り返し言及してきた「機械工業の原理」は、まさに相対的剰余価値生産の決定的な契機をなすものとして位置付けることができる。

(2) 資本蓄積の法則（とりわけ相対的過剰人口の法則）

マルクスは『資本論』のなかで、資本主義的蓄積過程において相対的過剰人口が累積する必然性とその意義を解明し、それを「資本主義的生産様式に固有な人口法則」として明確に措定した。

> 「労働者人口は、それ自身によって生み出される資本の蓄積につれて、それ自身の相対的過剰化の手段をますます大規模に生み出す。これこそが、資本主義的生産様式に固有な人口法則であって、実際に歴史上の特殊な生産様式は、いずれもその特殊な、歴史的に妥当な人口法則をもっているのである」（④、1,084ページ。原書、660ページ）。

相対的過剰人口の法則は、資本蓄積による生産力の上昇の結果であり、労働生産性の上昇の結果を示している。資本蓄積の進行は、生産力の飛躍的発展をもたらし、資本構成の質的変化つまり資本の技術的構成の変化を反映する有機的構成の高度化をもたらす。それは、科学技術の応用による新技術の導入のための追加資本の投入や資本の集中によって飛躍的に加速され、それとともに、不変資本の可変資本にたいする比率が累進的に増大する。そのさいに、総資本の増大につれて、可変資本も絶対的にも増加するが、その増加率は、不変資本に比べるとはるかに小さくなる。資本蓄積と生産力上昇の運動とともに、労働にたいする需要は、加速度的、累進的に、減少する。その結果として、資本蓄積とともに、資本の中位の価値増殖欲にとっての余分な労働人口、すなわち「相対的過剰人口または産業予備軍の累進的生産」が法則的に進行するのである。

(3) 生産力の発展（技術進歩）と拡大再生産表式

『資本論』第Ⅱ巻第3篇のもとになったマルクスの再生産論の草稿では、生産力一定（したがって資本の有機的構成も一定）の前提のもとでの拡大再生産表式しか含まれていない。レーニンは、『資本論』の拡大再生産表式を理論的に継承・発展させ、技術進歩による生産力の発展にともなう資本の有機的構成の高度化のもとでの拡大再生産表式を展開した（「いわゆる市場問題について」〔1893年〕）。

レーニンは、こうした生産力発展の契機を導入した再生産表式分析を創造的に展開することによって、資本主義社会では第Ⅰ部門（生産手段生産部門）は第Ⅱ部門（消費手段生産部門）よりも急速に増大するという重要な経済法則

——生産手段部門の不均等発展の法則を発見し、理論的に証明した。

（4） 利潤率の傾向的低下の法則

マルクスは、『資本論』第Ⅲ巻第3篇で「利潤率の傾向的下落の法則」を措定している。それは、資本蓄積の法則の作用による労働の社会的生産力の累進的発展は、資本の有機的構成の高度化をともない、その結果として、必然的に一般的利潤率の傾向的低下をもたらすという法則である。

マルクス自身、「この法則は、これまでの展開のあとでは実に簡単に見える」（⑨、365ページ）と述べているが、たしかに、それほど複雑な「法則」ではない。労働の社会的生産力の累進的発展　→　資本の有機的構成の高度化　→　一般的利潤率の傾向的低下　という因果関係は論理的にわかりやすいからである。

マルクスがここで言っている「これまでの展開」とは、第Ⅰ巻の資本の生産過程から、第Ⅱ巻の資本の流通過程、第Ⅲ巻の剰余価値の利潤への転化、などの理論的展開の全体を指している。とりわけ、剰余価値（＝利潤）生産の秘密、不変資本と可変資本の区別、資本の有機的構成の相違、剰余価値の利潤への転化、一般利潤率の形成などなどの理論展開を基礎にしている。

（5） 生産力の発展と「未来社会」への移行の客観的、主体的諸条件

資本主義社会では、いつの時代でも人類の科学技術の成果である生産力を「資本の生産力」として掌握するというしくみがあり、それが先進国革命の開始時点の困難さの根源にある。「（資本主義のもとでは）労働の社会的生産力は、資本が生まれながらにしてもっている生産力として、資本の内在的な生産力として、現われる」（『資本論』、③、580ページ）。

資本家階級は、その時代の最先端の科学技術による「資本の生産力」をテコとして、生産関係を絶えず変革し、巨額な利潤を独占し、国家機構、イデオロギーなどの階級支配の道具を刷新し、階級間の団結を攪乱し、支配体制を維持・強化してきた。現代の生産力の発展は、その資本主義的利用によって深刻な矛盾（核兵器、環境危機、生命倫理、ＩＣＴ化の歪みなど）をつくり出しつつあるが、それは未来社会への移行の客観的条件の形成にとっても、無視できない影響を与えている。

資本主義から未来社会への移行の条件を理論的に探求するためには、なによ

りもまず支配的資本が掌握している「資本の生産力」の性格、その構造、その特徴、その社会的影響、とりわけ労働者階級に与えている影響などについて、実態分析をもとに深く研究する必要がある。

資本主義のもとでは、自然科学や技術学が急速に発展し、そのことによって労働者階級のなかでの科学者や技術者の比重が高まり、また生産労働者の教育や職業能力の養成の課題も増大する。さらに勤労者・国民の消費生活も変化する。とりわけ20世紀後半から21世紀にかけてのＩＣＴ革命によって、労働者階級の構成にもさまざまな変化が生まれて、社会変革の主体形成にとっても、新しい変化が生まれている。

《補足》生産力の発展と資本主義的経済法則の関連のとらえ方について

労働の社会的生産力の発展との関連で資本主義的経済法則を分析する理論的方法について、誤った理解があるので、簡単に補足しておこう。

たとえば、「利潤率の傾向的低下の法則」を単純な「生産力発展と剰余労働」との一般的関係としてとらえて、いわば社会主義社会でも起こりうる超歴史的な法則としてとらえる理解がある。しかし、こうした理解の仕方は、基本的に誤っている。

たしかに、マルクスは、『資本論』第Ⅲ巻第３篇第13章の冒頭で「利潤率の傾向的低下の法則」を説明するさいに、一般的な数量関係のモデルを設定し、そのモデルの分析からはじめている。しかし、このモデル分析によって、ただちに直接的に「利潤率の傾向的低下の法則」が定立されているわけではない。「利潤率の傾向的低下の法則」が資本主義的生産様式の経済法則として論証されるのは、第Ⅰ巻で証明された「資本蓄積の法則」の作用によって現実の資本主義的生産のなかでモデルとして示したような関係が現実的な関係として現われてくるということによってである。第Ⅰ巻の資本の生産過程、第Ⅱ巻の資本の流通過程、第Ⅲ巻の剰余価値の利潤への転化、などの理論的展開の諸法則の全体的作用を前提として、それらの諸法則の現実的具体的な展開形態として「利潤率の傾向的低下法則」が資本主義的経済法則として定立されているのである。

【第Ⅳ部】マルクスと「機械工業の原理」

Ⅳ 資本主義発達史と自然科学・技術学の発展史について

　最後に、筆者のやや個人的な経験を含めて、資本主義の発達史と自然科学・技術学の発展史との関係について述べて、唯物史観と生産力の関係についての検討の締めくくりとしたい。

　先に述べたように、マルクスが経済学研究の「導きの糸」とした唯物史観の定式では、経済的土台と上部構造とを区別したうえで、経済的土台を「物質的生産諸力の一定の発展段階に照応する生産諸関係の総体」としてとらえ、その変動のメカニズムを「物質的生産諸力」と「生産諸関係」の相互関係の発展過程として定式化している。したがって、唯物史観を「導きの糸」にするとは、生産諸関係とともに物質的生産諸力の実態を具体的に探究することが必要になる。

　つまり、繰り返しになるが、経済学の研究にとっては、ただ資本主義的生産諸関係にだけ注目するのではなく、それに照応する生産諸力の研究が不可欠である。それは、資本主義の理論だけでなく資本主義の歴史の研究にとっても、同じようにあてはまる。

図24　世界の資本主義発達史の構成

		14世紀　……　21世紀
上部構造	スポーツ・音楽 美術・文学	
	哲学・経済学	
	国家・戦争 階級闘争	
経済的土台	（貨幣制度） （世界市場） 資本 労働者 （生産力） 土地所有 （科学・技術）	

出所：拙著『『資本論』を読むための年表』、20ページ。

　筆者は、このような考え方に立って、拙著『『資本論』を読むための年表――世界と日本の資本主義発達史』（学習の友社、2017年4月刊）のなかで世界の資本主義発達史を一枚のシートに描くために、生産力の発展をどのように書き込むかということに留意した。（図24）は、その資本主義発達史の年表の簡単な概念図であるが、経済的土台の最下部に生産力にかかわる事項をとりあげるようにして、自然科学・技術学の発展史を資本主義のもとでの生産力の発展

のもっとも重要な要因の1つとして位置付けることにした。

　こうした資本主義発達史の年表の構成に関して、拙著の読者から「自然科学史は、上部構造の要素ではないのか。なぜ経済的土台になるのか」という質問が寄せられた。

　実を言えば、世界の資本主義発達史のなかで、自然科学・技術史をどのように扱うかという問題は、筆者がいちばん苦心した論点の1つであった。筆者が年表の構成要素を考えるにさいして、自然科学・技術史を経済的土台のなかで生産力発展を示す不可欠な要因として位置付ける判断をしたのは、『資本論草稿集』のなかの次のようなマルクスの文章に触発されたことによるものであった。先に第1章でも引用したが、あらためて確認しておこう。

　　「自然の諸動因の応用──いわば、それらの資本への合体──は、生産過程の独立した一要因としての科学の発展と重なっている。生産過程が科学の応用になるのならば、逆に、科学は生産過程の一要因に、いうなればその一機能となる。……科学は富の生産手段となる使命を受け取る、すなわち致富の手段となる。……資本は科学を創造しない、しかし資本は科学を徹底的に利用し、科学を生産過程に従属させる」(『資本論草稿集』⑨、263ページ。傍点はマルクス)。

　ここでマルクスが指摘していることは、解説の必要がないくらい明快である。「生産過程が科学の応用になるのならば、逆に、科学は生産過程の一要因に、いうなればその一機能となる」、「科学は富の生産手段となる」と、マルクスは明言しているのである。自然科学・技術学の発展が資本主義的生産過程の一要因になることについては、マルクスは、『資本論』のなかでも、繰り返し指摘し、強調している。

　自然科学・技術学は、その性格から見れば経済的土台に照応する「社会的意識諸形態」であり、人類の「精神的生活過程」として上部構造に属するのであるが、同時に、自然科学・技術学の発展は経済的土台における「資本の生産力」の最深部の要素をなしている。資本主義のもとでの生産力の発展と自然科学・技術学の発展は、必然的な連関によって相互に固く結びついているのである。言い換えるならば、自然科学・技術学は「生産過程の一要因」、「いうなればその一機能」となり、その発展は、資本主義のもとでの物質的生産力の発展のベンチマーク（水準指標）として見ることができる。

【第Ⅳ部】マルクスと「機械工業の原理」

　マルクス経済学が物質的生産力の発展に関心をもち、その動向を経済的規定性の視点から研究の対象にするときには、自然科学・技術学の動向に無関心でいるわけにはいかないのである。

　マルクスとエンゲルスが終生、自然科学・技術学の最新の動向を吸収するために、あらゆる努力をしたことは、エンゲルスの未完の労作『自然弁証法』を一読すれば明らかであるが、それだけではない。現在刊行中の「新マルクス・エンゲルス全集（全114巻）」（いわゆる「新メガ」）の第Ⅳ部門（全32巻）にはマルクスとエンゲルスが残した膨大な「ノート、抜粋、メモ」などが収められる予定であるが、その各巻に収録される目録を見ると、マルクスとエンゲルスが当時の最先端の自然科学から学ぶためにいかにどん欲であったかがわかる。『資本論』を注意深く読んでいると、マルクスが自然科学研究から得た知識の事例が、その多くは（注）のなかに、しっかりと書き込まれていることに気が付く。そうした自然科学的な知識は、『資本論』を支える支柱の1つになっているのである。

【むすびに】
ＡＩとマルクス経済学
──探究すべき課題について

　最後に、ＡＩの進化、ＩＣＴ革命の発展にともなって、経済学にとって解明を求められる理論的な課題について述べておこう。ＡＩの社会実装にともなう諸矛盾の現実分析的な課題については、さきに第Ⅲ部第10章でとりあげた諸矛盾を解明することが求められる。これらの実証的課題は、今後の産業、社会へのＡＩの応用が進むにつれて、その具体的な実態の調査・分析を深めることが必要である。ここでは、第10章では触れられなかったマルクス経済学の理論的な課題について、さしあたっての筆者の考えを一言づつコメントしながら箇条書き的に列挙しておこう。

（1）　ＡＩを創造・製造する科学者・技術者・労働者

　ＡＩの経済学的な研究にとっても、ＡＩを創造・製造する科学者・技術者・労働者の仕事、活動を知ることが前提になる。とりわけＡＩは、いわば人類の自然科学・技術学の結晶ともいえるので、そうしたＡＩ専門研究者の活動に深い関心を払う必要がある。

　もちろん、課題はＡＩの自然科学的な研究ではなく、経済学的研究であるから、ＡＩ研究の内容にまで深く立ち入る必要はないし、それは不可能ではあるが、日本の人工知能研究者が結集している人工知能学会のホームページなどは閲覧して、その動向を見ておくことは求められるであろう。筆者は、広く一般人の読者をも対象に編集された同学会の機関誌『人工知能』（隔月刊）を参考にしてきた。また、本書でもたびたび参照してきた同学会編集の『人工知能学大事典』は、ＡＩ研究の総括的な到達点を学ぶ上ではたいへん便利である。

（2）　商品としてのＡＩ ── ＡＩ生産物の価値規定

　序章で述べたように、「現在のＡＩ」は、「人間と同じ知的な処理能力を持つコンピュータシステム」であるから、資本主義社会においては、他のコンピュー

タと同じように、ＡＩも、基本的には利潤獲得を目的とする商品として生産される。

ただし、ＡＩの特徴は、たんなるハードウェアとしてのコンピュータであるだけではなく、人工知能の技術をシステムとして実装しているコンピュータであることである。最高に複雑なアリゴリズム、超高性能の技術の塊、「人間の手で創造された人間の頭脳の器官であり、対象化された知力」（マルクス）が商品としてのＡＩの実体を構成している。

（3）労働手段としてのＡＩ、固定資本としてのＡＩ

商品として生産された「現在のＡＩ」は、耐久消費財（たとえば「お掃除ロボット」）のなかに組み込まれている場合もあるが、多くの場合は、労働手段としてのＡＩとして生産過程に投入される。したがって、資本主義的生産過程においては、ＡＩは固定資本として機能する。その場合の「固定資本としてのＡＩ」は、「知識の蓄積と熟練の蓄積、つまり社会的頭脳の一般的生産諸力の蓄積」（マルクス）として生産過程に入る。

マルクスは、すでに一般的な機械においても、「客体にたいする労働者の活動を媒介することではけっしてないのであり、むしろ労働者のこの活動のほうが、もはや機械の労働を、つまり原料にたいする機械の作用を媒介する——監視し、機械の故障を防止する——にすぎないものとして措定されている」（「資本草稿」②、475ページ）と述べている。「固定資本としてのＡＩ」においては、機械と労働者との間のこうした関係は、さらに極限にまで発展している。

（4）ＡＩと労働過程：ＡＩと人間労働
　　　　——ＡＩと協働する科学者・技術者・労働者

ＡＩと人間労働について経済学が解明しなければならない課題には、一方ではＡＩを創り、他方ではＡＩと協働する人間の労働の変化の問題がある。ＡＩの進化の対極では、労働者階級の進化が進む、進まざるを得ないという問題である。ＡＩを創るためにも、ＡＩとの協働のためにも、ますます科学者・技術者の役割が大きくなる。そのためには、企業のあり方、教育のあり方も変わっていくことになる。

「現在のＡＩ」が企業、産業、社会の各分野で応用されるようになると、な

によりもまず人間の労働のあり方に大きな変化が起こってくる。労働がＡＩに置き換わるようになり、従来の仕事が失われて、失業が増大する懸念がある。実際に、そうした議論が世界中で起こっている。しかし、「将来のＡＩ」による人間労働の代替は、必要労働時間の大幅な量的短縮、必要労働時間の質的意味の転換（いわゆる「真の自由の王国」における労働への発展）の可能性をも生み出す。

さしあたって「現在のＡＩ」の利用によって労働過程はどう変化するのか、これは経済学の重要な研究課題である。対人関係の労働（サービス労働など）を含めて、あらゆる労働過程の研究（労働過程論の研究の拡張）が必要になる。この課題については、本書では第Ⅲ部でとりあげたので、ここでは指摘するだけにとどめておく。

（5）「固定資本としてのＡＩ」による価値形成、剰余価値獲得、価値移転の特徴

資本主義的生産過程で固定資本として機能するＡＩは、人間労働のように新しい価値は生み出さない。しかし、「固定資本としてのＡＩ」には、膨大な量の過去労働が「社会的頭脳の一般的生産諸力」として蓄積されている。それは、次項で述べる巨額な「特別剰余価値」や「独占利潤」を生む物質的条件となる。ＩＣＴ関連企業の特徴は、活発な技術革新による特別剰余価値と巨大ＩＴ企業による独占利潤という両極端の一見すると矛盾する利潤論が支配していることである。

「固定資本としてのＡＩ」を使って新しい生産物を生産すると、新しい生産物のなかにＡＩの価値が移転していく。これは他の機械設備の場合と同じである。しかし、ＡＩの価値移転には、（1）項で述べた「商品としてのＡＩ」の特徴がその価値移転の仕方にも影響を与える。

（6） ＡＩによる特別剰余価値

資本主義企業がＡＩの技術開発競争に力を入れているのは、それが巨額な特別剰余価値の源泉になるからである。特別剰余価値とは、ある生産部門において新しい生産技術の機械採用などによって平均水準以上の生産力をもつようになった資本家が入手する平均以上の剰余価値のことである。

ＡＩなどＩＣＴ関連の技術開発は、小規模な投資でも可能なので、革新的技術による特別剰余価値をめざして、新規創業するベンチャー企業やスタートアップ企業（創業から数年で急成長している企業）が世界各国で増大している。

（7）　巨大なプラットフォーマーの独占利潤と「技術覇権」

　新しい生産技術が普及すると商品の社会的価値が低下するために特別剰余価値は消滅する。しかし、巨大なＩＣＴ関連企業のプラットフォーマーは、巨大なスーパーコンピュータにＡＩ、ＩｏＴ、ビッグデータを結合したシステムをプラットフォームとするビジネスで巨額な利益を獲得している。

　一握りのプラットフォーマーは、革新的技術による特別剰余価値を獲得できるスタートアップ企業をＭ＆Ａによって吸収し、さらに世界中の端末からＩｏＴを通して集中したビッグデータを独占し、それをＡＩと結合することによって巨額な独占利潤を獲得している。

　ＩＣＴやＡＩをめぐる激しい技術開発競争は、個別企業間でおこなわれているだけではなく、国家的な規模でも激化している。ＩＣＴ、ＡＩ、量子コンピュータ、バイオテクノロジー、さらに宇宙開発なども含めて、「技術覇権」をめぐる争いは、21世紀の世界資本主義の構造や国際政治の変動をも起こす可能性がある。

（8）　将来の「汎用型ＡＩ」と価値法則の未来

　かなり将来においてのことであろうが、「現在のＡＩ」を超えた次元の「汎用型ＡＩ」が実現するとしたら、資本主義的な価値の理論、剰余価値の理論は、どのようになるのか。たとえば量子コンピュータの研究が進み、その応用によってＡＩチップの開発がいっそう進むとき、今までと同じように、資本主義的価値法則、剰余価値法則は貫徹するのか。この問題は、きわめて難しい理論問題である。人間に近い「汎用型ＡＩ」が実現するときには、マルクスが「資本論草稿」（「経済学批判要綱」）のなかで指摘している、次のような未来予測がより現実的意味をもってくるのではないだろうか。第１章で引用した文章の繰り返しになるが、もう一度確認しておこう。

　　　　「直接的形態における労働が富の偉大な源泉であることをやめてしまえば、労働時間は富の尺度であることを、だからまた交換価値は使用価

値の［尺度］であることをやめるし、またやめざるをえない」。「それとともに交換価値を土台とする生産は崩壊し、直接的な物質的生産過程それ自体から、窮迫性と対抗性という形態がはぎとられる」。「資本は、それ自身が、過程を進行しつつある矛盾である。すなわちそれは、〔一方では〕労働時間を最小限に縮減しようと努めながら、他方では労働時間を富の唯一の尺度かつ源泉として措定する、という矛盾である」（『資本論草稿集』②、490ページ）。

　つまり、資本主義的生産関係の基本ルールである価値法則が貫徹しなくなり、新しい社会へ移行せざるを得なくなるということである。資本主義のもとでおこなわれている「将来のＡＩ」の研究は、そうした社会変革の物質的条件の解明でもあるといえるであろう。

（9）「将来のＡＩ」と資本主義の将来

　日本の人工知能研究の草分けの１人で、日本認知科学会会長や情報処理学会副会長などを歴任し、人工知能学会フェローでもある中島秀之氏は、あるインタビューのなかで、次のように述べている。

　　「ＡＩの能力が人間を越えるというのがシンギュラリティとされていますが、私はそこまでＡＩが進化する必要はないと考えていて、それ以前に世のなか全体、社会の仕組みがガラッと変わってしまうと考えています。たとえば、資本主義ではなくなってしまうとかです。いまの時代は、資本を持っている人が勝つ、富のあるところに富が集中する世の中ですが、これが変化するのではないでしょうか」。

　　「世界の大企業の時価総額を見ると、トップ５はアメリカのＩＴ企業です。すでにこのことが、いままでの資本主義とは大きく違っていることといえるでしょう。大量の製品を工場でつくり、これをたくさんの人に売るというのが、過去の資本主義の儲かる構造でした。その工場や、商品を販売するお店で人々は働き、消費者になって世の中は回っていましたが、現在は大手ＩＴ企業の少数の人たちが利益を独占し、労働者は減少しています。資本主義の勝ち組の彼らが、資本主義を破壊しているのが現状です」（鳥海不二夫編『強いＡＩ・弱いＡＩ』、2017年、丸善出版、246ページ、248ページ）。

【第Ⅳ部】マルクスと「機械工業の原理」

　ＡＩの進化やＩＣＴ革命の発展は、自然科学者、人工知能の研究者のなかからも、資本主義という社会制度、資本主義という生産諸関係の存続そのものが問われつつあるという時代認識が生まれているのである。

(10)　将来の社会における「ＡＩ倫理の原則」

　第１章でも言及したように、ＡＩ研究そのものが発展途上にあるために、「将来のＡＩ」にともなう未来社会のＡＩと人間労働のあり方や社会的規範・ルールなどを定式化する「ＡＩ倫理の原則」も、現在はまだ十分には解明されていない。しかし、「現在のＡＩ」の進化、ＡＩ研究と社会的実装の発展にともなって、「ＡＩ倫理の原則」の探究も求められている。

　マルクスは「資本論草稿」のなかで、機械の発展による社会的生産力の上昇は、究極的には「社会的個人の発展」を実現し、人類の「自然に対する理解」、「自然の支配」になるであろうという趣旨のことを述べている（本書第１章第Ⅵ節を参照、50ページ）。このマルクスの指摘は、「ＡＩ倫理の原則」を考えるための手掛かりを与えてくれる。ここで、マルクスが人類の「自然に対する理解」、「自然の支配」と述べているのは、決して人類が自然を屈服させ、支配するという意味ではなく、資本主義時代に攪乱され危機に瀕している「人間と自然の正常な物質代謝」を回復するという意味であろう。

　筆者は、「ＡＩ倫理の原則」が満面開花するのは、資本主義的生産様式を超えた新たな社会のもとで、ＡＩが人間を助け、人類と共存する「新たな機械」に進化する時代だと考えている。21世紀に生きるわれわれは、マルクスが19世紀に「機械工業の原理」を探究して未来社会を大胆に構想したように、もっと積極的に未来社会における「ＡＩ倫理の原則」を探究すべきであろう。

　ここでは、「ＡＩとマルクス経済学」として10項目に整理したが、21世紀に取り組まねばならない課題は、さらに多様で複雑なものがあるだろう。21世紀のマルクス経済学にたいする期待は大きくて重いと言わねばならない。

《資料》
『資本論』における
「機械工業の原理」に関係する部分の引用

　本書では、各章でマルクスの「機械工業の原理」にかかわる命題についてふれ、そのつど『資本論』から関連する命題を引用してきた。最後に、それらの命題を論点ごとに整理してあらためて引用しておこう（一部は「資本論草稿」からの引用文を含む）。なお、マルクスの機械論は、機械採用の条件、機械の価値移転、機械と労働者状態など、多様な側面があるが、ここでの引用は、「機械工業の原理」に直接かかわる命題だけに限定してある。

（1）　マニュファクチュアの原理と道具

❶　「労働の生産性は、労働者の熟練技に依存するのみでなく、彼の道具の完全さにも依存する。同じ種類の道具が、切ったり、穴をあけたり、突いたり、たたいたりなどする用具のように、異なる労働過程で使用され、また、同じ労働過程で同じ用具が異なる作業に役立てられる。……これら道具の形態変換の方向は、この形態を変えないために出くわす特殊な困難の経験から生まれる。労働用具の分化——これによって同じ種類の各用具がそれぞれの特殊な用向きの特殊な固定的諸形態をもつようになる——および労働用具の専門化——これによって右のような特殊用具がそれぞれ専門の部分労働者たちの手のなかでのみ十分な働きをする——が、マニュファクチュアを特徴づける。バーミンガムだけで約500種のハンマーが生産されるが、その各々が一つの特殊な生産過程のために使用されるばかりでなく、いくつかの種類のものは、しばしば同じ過程の相異なる作業にしか役立てられない。マニュファクチュア時代は、労働道具を部分労働者たちの専門的な特殊職能に適合させることにより、それらの道具を単純化し、改良し、多様化する。それによって、マニュファクチュア時代は、同時に、単純な諸用具の結合から成り立つ機械設備の物質的諸条件の一つをつくり出す」（③、593〜594ページ）。

❷　「マニュファクチュア的分業は、手工業的活動の分解、労働諸用具の専門化、部分労働者たちの形成、一つの全体機構のなかにおける彼らの群分けと結合によって、社会的生産諸過程の質的編制および量的比例制、すなわち社会的労働の一定の組織をつくり出し、それによって同時に労働の新しい社会的生産力を発展させる」（③、633ページ。原書、386ページ）。

（2） マニュファクチュアの技術的な限界

❸「マニュファクチュアに固有な分業の原理は、さまざまな生産諸局面の分立化を生じさせ、それらは、同じ数の手工業的な部分労働として相互に自立化したものとなる。分立化させられた諸機能のあいだの連関を確立し維持するには、製品を一つの手から別の手に、また一つの過程から別の過程に絶えず運ぶ必要が生じる。このことは、大工業の立場からすれば、特徴的な、費用のかかる、マニュファクチュアの原理に内在する、限界性として現われる」（注35）

(注35)「手労働を使用する結果、マニュファクチュアにおけるさまざまな生産段階の分立化が生じ、このことが生産費をひどく高めるが、そのさいの損失は、主として、一つの労働過程から別の労働過程に運搬するというただそれだけのことから生じるのである」（『諸国民の産業』、ロンドン、1855年、第2部、200ページ）。（③、598〜599ページ。原書、364ページ）

❹「マニュファクチュアにおける分業を正しく理解するには、次の諸点をしっかりとらえておくことが重要である。まず第一に、生産過程をその特殊な諸局面に分割することが、この場合には、一つの手工業的活動をそのさまざまな部分作業に分解することとまったく一致する。その作業は、組み合わされたものであろうと簡単なものであろうと、依然として手工業的であり、それゆえ、個々の労働者が自分の用具を使用するさいの力、熟練、敏速さ、確実さに依存する。手工業が依然として基盤である。この狭い技術的基盤は、生産過程の真に科学的な分割を排除する。というのは、生産物が通過するそれぞれの部分過程は、手工業的部分労働として遂行されうるものでなければならないからである。このように、手工業的熟練が依然として生産過程の基礎であるからこそ、各労働者はもっぱら一つの部分機能に適応させられ、彼の労働力はこの部分機能の終生にわたる器官に転化される」（③、589ページ。原書、358ページ）。

（3） 機械と道具の区別

❺「紡ぐことおよび織ることは、マニュファクチェア時代のあいだに新しい種に分けられ、それらの道具は改良され変化したが、労働過程そのものは、まったく分割されないで、手工業的なままであった。機械の出発点は、労働ではなくて、労働手段である」（③、657ページ。原書、400ページ）。

❻「生産様式の変革は、マニュファクチュアでは労働力を出発点とし、大工業では労働手段を出発点とする。したがって、まず研究しなければならないことは、なにによって労働手段は道具から機械に転化されるのか、または、なにによって機械は手工業用具と区別されるのか、である」（③、643ページ。原書、391ページ）。

❼「マニュファクチュアのもっとも完成された形成物の一つは、労働諸用具そのもの、およびことにまたすでに充用されていた複雑な機械装置を生産するための作業場で

《資料》『資本論』における「機械工業の原理」に関係する部分の引用

あった。……マニュファクチュア的分業のこの生産物そのものが機械を生産した。この機械は、社会的生産の規制的原理としての手工業的活動を廃除する。こうして、一方では、一つの部分機能への労働者の終身的合体の技術的基礎が除去される。他方では、同じ原理が資本の支配にたいしてなお課していた諸制限が亡くなる」(③、641〜642ページ。原書、400ページ)。

(4)　「機械工業の原理」の規定

❽　「マニュファクチュアそのものは、機械体系がはじめて採用される諸部門では、一般に生産過程の分割の、それゆえまたその組織の、自然発生的な基礎を機械体系に提供する。しかし、すぐに、本質的区別が現われる。マニュファクチュアでは、労働者たちは、個別的に、または群別で、それぞれの特殊な部分過程を自分の手工業道具で行なわなければならない。労働者はその過程に適合させられるが、しかしあらかじめその過程もまた労働者に適応させられている。この主観的な分割原理は、機械制生産にとってはなくなる。この場合には、総過程は客観的に、それ自体として考察され、それを構成する諸局面に分割され、そして、それぞれの部分過程を遂行し相異なる部分過程を結合する問題は、力学、化学などの技術的応用によって解決される。……マニュファクチュアでは、特殊的諸過程の分立化が分業そのものによって与えられた原理であるとすれば、それとは反対に、発達した工場では特殊的諸過程の連続性が支配する。(注：102)『したがって、工場制度の原理は……個々の手工業者のあいだに労働を分割または等級区分する代わりに、労働工程をその本質的な構成諸部分に分割することである』(ユア『工場の哲学』、20ページ)」(③、657〜659ページ。原書、401ページ)。

❾　「労働手段は、機械設備として、人間力に置き換えるに自然諸力をもってし、経験的熟練に置き換えるに自然科学の意識的応用をもってすることを必須にする、一つの物質的実存様式をとるようになる。マニュファクチュアでは、社会的労働過程の編制は、純粋に主観的であり、部分労働者の結合である。機械体系では、大工業は、一つのまったく客観的な生産有機体をもっているのであって、労働者は、それを既成の物質的生産条件として見いだすのである」(③、667ページ。原書、407ページ)。

❿　「社会的生産過程の多様な、外見上連関のない、骨化した諸姿態は、自然科学の意識的に計画的な、そしてめざす有用効果に従って系統的に特殊化された応用に分解された。……(中略)……それゆえ、近代的工業の技術的基盤は、革命的である——これまでの生産様式の技術的基盤はすべて本質的に保守的であったが。近代的工業は、機械設備、化学的工程、その他の方法によって、生産の技術的基礎とともに、労働者の諸機能および労働過程の社会的諸結合を絶えず変革する」(③、837ページ。原書、510〜511ページ)。

⓫　「そこで、発明がひとつの商売となり、また直接的生産への科学の応用それ自体が、科学にとって規定的な、またこれに刺激を与える〔sollicitirend〕視点となる。けれど

もこれは、機械装置が大規模に成立してきた道ではなく、まして、それが細目にわたって進んでいく道ではない。このような道とは分解〔Analyse〕である、——分業による分解である。分業はすでに、労働者のもろもろの作業をますます機械的作業に転化していくのであって、その結果、ある一定の点にいたると、機械の機構が彼にとってかわることができるようになるのである。……つまりここでは、特定の労働様式が労働者から機械の形態にある資本へ直接に移転されて現われるのであって、この移し換えによって労働者自身の労働能力は無価値になる。ここから機械装置にたいする労働者の闘争が生じるのである。生きた労働者の活動であったものが、機械の活動となる」(『資本論草稿集』②、488ページ)。

(5) 「機械工業の原理」と機械自動化

❶ 「機械設備の体系は、織布でのように同種の作業機の単なる協業にもとづくものであろうと、紡績でのように異種の作業機の結合にもとづくものであろうと、それが自動的な原動機によって運転されるようになるやいなや、それ自体として一つの大きな自動装置を形成する。……作業機が、原料の加工に必要なすべての運動を人間の関与なしに行い、いまでは人間の調整を必要とするにすぎなくなるやいなや、機械設備の自動体系が現われる——とはいえ、それは、細部においては絶えず改善されうるものであるが」(③、659〜660ページ。原書、402ページ)。

❸ 「もっぱら伝道機械設備を媒介として一つの中央的自動装置からその運動を受け取る諸作業機の編成された体系として、機械経営はそのもっとも発展した姿態をもつ。ここでは、個々の機械の代わりに一つの機械的怪物が現われるが、そのからだは工場建物全体に広がり、またその悪魔的な力は、最初はその巨大な分肢の荘厳で慎重な運動によって隠されているが、無数のそれ自身の労働器官の熱狂的な旋回舞踏となって爆発するのである」(③、661ページ。原書、402ページ)。

(6) 「機械工業の原理」と「労働の疎外」(労働者にたいする搾取・支配の強化)

❹ 「彼がこの過程にはいるまえに、彼自身の労働は彼自身から疎外〔entfremdung——引用者注〕され、資本家に取得され、資本に合体されているのであるから、その労働はこの過程のなかで絶えず他人の生産物に対象化される」(『資本論』④、978ページ。原書、596ページ)。

❺ 「資本主義制度の内部では、労働の社会的生産力を高めるいっさいの方法は、個々の労働者の犠牲として行なわれるのであり、生産を発展させるいっさいの手段は、生産者の支配と搾取の手段に転化し、労働者を部分人間へと不具化させ、労働者を機械の付属物へとおとしめ、彼の労働苦で労働の内容を破壊し、科学が自立的力機能として

労働過程に合体される程度に応じて、労働過程の精神的力能を労働者に疎遠〔原語は entfremdung ＝ 疎外——引用者注〕なものにするのであり、またこれらの方法・手段は、彼の労働条件をねじゆがめ、労働過程中ではきわめて卑劣で憎むべき専制支配のもとに彼を服従させ、彼の生活時間を労働時間に転化させ、彼の妻子を資本のジャガノートの車輪のもとに投げ入れる」(『資本論』④、1,108ページ。原書、674ページ)。

⓰ 「機械労働は神経系統を極度に疲らせるが、他方では、それは筋肉の多面的な働きを抑圧し、いっさいの自由な肉体的および精神的活動を奪い去る。労働の軽減さえも責め苦の手段となる。というのは、機械は労働者を労働から解放するのではなく、彼の労働を内容から解放する〔内容のないものにする〕からである。労働過程であるだけでなく、同時に資本の価値増殖過程でもある限り、すべての資本主義的生産にとっては、労働者が労働条件を使うのではなく、逆に、労働条件が労働者を使用するということが共通しているが、しかしこの転倒は、機械とともにはじめて技術的な一目瞭然の現実性をもつものになる。労働手段は、自動装置に転化することによって、労働過程そのもののあいだ、資本として、生きた労働力を支配し吸い尽くす死んだ労働として、労働者に相対する。生産過程の精神的諸力能が手の労働から分離すること、および、これらの力能が労働にたいする資本の権力に転化することは、すでに以前に示したように、機械を基礎として構築された大工業において完成される。内容を抜き取られた個別的機械労働者の細目的熟練は、機械体系のなかに体化しこの体系とともに「雇い主」の権力を形成している科学や巨大な自然諸力や社会的集団労働の前では、取るに足りない些細事として消えうせる」(『資本論』③、730〜731ページ。原書、465〜466ページ)。

(7) 「機械工業の原理」と自然科学の応用、技術学の生成

⓱ 「大工業が、巨大な自然諸力と自然科学とを生産過程に合体することによって労働の生産性を異常に高めるに違いないことは一見して明らかである……(後略)」(③、669ページ。原書、408ページ)。

⓲ 「自然の諸動因の応用——いわば、それらの資本への合体——は、生産過程の独立した一要因としての科学の発展と重なっている。生産過程が科学の応用になるのならば、逆に、科学は生産過程の一要因に、いうなればその一機能となる。発見はそのことごとくが新しい発明の、あるいは新しい改良された生産方法の基礎になる。資本主義的生産様式がはじめて、もろもろの自然科学を直接的生産過程に役立てるのであるが、他方では逆に、生産の発展が自然の理論的征服にその手段を提供するのである。科学は富の生産手段となる使命を受け取る、すなわち致富の手段となる。……(中略)……資本は科学を創造しない、しかし資本は科学を徹底的に利用し、科学を生産過程に従属させる」(大月書店『資本論草稿集』⑨、263ページ。傍点はマルクス)。

⓳ 「資本による生きた労働の取得は、機械装置においては、次の側面からも直接的な実在性を受け取る。すなわち、一方では、科学から直接に生じる分析と力学的および

【第Ⅳ部】マルクスと「機械工業の原理」

化学的諸法則の応用が、以前に労働者が行なっていたのと同じ労働を遂行する能力を機械に与える」(『資本論草稿集』②、488ページ)。

❷⓪ 「各生産過程を、それ自体として、さしあたりは人間の手をなんら考慮することなく、その構成諸要素に分解するという大工業の原理は、技術学というまったく近代的な科学をつくり出した。……技術学は、使用される道具がどれほど多様であろうとも、人間の身体のあらゆる生産行為が必然的にそのなかで行なわれる少数の大きな基本的運動諸形態を発見したのであるが、それはちょうど、機械学が、機械がどんなに複雑であっても単純な機械的能力の絶え間ない反復であることを見誤らないのと同じである。」(③、837ページ。原書、510～511ページ)。

❷① 「技術学は、人間の自然にたいする能動的態度を、人間の社会的生活関係およびそれから湧き出る精神的諸表象の直接的生産過程を、あらわにする」(③、645ページ。原書、392ページ)。

(8)　「機械工業の原理」の未来

❷② 「大工業が発展するのにつれて、現実的富の創造は、労働時間と充用された労働の量とに依存することがますます少なくなり、むしろ労働時間のあいだに運動させられる諸作用因の力〔Macht〕に依存するようになる。そして、これらの作用因——それらの強力な効果〔Powerful effectiveness〕——それ自体がこれはまた、それらの生産に要する直接的労働時間には比例せず、むしろ科学の一般的状態と技術学の進歩とに、あるいはこの科学の生産への応用に依存している。(この科学の、とりわけ自然科学の発展、またそれとともに他のあらゆる科学の発展は、それ自身がこれはまたこれで、物質的生産の発展に比例する)」(『資本論草稿集』②、489ページ)。

❷③ 「もはや、労働が生産過程のなかに内包されたものとして現われるというよりは、むしろ人間が生産過程それ自体にたいして監視者ならびに規制者として関わるようになる。……もはや労働者は、変形された自然対象を、客体と自分とのあいだに媒介項として割り込ませるのではなく、彼は、彼が産業的な過程に変換する自然過程を、自分と自分が思うままに操る非有機的自然とのあいだに手段として押し込むのである。労働者は、生産過程の主作用因であることをやめ、生産過程と並んで現われる。この変換のなかで、生産と富との大黒柱として現われるのは、人間自身が行なう直接的労働でも、彼が労働する時間でもなくて、彼自身の一般的生産力の取得、自然にたいする彼の理解、そして社会体としての彼の定在を通じての自然の支配、一言で言えば社会的個人の発展である」(『資本論草稿集』②、489～490ページ)。

❷④ 「直接的形態における労働が富の偉大な源泉であることをやめてしまえば、労働時間は富の尺度であることを、だからまた交換価値は使用価値の〔尺度〕であることを、やめるし、またやめざるをえない。大衆の剰余労働はすでに一般的富の発展のための条件であることをやめてしまったし、同様にまた、少数者の非労働は人間の頭脳の一般的

《資料》『資本論』における「機械工業の原理」に関係する部分の引用

諸力〔Machte〕の発展のための条件であることをやめてしまった。それとともに交換価値を土台とする生産は崩壊し、直接的な物質的生産過程それ自体から、窮迫性と対抗性という形態がはぎとられる。諸個人の自由な発展、だからまた、剰余労働を生み出すために必要労働時間を縮減することではなくて、そもそも社会の必要労働の最小限への縮減。その場合、この縮減には、すべての個人のために自由になった時間と創造された手段とによる、諸個人の芸術的、科学的、等々の発達開花〔Ausbildung〕が対応する。」(『資本論草稿集』②、490ページ)。

㉕ 「資本は、それ自身が、過程を進行しつつある矛盾である。すすなわちそれは、〔一方では〕労働時間を最小限に縮減しようと努めながら、他方では労働時間を富の唯一の尺度かつ源泉として措定する、という矛盾である。だからこそ資本は、労働時間を過剰労働時間の形態で増加させるために、それを必要労働時間の形態で減少させるのであり、だからこそ資本は、過剰労働時間を、ますます大規模に必要労働時間のための条件——死活問題——として措定するのである。だから、一面からみれば資本は、富の創造をそれに充用された労働時間から独立した（相対的に）ものにするために、科学と自然との、また社会的結合と社会的交通〔Verkehr〕との、いっさいの力〔Machte〕を呼び起こす。他面からみれば資本は、すでに創造された価値を価値として維持するために、そのようにして創造されたこれらの巨大な社会力〔Gesellschaftskrafte〕を労働時間で測って、これらの力を、必要とされる限界のうちに封じ込めようとする。生産諸力と社会的諸連関とは——どちらも社会的個人の発展の異なった側面であるが——、資本にとってはたんに手段として現われるにすぎず、また資本にとってはたんにその局限された基礎から発して生産を行なうための手段にすぎない。ところがじつは、それらは、この局限された基礎を爆破するための物質的諸条件なのである」(『資本論草稿集』②、490～491ページ)。

㉖ 「自由の王国は、事実、窮迫と外的な目的への適合性とによって規定される労働が存在しなくなるところで、はじめて始まる。したがってそれは、当然に、本来の物質的生産の領域の彼岸にある。……彼〔人〕の発達とともに、諸欲求が拡大するため、自然的必然性のこの王国が拡大する。しかし同時に、この諸欲求を満たす生産諸力も拡大する。この領域における自由は、ただ、社会化された人間、結合された生産者たちが、自分たちと自然との物質代謝によって——盲目的な支配力としてのそれによって——支配されるのではなく、この自然との物質代謝を合理的に規制し、自分たちの共同の管理のもとにおくこと、すなわち、最小の力の支出で、みずからの人間性にもっともふさわしい、もっとも適合した諸条件のもとでこの物質代謝を行なうこと、この点にだけありうる。しかしそれでも、これはまだ依然として必然性の王国である。この王国の彼岸において、それ自体が目的であるとされる人間の力の発達が、真の自由の王国が——といっても、それはただ、自己の基礎としての右の必然性の王国の上にのみ開花しうるのではあるが——始まる。労働日の短縮が根本条件である」(『資本論』、⑬、1434～1435ページ。原書、828ページ)。

あとがき

　本書では、AIと人間、あるいはAI対人類というように、AIを人間と対比し、対立させてとらえる視点をとりませんでした。これは、こうした人間論的な立場からのAI論が必要でないと考えているからではありません。AIの研究者たちが、AIの研究は同時に人間についての研究でもあると指摘しているように、私もまた、AIについて考えることは、「人間とは何か」についてあらためて深く考えることでもあると感じています。AIの研究は、人間の知能だけでなく、人間の感情や意思、喜怒哀楽など意識現象とも深くかかわっているからです。「将来のAI」は、人間のように意識まで持てるようになるのか、もしそうなったならば、人間にとってAIはどのような存在になるのか、などという新しい問題をはらんでいます。こうした意味でのAI論は、いわば哲学的な視点、あるいは倫理学的な視点からのAI論と言ってもよいでしょう。このような「将来のAI」についての人間論的な視点からの考察は、いま世界的ベストセラーともてはやされているY・N・ハラリ：ヘブライ大学教授の『サピエンス全史』や『ホモ・デウス』が主張するような「AIは人間を神にアップグレードする」などという議論に陥らないためにも必要です。

　しかし、本書では、経済学的な視点、社会科学的な視点からみたAI論に論点を絞るために、意識的に哲学的な論点（人間論的な論点）に立ち入ることを避けてきました。本書で「現在のAI」と「将来のAI」を区別する方法をことさらに強調してきたのも、こうした現実の資本主義社会における「現在のAI」の問題に、まずしっかり焦点を当てることが大事だと考えたからです。

　マルクスは、『資本論』初版の「序言」のなかで、次のように述べています。

　　「起こるかもしれない誤解を避けるために一言しておこう。私は決して、資本家や土地所有者の姿態をバラ色には描いていない。そしてここで諸人格が問題になるのは、ただ彼らが経済的諸カテゴリーの人格化であり、特定の階級諸関係や利害の担い手である限りにおいてである。経済的社会構成体の発展を一つの自然史過程ととらえる私の立場は、他のどの立場にもまして、個々人に諸関係の責任を負わせることはできない。個人は主観的には諸関係をどんなに超越しようとも、社会的には依然として諸関係の被造物なのである」（①、12ページ）。

あとがき

　マルクスのこの言い方に習うならば、本書ではＡＩを人間論的な視点での研究対象としてはとらえずに、あくまでも人間による被造物として、経済学的な研究対象として扱う立場を貫こうとしてきました。本書の表題を「ＡＩと人間」とせずに「ＡＩと資本主義」としたのも、そうした意図を示すためにほかなりません。ＡＩの急速な技術的な進化によっていま問われているのは、「人間のあり方」ではなく、「資本主義という社会のあり方」であるということを主張したかったからです。

　ＡＩの研究（自然科学的研究）が急速に発展し、進化したＡＩが産業や社会で応用されつつあるのに比べて、その社会科学的な研究は大きく立ち遅れています。この立ち遅れを取り戻すことは、21世紀の社会発展にとって焦眉の課題になっています。本書が、こうした課題に取り組むための「蟷螂の斧」になればと願っています。さまざまなご意見、ご批判を歓迎します。積極的な討論と論争こそが、創造的な理論の発展を促すからです。

　日本のマルクス経済学においても、かつては戦前からの技術論をめぐる論争、現代オートメーションやＭＥ革命についての論争、情報と情報資本主義についての論争など、ＩＣＴ革命の評価にかかわるさまざまな議論がありました。しかし、残念なことに、21世紀に入るころから、こうした理論的な論争はほとんどおこなわれなくなっています。ＡＩやＩＣＴ革命についての社会科学的な視点からの研究と討論の活性化が必要です。本書が、そのために一石を投ずることができれば幸いです。

　本書の出版企画のためには、本の泉社の新舩海三郎さんに、また図表の多い煩雑な編集作業では、田近裕之さんに、たいへんお世話になりました。心から感謝します。

2019年3月31日

索引

【人名索引】

あ
浅田　稔……………22
アシュビー…………24
安倍晋三……………84, 94, 158
新井紀子……………184

い
池上高志……………22
石黒　浩……………19

う
ヴァーグナー………213, 214, 215
ウィーナー…………64, 136
ウォズニアック……116

え
エンゲルス…………3, 8, 198, 199, 203, 204, 207, 209, 211, 212, 222

お
オーター……………181, 194
オズボーン…………69, 70, 71, 72, 179, 196

か
カーツワイル………25, 73, 74, 75
カード………………148, 149, 155

き
ギルブレス…………193

く
栗原　聡……………22

こ
コペルニクス………57, 208

さ
サール………………23
サイモン……………46

し
シャノン……………46, 136
シュワブ……………180
シュンペーター……78, 79

す
須藤　修……………81
スミス………………198, 199, 202, 203, 206

そ
ソロモフ……………46

た
武田英明……………22
大黒岳彦……………78

ち
チューリング………34
チョムスキー………116

て
テーラー……………193, 196
デカルト……………209

な
長尾　真……………22
中島秀之……………21, 22, 137, 227
中西宏明……………96, 140
夏目漱石……………19

に
ニーウェル…………46
西田豊明……………22
ニュートン…………209

の
ノイマン……………34

は
パスカル……………34
バベジ………………34
ハラリ………………236

ひ
東原敏昭……………140
ピケティ……………109
ピチャイ……………80
平田オリザ…………19

ふ
藤井聡太……………171
ブライト……………149, 150
フレイ………………69
ブレイヴァマン……178
プルードン…………199, 205

へ
ヘーゲル……………198, 199, 209

索引

ほ
ホーキング…………115
ホックシールド………168
堀　浩一……………22

ま
正岡子規……………19
松尾　豊……………21, 22, 29, 30, 77
松原　仁……………22
間野博行……………165

み
溝口理一郎…………22
ミル…………………71, 175, 199
ミンスキー…………46

む
ムーア………………76, 77, 78, 79, 132

め
メイソン……………109, 110, 111, 112, 113, 118

や
山岡順太郎…………182
山川　宏……………22
山口高平……………22
山田良治……………171
山本　勲……………182

ゆ
ユア…………………40, 199, 204, 205, 206, 207, 208, 209, 215, 231

ら
ライプニッツ………209

れ
レーニン……………114, 115, 217

ろ
ロチェスター………46

【事項索引】

数字
2次元ＣＡＤ………146
2進法………………43, 44
3Ｋ労働……………3
3次元ＣＡＤ………146
4Ｋテレビ、8Ｋテレビ…43
5Ｇ…………………47, 135, 136

21世紀資本主義の生産力基盤
………………………35, 37, 50, 116, 127, 213

A
ＡＧＩ………………24
ＡＩ開発促進計画……80
ＡＩ開発利用原則……81
ＡＩ「合理化」………6, 8, 84, 89, 116, 138, 139, 141, 142, 175, 179, 180
ＡＩ社会原則…………50, 62, 81, 82
ＡＩチップ…………45, 48, 49, 226
ＡＩチャット…………81
ＡＩ搭載のＲＰＡ……157
ＡＩ搭載の自律型兵器…115
ＡＩのイメージ………17, 22, 25, 26, 31
ＡＩの定義…………17, 20, 21, 25, 27, 45, 54, 55, 61
ＡＩの発生史………34, 53
ＡＩフォー・ピープル…80
ＡＩ物神崇拝………107
ＡＩプロファイル……186
ＡＩ：未来社会論…5, 69, 94, 95, 96, 107
ＡＩ倫理……………8, 37, 50, 53, 55, 60, 62, 76, 79, 80, 81, 82, 228
ＡＩロボット…………3, 18, 47, 58, 61
ＡＩを搭載した福祉機器…164
ＡＬＭ論文…………194, 195
Automation and management
………………………149, 150

B
ＢＡＴ………………81
ＢＩ…………………191, 192
bit＝ビット…………36, 43, 44

C
ＣＡＤ………………143, 146
ＣＡＭ………………146
ＣＧ…………………146
crypto－assets ……126

E
ＥＮＩＡＣ……………46
ＥＵ…………………80, 81, 82, 189
ｅ－スポーツ………105
ｅラーニング………166, 167

F
ＦＡ……………………138
Factory of the future…144, 152

G
ＧＡＦＡ………………176
ＧＰＳ……………………19, 45
ＧＰＵ……………………48
ＧＵＩ……………………146

I
ＩＡ………………………24, 25
i－Construction ……160
ＩＣＴ革命………………4, 5, 8, 9, 36, 37, 43, 45,
　　　　　　　　　　　46, 52, 56, 64, 66, 67,
　　　　　　　　　　　68, 69, 84, 85, 86, 87,
　　　　　　　　　　　88, 89, 91, 93, 100, 105,
　　　　　　　　　　　106, 109, 110, 119, 120,
　　　　　　　　　　　121, 127, 138, 153, 154,
　　　　　　　　　　　176, 177, 178, 180, 182,
　　　　　　　　　　　187, 188, 194, 212, 213,
　　　　　　　　　　　219, 223, 228, 237
ＩＣＴ農業の現状とこれから
　………………………161
ＩＣタグ…………………141
ＩＣチップ………………45
ＩＭＦ……………………181
Industrie4.0 …………66, 93, 97, 98, 138, 153,
　　　　　　　　　　　188
ＩｏＴ……………………5, 6, 8, 47, 67, 68, 69,
　　　　　　　　　　　79, 84, 85, 86, 93, 95,
　　　　　　　　　　　96, 97, 101, 104, 106,
　　　　　　　　　　　109, 113, 134, 135, 138,
　　　　　　　　　　　140, 178, 187, 212, 226
ＩＰＡ……………………183
ＩＴ「人材不足」………5, 84, 89, 91, 93, 183,
　　　　　　　　　　　184
ＩＴスキル標準…………183
ＩＴ「投資不足」………84, 91, 92

L
ＬＳＩ……………………45, 47, 131, 137
Lumada …………………142

M
Made in China 2025 …98

N
ＮＶＩＤＩＡ……………48

O
ＯＥＣＤ…………………91, 179
Ｏ＊ＮＥＴ………………70
ＯＲ………………………147

R
ＲＰＡ……………………154, 155, 156, 157, 158,
　　　　　　　　　　　164, 179, 181, 186

S
ＳＢＴＣ仮説……………194
ＳＮＳ……………………81, 174, 189
Society5.0 ………………5, 69, 81, 94, 95, 96, 97,
　　　　　　　　　　　98, 99, 100, 101, 102,
　　　　　　　　　　　103, 104, 105, 106, 107,
　　　　　　　　　　　108, 189, 190

T
The Baby ………………46
ＴＩＡ……………………138
ＴＰＵ……………………49

U
ＵＬＳＩ…………………45

V
ＶＤＴ作業………………182

W
ＷＥＦ……………………66
Weißbuch Arbeiten 4.0
　………………………153

あ
アイデン社………………142, 143, 144
アウトソーシング………153, 154, 183
アクチュエーター………150
新しい経済政策パッケージ
　………………………84
アップル…………………116, 133, 176
アナログ空間……………147, 148
アナログの原理…………36, 44
アプリケーションスペシャリスト
　………………………181
安倍内閣…………………5, 69, 84, 85, 92, 94, 95,
　　　　　　　　　　　96, 97, 101, 104, 105,
　　　　　　　　　　　106, 126, 178, 189, 190
アベノミクス……………84, 91, 92, 97

索引

アマゾン……………133, 176
アルゴリズム…………27, 28, 29, 30, 31, 45,
　　　　　　　　47, 48, 49, 80, 131, 142,
　　　　　　　　186, 187
アルゴリズム取引……186, 187
アルファ碁……………23, 29, 30, 47, 49
暗号資産………………125, 126
アンティキテラ島の機械
　………………………34
アンドロイド…………19
暗黙知…………………31, 161

い

異次元の金融緩和……97
一般公道………………159
一般データ保護規則（ＧＤＰＲ）
　………………………80, 189
医薬品開発……………165
医療診断………………3, 165, 166, 195
インターシティトラック
　………………………159
インターネット………4, 44, 47, 59, 76, 77,
　　　　　　　　102, 123, 124, 130, 133,
　　　　　　　　135, 154, 158, 164, 166,
　　　　　　　　169, 172, 180, 186, 188,
　　　　　　　　189
インダストリアル・デザイン
　………………………146
インタラクション・デザイン
　………………………147
インテリア・デザイン…146

う

ウーバー………………180
ウェアラブル・コンピュータ
　………………………18, 20
運動プロセッサ………148, 149, 155

え

営業の秘密……………187
エキスパートシステム
　………………………165
エディトリアル・デザイン
　………………………146
エネルギー・環境制約…99
エレクトロニクス技術…45

お

応用倫理学……………76
オートメーション……58, 59, 138, 149, 150, 237
お掃除ロボット………24, 224
オペレーター…………150, 160

か

カーナビ………………45
会議ログ（議事録）…170
介護・認知症…………165
外在化能力……………170
ガウス過程分類………72
科学技術政策…………89
科学・技術の軍事利用…115
科学的管理法…………193, 196
拡張現実感（ＡＲ）…105
確率統計的な分析……69
カジノ（賭博）資本主義…117
鹿島建設………………160
仮想現実感（ＶＲ）…105
画像診断………………165, 166
仮想通貨………………5, 6, 9, 116, 122, 123,
　　　　　　　　124, 125, 126, 187
画像認識アルゴリズム…28
仮想ロボット…………154
画素（ピクセル）……43
価値移転………………61, 176, 225, 229
価値増殖過程…………6, 175, 184, 185, 233
価値法則………………226, 227
監視カメラ……………141
監視社会………………116
感情労働………………168
間接部門の外注化……153
監督者（職制）………179
管理・統制……………178, 179

き

機械学習………………72, 157
議会制民主主義の危機…117
機械設備と大工業……35, 56, 71, 175, 212
企画会議の効率化……170
ギガヘルツ……………132
技術学…………………8, 25, 37, 39, 42, 51, 56,
　　　　　　　　57, 75, 136, 208, 219,
　　　　　　　　233, 234

241

技術的限界……………38, 42, 189
寄生性と腐朽…………114
客観的分割原理………39, 42, 44, 207, 208
キャビンアテンダント…164
教育学………………137
教育・学習支援………166
教師あり学習…………72
銀行「合理化」………156
金融政策の劣化………117

く

グーグル………………19, 23, 25, 30, 49, 73, 78, 79, 80, 133, 158, 176
クラウド………………19, 20, 47, 48, 102, 113, 139, 144, 154, 158, 180
クラスター（コンピュータ群）
　………………………49

け

経済財政白書…………95, 98
経済的規定性…………34, 35, 214, 215, 222
計算機科学……………137
ゲノム医療……………165
言語学…………………115, 137
建設技能労働者………160
建設労働………………158, 160, 161, 195

こ

公共的な空間…………103
高効率生産モデル……140, 141, 142
工場自動化……………131, 138, 144, 149
工場制手工業…………37
工場の哲学……………40, 204, 205, 206, 207, 231
交通・運輸労働………158
高速通信技術…………132
顧客勧誘………………163
国際競争力のある大学づくり
　………………………93
国際人工知能会議（ＩＪＣＡＩ）
　………………………115
国際電気標準化会議…144
国立社会保障・人口問題研究所
　………………………90
国立情報学研究所……22, 46, 184

個人情報………………47, 76, 80, 116, 135, 185, 186, 189
個人情報保護…………76
国家資本主義…………153, 187, 188
古典派経済学…………199, 200, 202, 203, 209
コピー・アンド・ペースト
　………………………172
コブ・ダグラス型生産関数
　………………………71
コペルニクス的転換…35
雇用の未来……………69, 71
コンバインの運転……159
コンピュータ・インターフェイス
　………………………145, 146, 149
コンピュータ・インタラクション
　………………………146, 147
コンピュータ革命……77, 78, 110
コンピュータ・ゲーム
　………………………171
コンピュータ制御……19, 149, 150
コンピュータリゼーション
　………………………69, 70, 71, 72, 79, 113, 127, 130, 132, 136, 178, 181, 191, 193
コンピュータ倫理……77, 132
コンピュータ労働……6, 145, 146, 148, 149, 150

さ

サービス労働…………129, 163, 164, 171, 186, 225
サーブリック表………193
サイバー空間…………3, 48, 69, 100, 101, 102, 103, 104, 105, 107, 135, 189, 190
サイバー攻撃…………105, 116, 117, 125, 158
サイバーセキュリティ
　………………………85, 95, 151
サイバー犯罪…………76, 105, 189
サイバネティクス……64
作業機…………………57, 232
殺人兵器………………3, 19, 185
サピエンス全史………236

産業革命……………19, 35, 37, 38, 40, 42, 55, 57, 66, 67, 97, 110, 119, 136, 182, 191, 204, 209
産業構造審議会………70, 86
サンドボックス（規制の砂場）
　………………………86

し

シーメンス社…………138, 139, 144
支援的な協働……………152
市場万能主義…………106
次世代生産システム…142, 144
自然科学・技術学……7, 41, 42, 47, 62, 82, 129, 136, 202, 208, 209, 220, 221, 222, 223
自然言語能力の低下…184
自然の生産力…………39, 129
自然の法則的認識……56
自動運転……………3, 18, 135, 158, 159
自動化の原理…………58, 59, 155
自動車ディーラー……164
資本主義の生産力基盤…36, 50
資本主義の矛盾の激化…110
資本蓄積・拡大再生産…38
資本・賃労働関係……180
資本の生産力…………113, 115, 116, 117, 119, 120, 175, 176, 213, 218, 219, 221
清水建設………………160
社会経済計画…………92, 93, 106
社会全体の最適化……100, 107
社会変革の主体形成…120, 171, 219
収穫加速の法則………74
修正資本主義的な諸装置・制度
　………………………117
集積性と分散性………132
周波数（Hz：ヘルツ）…132
主観的分割原理………39, 42, 44, 207, 208
熟練農家………………161
熟練労働………………149, 150, 164, 178
手工業の道具…………38
手術支援………………165
狩猟社会………………94, 97, 98

消極的な役割…………123
少子化…………………89, 90
商品生産社会…………112
上部構造の劣化現象…117
情報……………………3, 7, 19, 22, 23, 29, 35, 36, 43, 44, 45, 46, 47, 50, 55, 58, 59, 63, 64, 65, 66, 67, 68, 69, 74, 76, 77, 78, 79, 80, 81, 82, 87, 94, 96, 99, 100, 101, 102, 103, 105, 107, 110, 111, 112, 116, 119, 120, 121, 131, 132, 133, 134, 135, 136, 139, 140, 141, 142, 146, 148, 150, 155, 156, 157, 159, 161, 164, 165, 166, 169, 173, 174, 176, 182, 183, 184, 185, 186, 188, 189, 190, 191, 208, 212, 213, 227, 237
情報科学………………47, 56, 136, 137
情報資本主義…………64, 65, 111, 237
情報社会………………78, 94, 97, 98, 99, 100, 102
情報処理機械…………23, 58, 65, 68, 131, 134, 145, 176
情報通信白書…………66, 70, 95, 97, 98, 158, 167, 188
剰余労働………………38, 39, 51, 52, 216, 219, 234, 235
将来人口推計…………90
少量多品種の受注生産…140
職業病…………………182
諸国民の富……………202
自律型致死兵器システム（LAWS）
　………………………185
新技術の労働に及ぼす影響に関する調査研究報告書…………177
シンギュラリティ……25, 73, 74, 75, 227
神経科学………………137
人工衛星………………43
人口減少・高齢化……99
人口減少社会…………3, 9, 89, 90, 160

人工知能学会…………8, 20, 75, 77, 170, 185, 223, 227
新産業構造ビジョン…70, 85, 86, 87, 95
新時代の『日本型経営』…91
新自由主義……………5, 84, 86, 89, 91, 92, 93, 105, 106, 109, 110, 111, 117, 119
診断・治療支援………165
真の自由の王国………52, 53, 225, 235
真の働き方改革………72
心理学……………………30, 137
人類史……………………29, 46, 50, 56, 97, 98, 113, 175, 192, 213, 216

す

スキル（技能）………60, 193, 194
スタンドアローン……133
頭脳労働…………………48, 49, 136, 168
スパコンの「京」………132
スマート工場……………6, 138, 142, 144, 151, 152, 153, 178
スマート農業……………161
スマートホン……………47, 133, 135

せ

制御機構…………………58
生産システムの成熟度
　…………………………144
生産手段の所有形態…180
生産性革命………………84, 85
生産性向上………………3, 72, 86, 160, 177
生産と労働の社会化…93, 109, 121, 153, 187, 192, 213
生産力主義ユートピア…112
生産力発展のメカニズム…4
生産力発展のゆがみ…120
政治革命…………………112
精神的作業………………60, 64, 68, 130, 134
精神労働…………………40, 41, 48, 49, 52, 58, 68, 128, 130, 134, 136, 146, 195
製造業ロボット…………155
成長戦略…………………84, 85, 89, 91, 92, 93, 96, 97, 105, 106, 184
生命科学…………………29, 212

世界経済フォーラム…66, 180
接客労働…………………128, 129
積極的な役割……………122
セル生産方式……………142
センサー…………………101, 102, 103, 139, 150
センシング装置…………141
全脳アーキテクチュア…24

そ

創業者利得………………61, 176
総合科学技術・イノベーション会議
　…………………………81, 96
創造的思考能力…………170
相対的剰余価値…………35, 39, 113, 119, 199, 206, 212, 213, 215, 216
疎外………………………41, 198, 199, 200, 201, 202, 209, 232, 233
組織イノベーション…18
租税国家…………………117
ソリューション（解決策）
　…………………………104

た

ダートマス会議…………24, 46
第1次のブーム…………46
第2次のブーム…………46
第3次のブーム…………46
第4次産業革命…………66, 67, 68, 69, 84, 85, 93, 95, 96, 97, 98, 110, 180, 183
第5期：科学技術基本計画
　…………………………96
第1次産業革命…………66
第3次産業革命…………66, 67
対人関係の労働…………6, 131, 133, 163, 164, 165, 167, 168, 186, 225
ダイセル生産革新………142
第2次産業革命…………66, 67, 68
対人間のコミュニケーション
　…………………………163
ダウンサイジング………20, 132, 133
タスク（仕事）…………60, 195
タスク分析………………60, 130, 155, 193, 194, 195, 196
ダボス会議………………66, 180

多目的人工知能‥‥‥‥‥142
探索アルゴリズム‥‥‥28

ち

知覚プロセッサ‥‥‥‥148, 155
地球環境の危機‥‥‥‥191
知財戦略本部‥‥‥‥‥190
知的・創造活動‥‥‥‥6, 128, 163, 169, 170,
　　　　　　　　　　　171, 172, 191
千葉銀行‥‥‥‥‥‥‥154, 155
地方の過疎化‥‥‥‥‥100, 104
中央省庁改革関連法‥‥92
チューリング機械‥‥‥34
超人類‥‥‥‥‥‥‥‥25
超スマート社会‥‥‥‥95, 98, 190
著作権・知的財産権保護
　　‥‥‥‥‥‥‥‥76

つ

強いＡＩ‥‥‥‥‥‥‥22, 23, 24, 25, 227

て

ディープブルー‥‥‥‥19
ディープマインド社‥‥23
ディープラーニング‥‥27, 28, 29, 30, 31, 46,
　　　　　　　　　　　47, 48, 49, 60, 68, 97,
　　　　　　　　　　　134, 157, 158, 166
定型的な事務作業‥‥‥155
定型労働‥‥‥‥‥‥‥86
ディスプレイ‥‥‥‥‥145, 146
データサイエンティスト
　　‥‥‥‥‥‥‥‥85, 151, 181
テクノストレス症候群‥182
テクノロジー進化の理論
　　‥‥‥‥‥‥‥‥74, 75
デジタル‥‥‥‥‥‥‥4, 8, 36, 43, 44, 45, 55,
　　　　　　　　　　　56, 59, 63, 64, 65, 66,
　　　　　　　　　　　67, 76, 98, 103, 109,
　　　　　　　　　　　110, 112, 127, 131, 132,
　　　　　　　　　　　139, 146, 147, 148, 150,
　　　　　　　　　　　153, 157, 169, 180, 212
デジタルツイン‥‥‥‥139
デジタル・ディバイド‥188, 189
電荷‥‥‥‥‥‥‥‥‥44, 131
電気回路のスイッチング
　　‥‥‥‥‥‥‥‥131

電気通信‥‥‥‥‥‥‥22, 44
電子回路‥‥‥‥‥‥‥27, 44, 49, 67, 131
電磁波の原理‥‥‥‥‥36
テンセント社‥‥‥‥‥81

と

道具と機械を根本的に区別する「種差」
　　‥‥‥‥‥‥‥‥56
盗作や剽窃‥‥‥‥‥‥172
同時的協働‥‥‥‥‥‥152
道徳的感覚の劣化‥‥‥118
東ロボくん‥‥‥‥‥‥46
独占利潤‥‥‥‥‥‥‥176, 225, 226
特徴量‥‥‥‥‥‥‥‥29, 48
特別剰余価値‥‥‥‥‥61, 62, 71, 176, 225,
　　　　　　　　　　　226
特化型ＡＩ‥‥‥‥‥‥23, 24, 25, 68
土木工事施工管理基準‥160
トヨタ生産方式‥‥‥‥142
ドローン‥‥‥‥‥‥‥18, 19, 173

な

ナノテクノロジー‥‥‥36, 47, 136, 137
ナノメートル‥‥‥‥‥45, 55, 137

に

肉体労働‥‥‥‥‥‥‥40, 41, 58, 128, 130,
　　　　　　　　　　　149, 165, 168, 181, 195
日本ＲＰＡ協会‥‥‥‥155, 156
日本経団連‥‥‥‥‥‥96, 100, 106
人間自身の生産力‥‥‥129
人間中心のＡＩ社会原則検討会議
　　‥‥‥‥‥‥‥‥81
人間と自然の物質代謝‥53, 162
人間の全面的発達の視点
　　‥‥‥‥‥‥‥‥184
人間労働力の発達の測定器
　　‥‥‥‥‥‥‥‥129
認知科学‥‥‥‥‥‥‥56, 136, 137, 148, 227
認知科学学会‥‥‥‥‥136
認知プロセッサ‥‥‥‥148, 149, 155

ね

ネチケット問題‥‥‥‥76
ネット依存症‥‥‥‥‥182

245

ネットワーク………29, 47, 59, 87, 102, 111, 112, 120, 121, 133, 138, 153, 166, 173, 183, 188, 189, 190, 213

の
脳科学………………29, 47, 56
農業就業人口…………162
農業労働………………158
農耕社会………………94, 97, 98

は
パソコン………………8, 49, 132, 147, 148, 169, 172, 180, 182, 186, 188
働き方改革関連法……178
働き方改革実現計画…85
半導体…………………44, 45, 47, 48, 49, 55, 74, 131, 137
汎用型ＡＩ……………23, 24, 25, 226
汎用機械………………131

ひ
非正規雇用……………89, 91
日立製作所……………95, 96, 139, 140, 141, 142, 144
日立製作所大みか事業所
　………………………140, 144
必然性の王国…………52, 53, 235
ビット・コイン………116
非定型労働……………86
人づくり革命…………84, 86
人手不足………………3, 84, 86, 158, 159, 160, 162
人と人とのコミュニュケーション
　………………………129, 163
人減らし「合理化」…4, 50, 116, 180
ヒューリステックス…30, 31
表計算ソフト…………28
表現の自由……………76
貧富の格差……………100, 104

ふ
フィードバック………101, 102, 104
フィジカル空間………101, 102, 103, 108
フェイスブック………133, 176, 189
フォークリフトの運転…159

不可視性（invisibility）…77, 117, 132
福祉国家………………117, 119
富士通…………………132
浮動小数点数演算……132
フラッシュ・クラッシュ…187
プラットフォーマー…20, 48, 226
プラットフォーム・ビジネス
　………………………20
フランス革命…………67
プリファード・ネットワーク（ＰＥＮ）社
　………………………49
ブロードバンド………133, 188
プログラマー…………151
プログラミング教育…184
プログラム……………27, 28, 34, 45, 46, 78, 81, 146, 155, 158, 184
プロジェクトマネジメント
　………………………181
プロセス・イノベーション
　………………………18
プロセス・オートメーション
　………………………138, 154
プロダクト・イノベーション
　………………………18
ブロックチェーン……113, 116, 123, 124, 125, 187
文化人類学……………137
分散型台帳……………124

へ
ベーシック・インカム
　………………………191
変革主体形成の条件…110
編集作業………………146, 169, 170, 237
編集者・記者の業務…169

ほ
防災・減災……………6, 173, 174
法律相談………………165, 166
保健医療分野におけるＡＩ活用推進懇談会
　………………………165
保守労働………………150
ポスト・キャピタリズム
　………………………109, 110, 112, 118
ポスト・ヒューマン…25, 73, 74

246

骨太方針2017 ………85

ま
マーケティング・イノベーション
　…………………………18
マイクロソフト………133
マインドスフィア……138, 139, 143, 144
マスメディア…………3, 17, 79, 119

み
見える化………………140, 141, 142
みずほＦＧ……………157
三菱東京ＵＦＪ・ＦＧ…157
未来社会………………3, 5, 7, 9, 50, 52, 53, 55,
　　　　　　　　62, 69, 82, 94, 96, 98,
　　　　　　　　99, 100, 104, 105, 107,
　　　　　　　　108, 115, 121, 187, 189,
　　　　　　　　197, 213, 218, 228
未来投資戦略…………85, 95

む
ムーアの法則…………75
無人戦闘機……………3, 19, 75, 115, 174, 185

め
メール…………………135, 169
メカニカル・オートメーション
　…………………………138
メディア・リテラシー
　…………………………76
眼の獲得………………29

も
モデルヒューマンプロセッサ
　…………………………148, 149, 155
モバイル・インターネット
　…………………………133
モバイル・コンピューティング
　…………………………133
モバイル性：可動性…132

ゆ
唯物史観………………5, 6, 7, 109, 113, 115,
　　　　　　　　121, 210, 211, 212, 213,
　　　　　　　　220

よ
余暇活動………………121, 171
弱いＡＩ………………22, 23, 24, 25, 68, 227

り
リードタイム…………140, 141, 143
リカレント教育………86
理化学研究所…………132
量子コンピュータ……49, 226

る
ルーティン・タスク…70, 194

れ
劣化する資本主義……5, 9, 83, 109, 115, 118,
　　　　　　　　119, 213
連携的協働……………152

ろ
労働改革………………153
労働災害………………149, 182
労働時間短縮…………71, 72, 116, 121, 171,
　　　　　　　　177
労働政策研究・研修機構
　…………………………87
労働政策審議会………177
労働の「構想」………146
労働の疎外……………40, 41, 52, 58, 198, 199,
　　　　　　　　200, 201, 232
労働法制の岩盤規制…97
労働密度………………182
労働力需給の推計……87, 90
ロドス島………………104
ロボットと労働者の協働
　…………………………152
ロボット農機…………161
ロボティクス…………136, 137
論理機械………………59, 68, 131, 132
論理的柔軟性（logical malleability）
　…………………………77, 132

わ
ワトソン………………19, 46

●著者略歴

友寄　英隆（ともより　ひでたか）

1942年、沖縄県生まれ。一橋大学経済学部卒業、同大学院修士課程修了。
月刊誌『経済』編集長などを歴任。現在、労働者教育協会理事。

《主な近著》
『「新自由主義」とは何か』（新日本出版社、2006年）
『変革の時代：日本資本主義の現段階をどう見るか』（光陽出版、2010年）
『国際競争力とは何か』（かもがわ出版、2011年）
『大震災後の日本経済、何をなすべきか』（学習の友社、2011年）
『アベノミクスと日本資本主義』（新日本出版社、2014年）
『「一億総活躍社会」とはなにか』（かもがわ出版、2016年）
『「資本論」を読むための年表』（学習の友社、2017年）
『「人口減少社会」とは何か』（学習の友社、2017年）

ＡＩと資本主義──マルクス経済学では こう考える

2019年5月18日　初版第1刷発行

著　者	友寄　英隆（ともより　ひでたか）
発行者	新舩　海三郎（しんふね　かいさぶろう）
発行所	株式会社 本の泉社
	〒113-0033 東京都文京区本郷 2-25-6
	電話：03-5800-8494　Fax：03-5800-5353
	mail@honnoizumi.co.jp ／ http://www.honnoizumi.co.jp
印　刷	亜細亜印刷　株式会社
製　本	株式会社　村上製本所

©2019, Hidetaka TOMOYORI　Printed in Japan
ISBN978-4-7807-1927-7　C0033

※落丁本・乱丁本は小社でお取り替えいたします。
※定価はカバーに表示してあります。
※本書を無断で複写複製することはご遠慮ください。